中华经典名著

全本全注全译丛书

张仲清◎译注

越绝书

中華書局

图书在版编目(CIP)数据

越绝书/张仲清译注. —北京:中华书局,2020.8
(2025.4 重印)
(中华经典名著全本全注全译丛书)
ISBN 978-7-101-14691-2

Ⅰ.越… Ⅱ.张… Ⅲ.①中国历史-吴国(? ~前 473)-史料②中国历史-越国(? ~前 306)-史料 Ⅳ.K225.04

中国版本图书馆 CIP 数据核字(2020)第 144935 号

书　　名	越绝书
译 注 者	张仲清
丛 书 名	中华经典名著全本全注全译丛书
责任编辑	王守青
装帧设计	毛　淳
责任印制	陈丽娜
出版发行	中华书局
	(北京市丰台区太平桥西里 38 号　100073)
	http://www.zhbc.com.cn
	E-mail:zhbc@zhbc.com.cn
印　　刷	北京中科印刷有限公司
版　　次	2020 年 8 月第 1 版
	2025 年 4 月第 7 次印刷
规　　格	开本/880×1230 毫米　1/32
	印张 10¼　字数 200 千字
印　　数	31001-35000 册
国际书号	ISBN 978-7-101-14691-2
定　　价	28.00 元

目录

前言

《越绝书》是一部反映江浙地区（长三角地区）春秋战国乃至秦汉时期政治、经济、军事、文化等的历史典籍，而对于研究我国春秋战国时期历史来说，它已经超出了地区的界限，特别是它所要揭示的思想内涵，即告诫人们戒奢行俭、居安思危、富邦安民、行仁义、执中和、慎用人等等，亦已经超出了历史的界限，具有深刻的现实意义。

《越绝书》所记史实内容及思想内涵的庞杂，语言的奥衍晦涩，均给研究和阅读带来了一定的困难。许多相关问题的研究也是莫衷一是，无法定论。就如此书的名称、作者、卷帙及写作年代，至今还没有一种明确的说法。当然，要形成定论是十分困难的，只能在不断的研究、商榷中取得基本一致的意见。

一、关于书的名称

书名越绝，"越"字自不待言，关键是个"绝"字。陈桥驿先生在《点校本〈越绝书〉序》中说："关于该书的名称，许多人都作过解释，但很少有令人满意者。"主要有以下几种：

1. 将"绝"解释为"断灭不继"。陈桥驿先生在《点校本〈越绝书〉序》中说："对于《越绝书》的这个'绝'字，历来解释甚多，并无定论，明田艺蘅在《留青日札》卷十七中把它解释为'断灭'，张宗祥手写本序言中说：

‘绝者，绝也，殆不继之意’，均颇得其实。正是由于此书的撰述，这个春秋部族已经断灭不继的历史，才得以流传至今。”“颇得其实”说明陈桥驿先生是赞同将“绝”解释为“断灭”“不继”之说的，并且明确是越部族历史的断灭不继。

2. 将“绝”解释为“绝笔”的“绝”。仓修良先生在《〈越绝书〉散论》一文中引入了俞樾《曲园杂纂》中的一段话：“愚谓此绝字即绝笔获麟之绝。下云：‘贤者辩士见夫子作《春秋》，而略吴越，又见子贡与圣人相去不远，唇之与齿，表之与里。’是以此书为继《春秋》而作。《春秋》绝笔于获麟之年，吴越之事，略而未详，此书踵而成之，直至句践之霸而绝，故曰：‘绝者，绝也，谓句践时也。’”仓先生认为此解释“比较令人信服”，并作了进一步的推释，说：“《越绝》之绝就是孔子作《春秋》获麟绝笔之绝，而吴越贤者见孔子所作《春秋》‘略吴、越’，故‘览史记而述其事’，那么为什么不称‘齐绝’‘楚绝’或‘吴绝’呢？因为其书主要记吴越之事，而吴虽大败强楚，又胜句践，北上称霸，但最后还是败在句践手下，国灭身亡。唯句践最后称霸，为其富国强兵而立下大功的两位谋臣，此时范蠡远走他乡，文种被逼身亡，因而此书记载至此绝笔，故曰《越绝书》，此解释顺理成章。”并认为“俞氏之说足以释此多年之谜”。

3. 释“绝”为超群绝伦。湘潭大学的刘建国先生在《白话越绝书》中，将“越绝”的“绝”译为“超群绝伦”。

前两种解释：释“绝”为“断灭不继”侧重于史实；释“绝”为“绝笔”之“绝”则侧重于记述活动，只是解释的角度不同，如果撇开孔子获麟绝笔不说，仅就《越绝书》所反映的史实和作者对此史实的记述活动而言，这两种解释并没有渊壤之别，而是相互融通的，其共同点在于“绝者绝也，谓句践时也”。史实反映的是“句践之时”的越族（国）情况，记述活动也止于“句践之霸”，反过来，记述活动止于“句践之霸”，使后人看到的也就仅仅是“句践之时”的史实，互为因果，难说哪种解释是令人信服的。当然，仅从字面去理解，从不同的角度去揭示其含义未尝不可，欠妥之处是，前者将“绝”解释为“断灭”，并因此理解为越部族的“断灭不继”，没有注意到史实所反映的仅仅是“句践之时”的实际情况，失之偏颇。事实上，句践之后越部族不是“不继”，而仅仅是“不记”而已。后者释“绝”为“绝笔”之绝，并以孔子获麟绝笔来比照，也没有真正理解“句践之时”的真实含义，从“绝者，绝也，谓句践时也”看，记“句践之时”的史实是作者有意识的终止记述，这跟孔子获麟绝笔也有明显的区别。再说孔子述《春秋》而“略吴、越”，《越绝书》的作者“览史记而述其事”，按俞曲园的说法，叫“踵而记之”，是“为继《春秋》而作”，实有不使断绝的意思，那么就不该叫绝笔，而应该叫“续笔”。俞的解释是有些矛盾的。

细细分析《越绝外传本事》篇对“绝”字的解释，我发现如果用“断灭”或“绝笔”来定义，是不能揭示出“绝”字的真正含义的，或者说不能片面地用“断灭”或“绝笔”来解释。而第三种解释，即刘建国先生用“超群绝伦”来释“绝”也没有揭示出“绝”字的真正含义。

其实在《外传本事》和《篇叙外传记》中有关“绝”的含义，作者也是语焉未详。正如明代杨慎所说：“越绝二字，尤非解者。曰‘绝者，绝也，谓句践时也。内能自约，外能绝人，故曰越绝’。又曰‘圣文绝于此，辩士绝于彼，故曰越绝’。二说似梦魇谵语，不止齐东野语而已。”（《杨升庵全集》卷十）我们把《外传本事》中有关“越绝”的几句话摘抄如下：

> 问曰：“何谓《越绝》？”“越者，国之氏也。”“何以言之？”“按《春秋》序齐、鲁，皆以国为氏姓，是以明之。绝者，绝也，谓句践时也。当是之时，齐将伐鲁，孔子耻之，故子贡说齐以安鲁。子贡一出，乱齐，破吴，兴晋，强越。其后贤者辩士，见夫子作《春秋》而略吴、越，又见子贡与圣人相去不远，唇之与齿，表之与里。盖要其意，览史记而述其事也。”
>
> ——（《外传本事》）
>
> 问曰：“何不称《越经书记》，而言绝乎？”曰：“不也。绝者，绝也。句践之时，天子微弱，诸侯皆叛。于是句践抑强扶弱，绝恶反之于善，

取舍以道，沛归于宋，浮陵以付楚，临沂、开阳复之于鲁。中国侵伐，因斯衰止。以其诚在于内，威发于外，越专其功，故曰《越绝》。故作此者，贵其内能自约，外能绝人也。贤者所述，不可断绝，故不为记明矣。”

——（《外传本事》）

“万代不灭，无能复述。故圣人没而微言绝。赐见《春秋》改文尚质，讥二名，兴素王，亦发愤记吴越，章句其篇，以喻后贤。赐之说也，鲁安，吴败，晋强，越霸，世春秋二百余年，垂象后王。赐传吴越，□指于秦。圣人发一隅，辩士宣其辞；圣文绝于彼，辩士绝于此。故题其文，谓之《越绝》。”

——（《篇叙外传记》）

我觉得从文中所要表达的意思来看，“绝”字应该有几层意思：一是空前绝后。句践作为夷狄之君而“率道诸侯”使“中国侵伐，因斯衰止”的旷世功业，特别是他二十年如一日“躬而自苦”，立志复国的信念和意志，可谓“前无古人，后无来者”。其二是绝笔，“圣文绝于彼，辩士绝于此，故曰《越绝》”。孔子作《春秋》获麟绝笔，子贡说齐安鲁的外交活动和对越国兴霸事业所起的作用，实开战国纵横家之先河，表明了一个时代的终结。其三是继其绝笔。“贤者所述，不可断绝”，即对这样重要的时代和重要人物的思想行迹记述下来十分必要，所以“要其意，览史记而述其事”。如果仅限于某一种解释，就不能把“绝”字的意思完整地揭示出来。

二、关于该书的作者

正如李步嘉先生所说，《越绝书》的成书年代与作者研究是自唐朝中叶起一千数百年以来《越绝书》研究中备受关注的问题。历史上对于《越绝书》作者问题的研究，可以说是众说纷纭，莫衷一是。有的说是子贡所撰；有的说是子胥；有的说是战国时人所为，后人附益增删而定；有的说是东汉袁康、吴平。大致在元朝以前的官修书目，均把该书的作者说成“子贡撰”“或曰子胥”。中唐以后的一些学者已经对此提出了质疑。到了明代，杨慎用析隐语的方法认定该书的作者为袁康、吴平，影响甚远。清代的《四库全书总目提要》采用了杨慎的说法，似乎成为定论，但质疑之声仍然不绝。因此，《越绝书》的作者问题是一个难以厘清、一直争论不休的问题。

历史上关于《越绝书》作者的几种说法：

1. 子贡或子胥说。由于《外传本事》篇中有“或以为子贡所作”“一说盖是子胥所作”之语，因此古代文献目录在著录《越绝书》时，就把作者说成子贡或子胥。最早著录《越绝书》的，目前所知为南朝梁时阮孝绪的《七录》，其书已亡佚，《史记·孙子吴起列传》张守节《正义》曰：“《七录》云：《越绝》十六卷，或云伍子胥撰。”而《隋书·经籍志》在著录《越绝书》时称：“《越绝记》十六卷，子贡撰。”此后，《旧唐书·经籍志》称：“《越绝书》十六卷，子贡撰。”《新唐书·艺文志》称：“子贡《越绝书》十六卷。”《宋史·艺文志》小心一点，说“《越绝书》十五卷，或云子贡所作”。

2. “成非一人”说。其实，《外传本事》篇中的“或以为子贡所作”或“一说盖是子胥所作”，本为推测之辞，作者为谁并未确定，而此后官修史籍因袭未定之说，就经不起推敲了。所以到了唐朝中叶以后，就有人提出了质疑。《史记·孙子吴起列传》司马贞《索隐》云：“按：《越绝书》云是子贡所著，恐非也。其书多记吴越亡后土地，或后人所录。”宋朝学者更进一步提出了怀疑意见。《战国策·楚策四》姚宏注：“《越绝书》，《隋经籍志》称为子贡作。今杂记秦汉事，疑后人所羼，不敢尽信。”赵彦卫《云麓漫钞》卷九云：“秦《越绝书》，《隋经籍志》云子贡作。其书杂记秦汉事，疑后人所羼。”王尧臣《崇文总目》也称《越绝书》十五卷“子贡撰，或曰子胥……又载春申君，疑后人窜定”。黄震在《黄氏日抄》卷五十二亦云：“（《越绝》）……谓子贡所作，又疑子胥所作，而所载乃建武二十八年，何其自为矛盾耶？”这里我们可以看出，唐宋学者虽然还没有完全否定《越绝书》的作者为子贡或子胥的说法，因此也没有去寻找足够的证据来证明《越绝书》的作者到底是谁，但“后人所羼”“后人窜定”“不敢尽信”的观点，动摇了此书为子贡或子胥所作的传统说法。直到宋陈振孙提出该书"其书杂记吴越事，下及秦汉，直至建武二十八年。盖战国后人所为，而汉人又附益之"的观点之后，得到了明代以后许多学者如张佳胤、钱培名、徐益藩、余嘉锡等的赞同，该书的作者为子贡或子胥的传统说法才逐渐消退。

3. 袁康、吴平说。宋陈振孙提出战国后人所为汉人附益说，给以后的研究者平添了许多回旋的余地。其中最有代表性、影响最大的要数明代杨慎的袁康、吴平说，他用析隐语的方法破解该书作者之谜。杨慎《杨升庵全集》卷十云：

> 或问《越绝》不著作者姓名，何也？予曰：姓名具在书中，览者第不深考耳。子不观其绝篇之言乎？曰："以去为姓，得衣乃成，厥名有米，覆之以庚。禹来东征，死葬其乡，不直自斥，托类自明。文属辞定，自于邦贤。以口为姓，承之以天。楚相屈原，与之同名。"此以隐语见其姓名也。去其衣乃袁字也，米覆庚乃康字也。禹葬之乡则会稽也。是乃会稽人袁康也。其曰不直自斥，托类自明，厥旨昭然，欲后人知也。文属辞定，自于邦贤，盖所共著，非康一人也。以口承天，吴字也。屈原同名，平字也。与康共著此书者，乃吴平也。

此说得到明朝学者如胡侍、陈垲、田艺蘅、胡应麟等的纷纷赞同。其后，清乾隆年间修撰的《四库全书总目・史部・载记》更是对杨慎提出的袁康、吴平说及《越绝书》即王充《论衡・案书篇》中提到的吴君高《越纽录》的观点加以全盘肯定。《四库全书》是钦定之书，因此对于《越绝书》作者问题的看法，似乎是一锤定音，直至近现代乃至当代，很少有人提出异议。讲到或引用此书，往往称"袁康、吴平之《越绝书》"。如鲁迅在《中国小说史略》中说："赵晔之《吴越春秋》，袁康、吴平之《越绝书》，虽本史实，并含异闻。"

当然，自杨慎的"隐语说"提出之后，一些明清学者在基本肯定的同时，也有一些不同的看法。除了陈垲提出"独'祸晋之骊姬，亡周之褒姒'八言也，不类，盖六朝之先驱也"，传达出《越绝书》可能有晋人所羼的信息外，田汝成从书内各篇的文字风格分析，得出此书“成非一手”（《田叔禾小集》卷一）。另外，清代学者王鸣盛《蛾术编·说录》中说：

> 《越绝书》十五卷，不著撰人姓名。王充《论衡·案书篇》云：“会稽吴君高之《越纽录》，刘子政、扬子云不能过也。”今作《越绝书》，似讹。然其篇末云：“以去为姓，得衣乃成……”杨慎云：“此以隐语见其姓名也……与康共著此书者，乃吴平也。”此言似确，至云“临淮袁太伯、袁文术即其人”，则谬。既称会稽，又籍临淮；既称太伯，又字文术，任意捋扯，非也。

王鸣盛的弟子迮鹤寿在《蛾术篇·说录》的注文中同意老师的看法，认为：“明之杨升庵，今之毛西河，其所著论，止图眼前好看，不顾他人根究，即如此条，以《论衡》证之，其说不攻自破。”对杨慎将《越纽录》说成《越绝书》，将袁太伯、袁文术、吴君高说成袁康、吴平提出了异议。

现当代学者对于《越绝书》作者问题的商榷主要围绕袁康、吴平展开。有支持袁康、吴平说的，如张宗祥《越绝书·跋》云：“此盖汉人收辑战国旧闻，撰为是书。其姓名、籍贯，详记隐语之中，确然可考，《四库提要》之说，盖可据也。”王树民《史部要籍解题》、李宗邺《中国历史要籍介绍》、徐奇堂《关于〈越绝书〉的作者、成书年代及其篇卷问题》等都对袁康、吴平作《越绝书》深信不疑。刘建国在支持杨慎观点的同时，认为《越绝书》即《越纽录》，作者当为吴君高（吴平）；袁康所作的《越绝书》是对吴平《越纽录》的改头换面的剽窃。有认为袁康、吴平“子虚乌有”的，如仓修良先生在《〈越绝书〉是一部地方史》一文中指出：“该书实际上正像《战国策》一样，是当年一些政治家游说吴、越国君，由战国后期人追记汇编而成，直到东汉还在有人‘附益’，因而并不是一人一时的作品。”在《袁康、吴平是历史人物吗？》一文中，仓修良先生对杨慎析隐语之法作了评析，归纳出三点看法：第一、析隐语如同考证，析出以后必须具备旁证，胡应麟称之“佐验”。杨慎列举的孔文举、蔡中郎、魏伯阳三人都是鼎鼎大名的人物，他们不仅在当代的正史《后汉书》中有传，其他许多文献乃至诗文中都能找到他们的名字。可是杨慎析出的两个人物，总是无案可查，无书可证，自然不能取信于人。第二，杨慎析隐语之法，从文字学上来讲，也不那么科学：清代学者李慈铭在《越缦堂读书记》中已经指出："而袁字隐语乃曰：'以去为姓，得衣乃成。'吴字隐语乃曰：'以口为姓，承之以天。'……而以'袁'为'表'，以'吳'为'吴'，已大缪六书之旨。"袁、吴两字，在汉代显然不是作如此写法，不应当用经过多年演变的字形去解释古代的字形，否则就不符合历史的真实。第三，东汉时代，会稽究竟有无袁康、吴平这两个人？他们的名字，不仅范晔的《后汉书》中没有，就连专门记载会稽地方先贤的虞预《会稽典录》也没有。以《会稽典录》为例，所记人物如董黯、陈业、皮延、任奕、卓应、张立等，都算不上什么大人物，仅以某一个方面闻名乡里，《会稽典录》却对他们一一予以立传，以传后世。"可是杨慎析出的袁康、吴平，不仅口口声声称为吴越贤者，而且还是'百岁一贤'，按理便应为史所书，尤其是地志一类著作大书特书了。然而他们的事迹哪怕就是个名字，竟然在所有史书、方志及其他典籍中均未留下蛛丝马迹，乃至影踪全无，这当如何解释？……可见隐语之说，实在无法令人心服。"仓先生认为袁康、吴平都属子虚乌有。李步嘉先生在所著《越绝书研究》中认为袁康、吴平是政治谶语。他认为杨慎把《篇叙外传记》中的那段文字确定为隐语没有问题，把隐语中的含义解释为"袁康""吴平"，也是对的，而把"袁康""吴平"解释为两位历史人物则不对，隐语中的"袁康""吴平"应有另解。他说：

> 我以为《越绝书·篇叙外传记》中杨慎所发现的那段隐语"袁康""吴平"是东汉末年到西晋时期的两个政治隐语，而不是杨慎及其后人所说的两个文人隐语。"袁康"隐语原始喻意为袁氏昌盛；"吴平"隐语原始喻意为吴国太平。

他认为这两个隐语分别当产生于袁术称帝前和吴国末年，但在被用进《越绝书》书末时，由于当时的时代特点不同，隐语的含义已经大为改变。即由原来昌盛、平安之期而成为归命之谶。

另外，浙大周生春教授根据“成非一手”之说，通过对《越绝书》篇目内容的研究，认为该书的作者有多位，不限于袁康、吴平。他在《〈越绝书〉成书年代及作者新探》中说：

子胥和子贡也是《越绝书》的原始作者……子胥似是《荆平王内传》《请籴内传》《外传记军气》《外传纪策考》，以及《伍子胥水战兵法内经》部分篇章的原始作者。子贡则是《内传陈成恒》《外传纪策考》《外传记范伯》等篇章的原始作者。此外，计倪和大夫种亦应是《越绝书》的原始作者。按前所述，计倪是《计倪内经》和《外传计倪》诸篇的原始作者，大夫种似为《内经九术》和《外传记范伯》部分篇章的原始作者。

他又抓住书中的记年事件、地名沿革、行文避讳进行研究，认为该书的作者还包括东汉永建四年（129）至本初元年（146），建宁元年（168）至建安二十五年（220），吴黄武五年（226）至七年的增补者。“《外传计倪》即由其编定补入《越绝书》”。而“《外传本事》的撰写者是三国至东晋时《越绝书》的增订注释者。从时间上说，此人应是《越绝书》最后一位直接作者和完成者”，把最后下限定于东晋时期。至于袁康、吴平，周先生认为：

袁康生活的时代大致应在秦代前后……作为对《越绝书》有颇大贡献的一位作者，袁康应是该书“内经”“内传”，也可能是《外传枕中》等“外传”的裒辑、编订者，《德序外传》《外传记地传》等篇章的撰写者。吴平是西汉前期《越绝书》的增补修订者，即“文属辞定”之人。《外传记吴地传》和《外传记军气》的大部分文字即是由此人写定。

他不仅把子胥、子贡、计倪、文种看成是《越绝书》的原始作者之一，而且把袁康、吴平定为秦汉之际的人，并认为汉晋之间不断对《越绝书》有增补修订者，企图做些调和工作。

对历史上及现当代学者关于《越绝书》作者的种种说法归类整理之后，才会发现问题的复杂性。《越绝书》作者的定名是明代杨慎析隐语以后的事，此前，或说子胥，或说子贡，即便在杨慎析隐语定为袁康、吴平以后，子胥、子贡之说仍然没有被完全加以否定。要之，根本原因在于《越绝书》内容庞杂，文风参差，没有统一的时代风貌，所以，如果定于“一人一时”，就会异议蜂起。在此我想围绕杨慎隐语说谈点粗浅的看法。

第一，杨慎的隐语说确实有前后不能相顾的地方。他从《篇叙篇》末段文字析出袁康、吴平，又用孔融、魏伯阳的离合诗所隐姓名加以印证，以为汉末文人好用隐语，从而说明袁康、吴平是东汉末年人；为了得到更充分的证明，他又从王充《论衡》找到证据，说王充《论衡·案书篇》中所说的吴君高的《越纽录》即《越绝书》，吴君高即吴平，同时把临淮袁太伯、袁文术说成是袁康。王充所说的袁太伯、袁文术、吴君高是东汉初年人，与杨慎析隐语所证的东汉末年，在时间上不一致，这是其一。其二，如果说吴君高即吴平，《越纽录》即《越绝书》还有一定道理的话，那么，临淮二袁与会稽袁康就是生拉硬扯的了。

第二，袁康、吴平不是历史人物，也不应该是政治隐语。明代以来的传统说法是把袁康、吴平当作历史人物来看待，但正如仓修良先生所考证，如果袁康、吴平是历史人物，且撰写了《越绝书》这样一本很有影响的书，必然在当时或往后的史籍著录中有所反映，可惜的是找不到有关袁康、吴平的片言只语。而李步嘉认为，袁康、吴平是东汉末年到西晋时期的两个政治隐语，袁康是指袁氏（袁术）昌盛，吴平是指吴国平安，到了袁衰、吴破，又成了归命之谶。历史上出现过许多政治隐语（谶纬、童谣）来预示一个朝代的兴衰、更替，乱世时期这种谶语更多，李先生的说法好像是有道理的。但我以为，文人写书除了用真实姓名外，还用一些别号，当然假托署名的也有，如宋初钱俨的《吴越备史》十五卷，即托名范坰、林禹撰。钱俨是吴越国王钱镠的后裔，托名的目的或许是为了政治避嫌，但未见用政治隐语。如果诚如李步嘉所说，当时也无必要作政治避嫌如袁康、吴平者。所以，我以为用政治隐语来署名似乎不大可能。

第三，《篇叙外传记》的最后一段文字可能是宋代以后文人所加。其理由是:(一)吴越地区在春秋战国之际的吴、越争霸过程中所演绎的波澜壮阔的历史画卷让人回味,特别是越王句践忍辱负重、立志复仇,越国臣民同仇敌忾、以小胜大、以弱胜强的史实给人借鉴。战国以后,吴越地区有两个历史时期是特别引人关注的,一个是六朝时期,一个是南宋时期。国家分裂,异族入侵,谈统一,谈和战,是当时主要的政治话题。与统治者的苟且偷安不同,一些主战的士大夫,面对积弱积贫的国势,即利用句践之事借古喻今,以振奋民族精神。所以《越绝书》的出现和受到重视是很自然的。有人曾以句践谋敌之策来规劝统治者,如南宋孝宗时,余端礼对孝宗说:"谋敌决胜之道,有声有实。敌弱者先声后实,以謺其气;敌强者先实后声,以俟其机。汉武乘匈奴之困,亲行边陲,威震朔方……所谓先声而后实也。越谋吴则不然,外讲盟好,内修武备,阳行成以种、蠡,阴结援于齐、晋,教习之士益精,而献遗之礼益密,用能一战而霸者,伺其机而图之,所谓先实而后声也。今日之事异于汉而与越相若。愿阴设其备,而密为之谋,观变察时,则机可投矣。"(《宋史·列传第一百五十七》)嘉定年间汪纲守越期间,不仅修建了越王台等纪念建筑,而且将《越绝书》"刊置郡斋"。所以我认为,《越绝书》的成书年代大约在六朝(周生春教授认为下限在东晋)时期;而受到特别重视,研究校核,刊行流传,则在南宋。这不是偶然的,这是政治的需要。(二)如前文所述,元代以前的官私著录均将《越绝书》的作者写为子贡或子胥,如果说历代官私著录存在着因袭传抄的话,那么南宋陈振孙的"战国后人所为,而汉人又附益之"的观点,应该是在他深入研究《越绝书》的基础上提出的,他不可能没看到所谓隐语的那段文字,杨慎所说"盖睹书者卤莽,阅未数简已欠伸,意思睡,而束之高阁矣",以致"袁康、吴平之姓名,著在卷末,无人知之"的说法是缺乏依据的。可能是陈振孙看到此书时,《篇叙外传记》还没有所谓隐语的那段文字。否则,《越绝书》在漫长的流传过程中是不可能没有人见到此段文字的。事实上,除了陈振孙外,赵希弁、丁黼、汪纲等都对《越绝书》做过一番考辨、校订。在传抄、整理此书的过程中怎能偏偏没有发现那段所谓的隐语？（三）隐语重在隐，而从《篇叙外传记》的这段文字看，其隐语跟杨慎析隐语时所举证的几个隐语例子，其难易程度不可同日而语。如蔡邕的《曹娥碑》："黄绢幼妇，外孙齑臼。"隐"绝妙好辞"四字。魏伯阳《参同契·后序》："郐会鄙夫，幽谷朽生；委时去害，依托丘山。循游寥廓，与鬼为邻。百世一下，遨游人间。汤遭厄际，水旱隔屏。"隐"会稽魏伯阳"五字。又如"鲁国孔融文举"六字的隐语为"渔父屈节，水潜匿方。与时进止，出寺施张。吕公矶钓，阖口渭旁。九域有圣，无土不王。好是正直，女回于匡。海外有截，隼逝鹰扬。六翮将奋，羽仪未彰。蛇龙之蛰，俾也可忘。玟璇隐曜，美玉韬光。无名无誉，放言深藏。按辔安行，谁谓路长"。以上三例，蔡邕《曹娥碑》采用托意联想法，魏伯阳、孔文举为离合法，有诗的形式、诗的韵味，真正做到"隐而不露"。而《篇叙外传记》的这段所谓隐语文字，既无联想的意蕴，也无离合诗的韵味，稍有文字和历史基础的人就能解读，与前述三例比较是"露而不隐"。可以看出，加此文字者并未得到汉末魏晋时期离合隐语的要领。如此简单的隐语只有杨慎能看懂，能破解，实是怪事。（四）假如说《篇叙外传记》的最后那段文字早已存在，那么有两种可能：一是确如杨慎所说"盖睹书者卤莽，阅未数简已欠伸，意思睡，而束之高阁矣"，是观书者未审其详。这其实是杨慎的一种主观臆说。二是观书者已审其详，但"以去为姓，得衣乃成""以口为姓，承之以天"不得其解。为什么？大概至少在两宋之前还未能将"去""衣"合而成为"袁"字，"口""天"合而成为"吴"字，如果有，也只是隶草演变的个别现象。因此陈振孙在解读《越绝书》作者的时候，只说"战国后人所为，而汉人又附益之"，而未能如杨慎那样直接将"汉人"指为"袁康""吴平"。事实是杨慎用析隐语的方法定《越绝书》作者为袁康、吴平，已是明代的事，并已为清代学者李慈铭斥为"大缪六书之旨"，所以唯一的可能是这段所谓的隐语文字是在"袁""吴"字体演变至宋代以后才出现的。再说，从这段所谓的隐语文字看，既然作者无意于将自己的姓名直接指出来，而文中又何必自吹自擂为“百岁一贤”“邦贤”“德比颜渊”，又把所作之文比之于孔子的《春秋》呢？因此，后人所加的痕迹是很明显的。具体问题还需进一步考证。综上所述，我以为“成非一人”“无撰人姓名”最符合《越绝书》作者问题的实际情况。

三、关于该书的卷帙

《越绝书》的卷帙，前人理之基本已详。如陈桥驿先生《点校本〈越绝书〉序》中说：“《史记·孙吴列传·正义》引《七录》，称《越绝书》有十六卷。隋唐三《志》著录的此书，也都作十六卷。但在《崇文总目》中，此书仅十五卷。《崇文总目》说此书旧有‘内记’八，‘外传’十七，今文题舛阙，才二十篇。由此可知，此书在宋代初年，已经缺佚了五篇。《崇文总目》以后，绝大部分公私书目均作十五卷（但高似孙《史略》卷五，《直斋书录解题》卷五，《澹生堂书目》卷四，姚振宗《后汉艺文志》载记类等仍作十六卷，这些当是抄录隋唐《志》卷数，并非实见）。今本仍作十五卷，计‘内传’四篇，‘内经’二篇，‘外传’十三篇，共十九篇。这十九篇篇目，与南宋晁公武《郡斋读书志》完全相同，说明从宋初到宋末之间又缺佚了一篇。与隋唐《志》著录之本相比，其缺佚超过十分之二。所以此书从南宋流行之本起直到今本，实际上都是一种残本。”所佚之篇目，据《德序外传》和《篇叙外传》当有《吴太伯》和《兵法》外，其他已难详。

四、关于成书年代

一般说来，只要作者有案可稽，成书年代也不成问题。现在此书作者难以确定，则成书年代也就无法确定。按照陈振孙“战国后人所为，而汉人又附益之”的说法，此书是将战国到汉代人所写的有关吴越史实的文章裒辑而成。也有一部分学者根据《越绝书》中的类晋骈体文语句及汉以后建置沿革，认为该书可能是六朝时人所为，如宋朝的陈垲，他在肯定了杨慎的袁康、吴平说后认为“东汉去古未远，残编遗事，固当不泯。

缀辑而成之，语虽质，犹近于古”。但同时又认为“独‘祸晋之骊姬，亡周之褒姒’八言也不类，盖六朝之先驱也”，传达出了《越绝书》可能是六朝人所作的信息。比较明确地提出《越绝书》为晋代人作的是清代学者马与龙，司马彪《续汉书·郡国志四》“扬州·会稽郡·诸暨县”条下刘昭注：“《越绝》曰：兴平二年分立吴宁县。”王先谦《集解》：“惠栋曰：‘韦昭云：有句无亭。注：《越绝》曰兴平二年，《越绝》无此文，传写误也。’马与龙曰：‘据刘注，《越绝》晋代出。’”“兴平”是汉献帝的年号，“兴平二年”为公元195年，已是东汉末年。刘昭注引的《越绝》文，惠栋以为今本《越绝》并无此记载，应该属于传写之误。而马与龙不同意惠栋的说法，他根据汉唐地理沿革，认为“据刘注，《越绝》晋代出”。浙大周生春认为“《外传本事》的撰写者是三国至东晋时《越绝书》的增订注释者。从时间上说，此人应是《越绝书》最后一位直接作者和完成者”。他把最后下限定于东晋时期。近代梁启超在《中国历史研究法》第五章归纳的“伪书鉴别十二公例”第六说：“其书题某人撰而书中所载事迹在本人后者，则其书或全伪或一部分伪。例如《越绝书》，《隋志》始著录，题子贡撰。然其书既未见《汉志》，且书中叙及汉以后建置沿革，故其书不唯非子贡撰，且并非汉时所有也。”此说对后来研究者的影响也颇大。但梁氏此说意在说明如何鉴别伪书，对《越绝书》“叙及汉以后建置沿革”的具体内容并未述及。所以如作者一样，其成书年代也成为未知数。而从综合分析，此书成于三国至东晋南朝的可能性较大。

五、关于该书的价值

一部古籍的散佚，因素是多方面的；而流传不衰，则由其历史价值和社会价值所决定。历来对于《越绝书》是怎样一部书，价值几何，评价也不一致。有的从体例来说，有的从内容来说，归纳起来大概有以下几种：

1.《越绝书》是一部历史书。陈桥驿先生在《点校本〈越绝书〉序》中说：“它不仅记载了春秋於越的历史，并且也记载了与於越相邻的句吴和楚的部分历史。在我国古籍中,曾经记载於越历史的,主要有《国语》《史记》《越绝书》《吴越春秋》四种,其中后两种是当地著述,其内容远比前两种丰富。而《吴越春秋》又显然无法与《越绝书》相比”。“可见在我国所有记载於越历史的文献中,《越绝书》是内容最丰富的权威著作”。清钱培名《越绝书札记》中说:“赵晔《吴越春秋》,往往依傍《越绝》。”仓修良先生赞同这种观点,并十分明确地说它是一部历史书。

2.《越绝书》是我国地方志的鼻祖。万历《绍兴府志》卷五十八称:“其文奥古多奇,《地传》具形势、营构始末、道里远近,是地志祖。”清毕沅认为“一方之志,始于《越绝》”。今人朱士嘉在其《宋元方志传记》序中也说:“《越绝书》是现存最早的方志。”陈桥驿先生认为“其中卷二《吴地传》和卷八《地传》两篇,不仅把句吴和於越两国国都及其附近的山川形势、城池道路、宫殿陵墓、农田水利、工场矿山等记载得十分详尽,而且还写出了这两个不同地区即太湖流域和会稽山地的地理特征……无疑为宋代及其以后的地方志编纂开创了范例。”

3.《越绝书》是一部复仇之书。认为《越绝书》在于“重仇明勇”,因而“多阴谋秘计”,钱培名在《越绝书》跋语中说:“《越绝》,复仇之书也。子胥、夫差以父之仇,句践以身之仇,而皆非其道焉。”认为“春秋之末,复仇之事,莫大于斯三者,《越绝》实备之,有国有家者,可以鉴观焉”。

4.《越绝书》是一部兵书。书中于吴越争战之事详备,重在战守兵备,越国能以小胜大,以弱胜强,得之于计策、权谋、兵备,所以余嘉锡认为《越绝书》“原系兵家之书”。

5.《越绝书》是一部经世致用之书。张宗祥在其校注本序中说:“越王句践归国,行计倪、范蠡之术,覆吴报仇,霸于中国,其道在富民贵谷,古所谓‘民为邦本,食为民天’‘耕三余一,耕九余三’之道,越尽行之。此其精神,详于《计倪内经》《外传枕中》两篇之中,最此书之要旨也。”

这几种对于《越绝书》的评价见仁见智,各有侧重,对我们理解《越绝书》具有一定指导意义,但偏颇在所难免。

从“方志鼻祖”去看《越绝书》，其中《吴地传》《地传》两篇文字，如陈桥驿先生所说，“不仅把句吴和於越两国国都及其附近的山川形势、城池道路、宫殿陵墓、农田水利、工场矿山等记载得十分详尽，而且还写出了这两个不同地区即太湖流域和会稽山地的地理特征”，并为以后地方志的编修开了先河。但仅两篇而已，在整部《越绝书》中所占的比重不大，因此，不足以概《越绝书》之全貌。说《越绝书》是一部兵书或复仇之书，理由似乎充分些。书中言及战守兵备、计策权谋篇什甚繁，如《纪策考》《陈成恒》《请籴内传》《范伯》《吴王占梦》《九术》《军气》等，记述“重仇明勇”“阴谋秘计”、复仇争霸之事十分详细，但于作者（或说裒辑者）的真正意图，也即《越绝书》的思想内涵而言，其议还是偏颇的，也就是说，兵备、阴谋、术数、复仇之事仅仅是表象，兵备为复仇而设，阴谋、术数为复仇而用。透过表象，其实质并不在宣扬复仇，钱培名虽定为“复仇之书”，却认为三人（子胥、夫差、句践）复仇“皆非其道也”。如果“非其道”而赞其事，道之不存，又怎能作为后世借鉴？所以定性为兵书或复仇之书是不符合《越绝书》的要旨的。张宗祥先生以为《越绝书》的要旨在于“富民贵谷”“民为邦本、食为民天”。民本思想在《计倪内经》《外传枕中》篇中得到了反映，但我以为，从“经世致用”来说，“富民贵谷”也仅仅是一个方面，从吴越争霸复仇的事实来看，兵备、权谋、术数等都可以经当世之用，非独“富民贵谷”。就其思想内涵来说，“富民贵谷”的民本思想确实是一个很重要的方面，张先生是得其要领的。但篇章内容也未免单薄，也是不足以全面反映该书的主旨的。

历来公私书目把《越绝书》多收在杂史、稗史类，《四库全书》收入载记类，把它当作是一部历史书，至少是一部“野史”，但从内容来看也不全是历史，并且里面许多历史概念也不是很正确。《外传本事》有这样一句话：“经者，论其事；传者，道其意；外者，非一人所作，颇相覆载，或非其事，引类以托意。”从整部《越绝书》来看，“内经”“内传”多为“论其事”，即叙述史实；“内传”中有部分为“道其意”，“外传”多为“道其意”，即通过史实表明作者的看法。因此也不能一概而论就是历史书，它具有很强的政论性质。所以《越绝书》的写作（或者说裒辑）意图除了叙史述事之外，主要的还在于表达某种思想、阐述某种道理。

《越绝书》的内容比较庞杂，这是人们对此书未能正确定性的原因，也是研究者各取所需、说寅说卯未能取得一致意见的原因。一是史实内容比较庞杂。刘建国先生认为其杂比《吕氏春秋》有过之而无不及，“庞杂纷繁是《越绝书》在内容方面的主要特点”。二是思想内容比较庞杂，即在《越绝书》中，既有儒家的“仁义”思想，也有墨家的“节事”思想和道家的“道”的内容，更兼阴阳五行、兵、农、法、商杂糅在一起。这跟西汉“罢黜百家，独尊儒术”之后杂糅各家学说、统一于儒家经学之中的社会思想状况是合拍的。

《越绝书》史实内容的庞杂是事实，但也并非杂乱无章，这一点我们在《篇叙外传》中可以看出，裒辑者是经过一番精心编排的：

> 问曰：“《越绝》始于《太伯》，终于《陈恒》，何？”“《论语》曰：‘虽小道，必有可观者焉。’乃太伯审于始，知去上贤；太伯特不恨，让之至也。始于《太伯》，仁贤，明大吴也。仁能生勇，故次以《荆平》也，勇子胥忠、正、信、智以明也。智能生诈，故次以《吴人》也，善其务救蔡，勇其伐荆。其范蠡行为，持危救倾也，莫如循道顺天，富邦安民，故次《计倪》。富邦安民，故于自守易以取，故次《请籴》也。一其愚，故乖其政也。请粟者求其福禄，必可获，故次以《九术》。顺天心，终和亲，即知其情；策于廊庙，以知强弱；时至，伐必可克，故次《兵法》。兵，凶器也。动作不当，天与其殃。知此上事，乃可用兵。《易》之卜将，春秋无将，子谋父，臣杀主，天地所不容载。恶之甚深，故终于《陈恒》也。”

可以看出，《越绝书》在内容安排上有其章法，并不是没有系统的。在庞杂纷繁的内容里作者（裒辑者）的思路还是比较明确的，即遵循着这样一条线索：仁贤—忠信—智勇—循天道—安邦民—慎兵革—孝事亲，忠事君，否则“天地所不容载”，也就是儒家的“仁义”思想。而越王句践能够“转死为生，以败为成”、以弱胜强的道理也在这里。所以，要说《越绝书》是怎样一部书，可以说是一部宣扬儒家仁义思想和越国精神的书。

“仁义”思想贯穿于该书的始终。春秋无义战，《越绝书》所记述的几件大事：吴楚交争、吴伐越、越灭吴，从“仁义”来衡量，其实都是不义之战。正如钱培名所说，吴楚、吴越复仇之战，“皆非其道焉”。但《越绝书》作者的意图，却要在这些不义的战争中，找出合乎道义的东西来，借以说明行仁义则胜、不行仁义则亡的道理。当然，《越绝书》当中有关对仁义的推释也比较复杂，并非一概而论复仇之战就是不义，这跟仁义内涵的广泛性有一定的关系。如《篇叙外传》言及子胥之勇时说：“臣不讨贼，子不复仇，非臣子也。故贤其冤于无道之楚，困不死也；善其以匹夫得一邦之众，并义复仇，倾诸侯也。”明言复仇也是义举。

1. 行仁义则胜。楚平王为太子聘秦女而自纳，伍奢谏而被杀；蔡昭公朝楚，楚大臣囊瓦索羔裘而不得，将昭公拘于南郢三年，后又兴师伐蔡。楚国君臣的不仁不义，引发了吴王阖庐救蔡伐楚、伍子胥为父报仇尽孝道的“仁义”之举，楚国几遭覆亡。但伍子胥入楚都后，鞭平王之尸，又“君舍君室，大夫舍大夫室，盖有妻楚王母者”，陷于不义。而阖庐先有“臣弑君”（杀王僚），继有杀殉葬女，又有倚强凌弱、侵伐贡赐之越国的不义，因此有阖庐不战而败卒、伍子胥无罪而被杀之事。吴王夫差为父报仇，尽孝道而不彻底，“释越而不诛为不孝”（《〈越绝书〉序跋辑录》）；使越王句践“刍茎养马”（《外传本事》），又侵凌诸侯，奢侈狂惑，信谗杀贤，兵革散空，人民离散，仁义不施，以致身死国亡。越王句践居百里之地，推行仁义，德比尧舜禹汤，行肩文武周公，因此“得士民之众”（《吴内传》），转死为生，一举灭吴，霸于中国。句践之后，越国内讧，子弑父，臣弑君，至越王无彊为楚所败。说明了行仁义则胜、不行仁义则亡的道理。

2. 行仁义则霸。春秋之时，“上无贤天子，下无贤方伯，诸侯力政，强者为君”。吴越争霸，吴争而不霸，越不争而霸，尽在义与不义之间。吴王夫差对内骄奢狂惑，信谗杀贤，劳民伤财，不恤国民；对外穷兵黩武，侵凌诸侯，黄池之会，挟兵争霸，因不行仁义，虽争而不霸。越王句践“反邦七年，焦思苦身，克己自责，任用贤人”（《外传本事》），行富邦安民之策，省刑薄罚，与民同苦乐，君仁臣义，士民一心，“遂有大功而霸诸侯”（《外传计倪》）。对外句践“抑强扶弱，绝恶反之于善，取舍以道，沛归于宋，浮陵以付楚，临沂、开阳复之于鲁。中国侵伐，因斯衰止”（《外传本事》）。因其行仁义，所以不争而霸。这一点，是《越绝书》作者极力颂扬的，并说比之齐桓、晋文之霸，更合乎仁义，更难能可贵。如《外传本事》说：“桓公，中国兵强霸世之后，威凌诸侯，服强楚，此正宜耳。夫越王句践，东垂海滨，夷狄文身，躬而自苦，任用贤臣，转死为生，以败为成；越伐强吴，尊事周室，行霸琅邪，躬自省约，率道诸侯，贵其始微，终能以霸，故与越专其功而有之也。”所以说，春秋之际，虽王道不复，但霸亦有道，即行仁义。所谓“诚在于内，威发于外”者，即是施行仁义的结果。

3. 行仁义则治。《外传计倪》曰：“夫仁义者，治之门；士民者，君之根本也。”意思是仁义是治国的门径，士与民是国家的基础，也是仁义施行的对象，君行仁义于天下，才能邦富国强，“卜祚遐长”，这一点在《越绝书》中作了比较充分的阐发。

首先是“正身”。“阖门固根，莫如正身”，其如孔子所说：“其身正，不令而行；其身不正，虽令不行。”君主施行仁义，牢固根本，自身首先要有仁义之心、仁义之行。越王句践可谓正身的典型。《请籴内传》中借伍子胥之口述说了越王句践的正身行为，说：“越王句践罢吴之年，宫有五灶，食不重味；省妻妾，不别所爱；妻操斗，身操概，自量而食，适饥不费，是人不死，必为国害！越王句践食不杀而餍，衣服纯素，不袀不玄，带剑以布，是人不死，必为大故；越王句践寝不安席，食不求饱，而善贵有道，是人不死，必为邦宝；越王句践衣弊而不衣新，行庆赏，不刑戮，是人不死，必成其名。”结果正如伍子胥所预料，句践得士民之众而灭强吴。

其次是用人，即“任贤使能”。要求君王“谨选左右”，“公选于众，精炼左右，非君子至诚之士，无与居家。使邪僻之气无渐以生。仁义之行有阶，人知其能，官知其治”，并提出“有智之士不在远近取”“明主用人，不由所从，不问其先”的不拘一格原则。《越绝书》把用人当否提到关系国家存亡的高度加以阐述，许多篇章，如《计倪内经》《请籴内传》《纪策考》《范伯》《外传计倪》《吴王占梦》《德序外传》等都涉及任贤使能问题。在具体事例中，荆平王、吴王夫差未能任贤使能而败，越王句践深谙用人之道而胜，鲜明的对比，说明了用人的重要性。“君臣同心，其利断金”，“得贤兴国，失贤丧邦”，“亲贤臣，远小人”，这是中国古代进步知识分子的共识。

第三是利民。“士民者，君之根本也。”民为邦本，“民本”思想是儒家仁义思想的重要内容之一。《越绝书》在《计倪内经》《外传计倪》《枕中》等篇中充分体现了儒家的这种“民本”思想。其要旨在富民贵谷，其策在“顺四时”“劝农桑”“省赋敛”“忧积蓄”“利源流”。农末皆利，才能富民，民富则邦安，邦安则能御外侮，破敌国。所以要“视民所不足，及其有余，为之命以利之”。

第四是宽政。孔子曰：“宽则得众。”宽政，执中和，实质就是儒家的仁政思想。《越绝书》于亲民宽政思想有所涉及，但未完全展开，具体见于《计倪内经》《外传计倪》《枕中》诸篇。《外传计倪》：“（越王）及坏池填堑，开仓谷，贷贫乏；乃使群臣身问疾病，躬视死丧；不厄穷僻，尊有德；与民同苦乐，激河泉井，示不独食。行之六年，士民一心，不谋同辞，不呼自来，皆欲伐吴，遂有大功而霸诸侯。”把亲民宽政跟任贤使能、赏功责罪、轻徭薄赋、省刑薄罚等联系在一起，认为“不任贤使能，谏者则诛，则邦贫兵弱；刑繁，则群臣多空恭之礼、淫佚之行矣。夫谀者反有德，忠者反有刑，去刑就德，人之情也，邦贫兵弱致乱，虽有圣臣，亦不谏也，务在谀主而已矣。”“有道者进，无道者退”，“人主无私，赏者有功”（《计倪内经》）。

其他如忠、信、智、勇、诚、孝，居安思危，明存亡、得失、进退之道等等，均在儒家思想范畴之内，在《越绝书》中无不有所表述。总之，“仁义”

是《越绝书》的核心。

再说说《越绝书》所反映的越国精神。正因为越王句践躬行仁义，所以取得了内外政策的有效实施，翦灭强吴，称霸中国。在《越绝书》所记述的三次复仇事件中，句践复仇是最为有效和彻底的，哪怕在中国整个历史进程中，也是最具典型性的，无怪乎有人认为《越绝书》的主旨是复仇，并将句践卧薪尝胆誓复吴仇、最终消灭吴国作为越国精神了。确实，如果没有复仇之事，越王句践或许一直踞于东南之一隅，也就没有了以后称霸中原的雄风。但从《越绝书》来看，我以为句践复仇仅仅是一种表象，一个过程，或者更进一步说是一种内在动力。在复仇动机的驱使下，在整个复仇的过程中，越王句践卧薪尝胆，克己自励，采取了一系列行之有效的政策措施，形成了为儒家称道的越国精神，也就是《越绝书》作者所颂扬的能为后世借鉴的越国精神。具体反映在如下几个方面：

1. 克己自励，关心民间疾苦。越王句践在宦吴三年返国之后，为了兴邦复仇，首先做到的就是克己自励，关心民间疾苦，安定国内民心。他食不重味，衣不重彩；闻乐不喜，尝胆如饴；“妻操斗，身操概”，躬自耕作，夫人织布；孤心苦志，克己自励。同时“老其老，慈其幼，长其孤，问其病”；养生葬死，吊忧贺喜，施民所欲，去民所恶，关心民间疾苦。当时一个国君能做到这样确实是难能可贵的，对败后国内民心的安定起到了关键的作用。越王句践的这种克己自励、关心民间疾苦的行为，无论他的动机如何，确实可以看作越国精神的重要方面，是《越绝书》作者竭力颂扬的。

2. 任贤使能，虚心听取意见。《外传本事》：“问曰：‘吴亡而越兴，在天与？在人乎？’‘皆人也，夫差失道，越亦贤矣。’”《越绝书》作者把越灭强吴、行霸诸侯归之于越王句践的“任用贤人”，认为善于任贤使能，“则邦富兵强而不衰”；不善任贤使能，“则邦贫兵弱”，治理国家关键在于用人。越王句践不但善于用人，而且善于听取这些贤能之人的意见，对范蠡、文种、计倪等人可说是言听计从，对子贡的意见也无不采纳，一一落实在政治、经济、军事、外交上，从这一点说，句践复国的成功实际上就是“用人”的成功。尧用舜，舜用禹，禹用益，汤用伊尹，武王用周公，齐桓公用管仲，或王或霸，而桀、纣、荆平王、吴王夫差信谗杀贤而国亡，《越绝书》通过对比，颂扬了越王句践任贤使能、善于听取意见的精神。

3. 富民贵谷，视民为立国之本。张宗祥先生在《越绝书校注》序中说：“越自句践归国，行计倪范蠡之术，覆吴报仇，霸于中国，其道在富民贵谷。古所谓‘民为邦本，食为民天’‘耕三余一，耕九余三’之道，越尽行之，此其精神，详于《计倪内经》《外传枕中》两篇之中，最此书之要旨也。”劝农桑，万物不夺其时；省赋敛，与民休养生息。“不贪天下之财”，而与“天下共富之”，多贮粟，富百姓，“十年不收于国，民俱有三年之食”，越国在短短的几年时间里，能迅速崛起，以民为本、富民贵谷是很重要的方面。

《越绝书》内容虽然十分庞杂繁复，但我们如果能从作者所要宣扬的仁义思想和颂扬的越国精神入手，或许还能得其要领。《越绝书》是一部奇书，涉及社会政治的方方面面，虽语多奥古，且糟粕不少，但其历史意义和现实意义是十分明显的，这也是我们推介这部古籍的意义所在。

《越绝书》历来多点校本，少注译本。因其“字义奥衍”，会带来阅读困难，甚至会产生歧义，注译《越绝书》的基本目的，就是想帮助一般读者能够比较容易地读懂它，从而能够比较准确地理解其基本内容。

本书采用上海古籍出版社1985年版的乐祖谋点校的《越绝书》为工作底本。撰者对原文中部分段落和标点根据文意作了适当调整；对乐本原校勘内容，也作了取舍，与他本对照无异议的略去，不重复述；对乐本未出校或出校后仍有疑义的、或出校而未加补正的，则对照其他校本并根据文意仍出校并作补正。本书部分篇章错简严重，原文仍依底本，译文则按调整后的原文来翻译。注译主要依以下原则：

一、本书注译并重。注释尽量吸取前人及近现代学者的研究成果，与钱培名《越绝书札记》、张宗祥校注本、李步嘉校释本和张觉的《吴越春秋校注》本（岳麓书社2006年版）等互参。前人所研究未及处，撰者就直接作出注解；前人或有不当之处，则稍加按语以表明撰者的看法。

二、撰者在每篇篇名之下，加一节“题解”，对本篇的思想内涵及行文安排作简要叙述，以便于读者对原文内容的理解。

三、为方便阅读和参考，将原文分为若干段落分别注译，并标出篇号和段号，如第一篇第一段标为“1.1”。

四、字音的注释只限于生僻字或容易产生歧义的多音字。词义的注释，力求详尽，与译文互参，能使读者晓畅文意。

五、本书原文一向来被视为历史典籍，但所涉历史概念与正史所载有较大的出入，因此，撰者在注释中对有关史实、地理和人物等，尽量参照《左传》《国语》《史记》《汉书》等书加以考释，正其本末，以免造成读者历史概念的模糊。某些历史、地理和文化概念及历史人物，则参照《辞海》《中国历史地名大辞典》和仓修良先生主编的《史记辞典》等书，而取其长。有些地理、文化概念，历来有多种说法，在注释中一并列出，以资研究者参考。

六、字音、词义和史实、地名、人物及其他文化概念一般只在第一次出现时加以注释，以后出现时即标注“见XXX”，如“见2.3注②”。考虑到阅读的方便，有些词语不免重复注释。

七、原文中吴王阖庐的“庐”、越王句践的“句”，在史籍中有写作“闾”“勾”的，故校注时原文及本注译从底本，注中引文仍其原貌，不作统一。

八、本书中古地名，一般用今地名注明，今地名采用最新地名。

因限于水平，注译定有许多不尽然处，祈请专家学者教正！

张仲清　2020年夏

第一卷

越绝外传本事第一

【题解】

此篇是《越绝书》某位编者所作的序文，被后来整理者列为《越绝书》正文的首篇。本事就是有关《越绝》之事，故涉及《越绝》书名解释、篇目安排、思想内涵和作者等方面。

前三段是书名《越绝》的解释，作者抓住“绝者，绝也，谓句践时也”，反复申明此书为什么称“绝”的道理。作者认为，子贡说齐安鲁的外交活动和“乱齐，破吴，兴晋，强越”的外交成果，可以说是一“绝”；当时“天子微弱，诸侯皆叛”，而越王句践“抑强扶弱，绝恶反之于善”的行动，使“中国侵伐，因斯衰止”的功业，又是一“绝”；而句践作为“东垂海滨”的夷狄之君，能“转死为生，以败为成”，又懂得“尊事周室，行霸琅邪”，更是一“绝”。又“贤者所述，不可断绝”，所以“览史记而述其事”，并取名为“越绝”。

四、五两段简要点明《越绝》篇目安排的大致框架和主要思想内涵。吴前而越后，是为了“贬大吴，显弱越之功”。而弱越战胜强吴的关键是用人。“夫差失道，越亦贤矣”，“道”是什么？就是儒家所倡导的仁义之道。君行仁义，任用贤人，则强，则胜；君背仁义，弃贤不用，信谗宠佞，则弱，则败。“亲贤臣，远小人”，这是中国古代进步知识分子的共识，吴越之事就是一面镜子。

接着几段是对《越绝书》作者问题的探讨。一说为“吴越贤者”，一说“或以为子贡所作”，一说“盖是子胥所作也”。最后认为“经”“传”“内”“外”各有所属，明确“非一人所作”。

1.1 问曰：“何谓《越绝》？”“越者[①]，国之氏也[②]。”“何以言之？”“按《春秋》序齐、鲁[③]，皆以国为氏姓，是以明之。绝者，绝也，谓句践时也[④]。当是之时，齐将伐鲁，孔子耻之[⑤]，故子贡说齐以安鲁[⑥]。子贡一出，乱齐，破吴，兴晋，强越[⑦]。其后贤者辩士，见夫子作《春秋》而略吴、越；又见子贡与圣人相去不远，唇之与齿，表之与里。盖要其意，览史记而述其事也。”

【注释】

①越：古国名，亦作於越、粤。都会稽（今浙江绍兴）。前 473 年灭吴称霸。前 334 年败于楚，分散为若干小国，成为楚附庸。

②氏：名。此指国家的称号。

③《春秋》：我国首部编年体史书。经孔子整理修订而成，为儒家重要经典。齐：齐国，周初封国，都营丘（今山东淄博东北）。前 221 年亡于秦。鲁：鲁国，周初封国，都曲阜（今山东曲阜）。前 256 年亡于楚。

④句践：越国国君。前 496—前 465 年在位。

⑤孔子（前 551—前 479）：名丘，字仲尼，鲁国陬邑（今山东曲阜东南）人。春秋末期我国著名的思想家、教育家，儒家学派的创始人。其思想对我国历代政治文化产生了深远的影响。

⑥子贡（前 520—？）：复姓端木，名赐，字子贡。春秋时卫国人。孔子弟子。

⑦"子贡一出"数句：此事具体情形见本书《内传陈成恒第九》。吴，古国名，亦作句吴、攻吴等。都吴（今江苏苏州）。前473年为越所灭。晋，周代封国，都绛（山西翼城）。前376年被韩、魏、赵三家所分。强，按，乐祖谋校本均作"疆"。今除"疆域"的"疆"仍为本字外，其他均按义并据张宗祥本改为"强"。

【译文】

问道："为什么称为《越绝》呢？"回答说："越是国家的名称。"又问："为什么这么说呢？"回答说："根据《春秋》叙述齐国、鲁国的事，都是用国家的名称齐、鲁来称呼，因此知道越也是国家的名称。绝是空前绝后的意思，说的是越王句践时候的事。当时，齐国即将攻伐鲁国，孔子觉得这是耻辱，所以派子贡去游说齐国以安定鲁国。子贡出去转了一圈，就使得齐国陷入混乱，吴国灭亡，晋国强大，越国称霸。后来的贤能之人和智辩之士，看到孔子写作《春秋》而把吴国和越国的史事写得很简略；又觉得子贡和孔子的行述相差不远，如同唇和齿、表和里一样，于是提取吴、越史事的要点，查阅有关史籍，将吴国、越国的事和子贡的活动情况记述下来。"

1.2 问曰："何不称《越经书记》，而言绝乎？"曰："不也。绝者，绝也。句践之时，天子微弱，诸侯皆叛①。于是句践抑强扶弱，绝恶反之于善②；取舍以道，沛归于宋③，浮陵以付楚④，临沂、开阳复之于鲁⑤。中国侵伐⑥，因斯衰止。以其诚在于内⑦，威发于外，越专其功，故曰《越绝》。故作此者，贵其内能自约，外能绝人也。贤者所述，不可断绝，故不为记明矣。"

【注释】

①叛：背叛，此指不尊周室，不听周天子号令。

②抑强扶弱，绝恶反之于善：强，指诸侯。弱，指周室。恶，恶行，指诸侯相互攻伐，不尊周室。善，善行，指致贡周室，遵行霸道。

③沛：春秋时宋邑，今江苏沛县一带。宋：周代封国，今河南商丘一带。前286年被齐、魏、楚三国所灭。

④浮陵：地名，疑即阜陵，今安徽全椒。楚：古国名，西周时立国于荆山（今湖北南漳西南武当山东南沮、漳水发源处）一带，故亦作"荆"，建都丹阳（今湖北秭归东南）。周人称它为"荆蛮"。前223年灭于秦。

⑤临沂：今山东费县东。开阳：今山东临沂北。均为春秋时鲁国属地。

⑥中国：亦称"中华""中土""中原""中州"，当时指华夏族活动地区。

⑦诚：诚心，善心，仁心。孟子："诚者，天之道也；思诚者，人之道也。""存诚"是战国时期儒家思孟学派的主要命题之一。

【译文】

问道："为什么不叫《越经书记》，却要叫《越绝》呢？"回答说："不能叫《越经书记》。'绝'是空前绝后的意思。越王句践的时候，周天子势力微弱，诸侯各国都不听他的号令。这时候越王句践站出来，抑制强权的诸侯，扶助弱势的周室，杜绝诸侯相互攻伐的恶行，让诸侯回到尊事周室的正义轨道上来。又用仁义之道决定土地的取舍，把沛归还给宋国，浮陵交还给楚国，临沂、开阳交还给鲁国。中原诸侯之间相互侵伐的行为，因此得以制止。正因为越王句践内心有着诚信仁义，因此能够在对外行动上显示出他的威严，使越国能够独享率领诸侯尊事周室、安定天下的功劳，所以称这部书为《越绝》。之所以编次这部书，是因为觉得越王句践内心以诚约束自己，对外做出超人举动的精神可贵。又因为贤人的记述是不可以断绝的，所以这部书不叫'越记'是很明白的了。"

1.3 问曰："桓公九合诸侯①，一匡天下②，任用贤者，诛服强楚，何不言'齐绝'乎？"曰："桓公，中国兵强霸世之后，威凌诸侯，服强楚，此正宜耳。夫越王句践，东垂海滨，夷狄文身[3]，躬而自苦，任用贤臣，转死为生，以败为成；越伐强吴，尊事周室[4]，行霸琅邪[5]，躬自省约[6]，率道诸侯，贵其始微，终能以霸，故与越专其功而有之也。”

【注释】

①桓公：齐桓公（？—前643），名小白。前685—前643年在位。春秋时期第一位霸主。

②一匡天下：《史记正义》：“匡，正也。一匡天下，谓定襄王为太子之位也。”

③夷狄：上古时期中原华夏民族对周边少数民族的统称。文身：即纹身。《礼记·王制》：“东方曰夷，被发文身。”《汉书·地理志》：“其君禹后，帝少康之庶子云，封于会稽，文身断发，以避蛟龙之害。”

④尊事周室：指向周王朝交纳贡赋，拥护周天子的天下共主地位。周，前11世纪初周武王灭商建立周朝，建都于镐（今陕西长安）。以前770年周平王东迁洛邑（今河南洛阳）为界，分称西周、东周。东周时又分春秋和战国两个时期。前256年为秦所灭。共历三十七王，七百多年。

⑤琅邪：地名，一作琅琊、瑯琊。据传越王句践灭吴后曾迁都于此。今山东青岛原胶南县城南稍偏西瑯琊山西北十里有夏河城遗址。也有山东临沂说、江苏赣榆说、山东诸城说、安徽滁县说、江苏连云港说等。

⑥省（xǐng）：古代王遣使聘问诸侯之礼。约：约定，盟约。

【译文】

问道：“齐桓公多次大会诸侯，匡扶周室，安定天下，任用贤臣，征讨楚国，使强大的楚国听从号令，为什么不称‘齐绝’呢？”回答说：“齐桓公处在文明的中原，兵力强大，威势凌驾诸侯，使强蛮的楚国帖服，这是理所当然的。而越王句践是处在大海之滨、文身断发的夷狄之君，却能够刻苦自励，任用贤能之臣，使行将灭亡的越国恢复生机，由失败转为胜利。越国攻灭强大的吴国之后，能够献贡品给周天子，在琅邪推行霸业，亲自聘问诸侯，与他们订立共守信约，用仁义之道来统率诸侯。其可贵之处就在于开始微弱最终却能称霸天下，所以'绝'字就是赞美越国所独享的尊事周室、安定天下的功绩。"

1.4 问曰："然越专其功而有之，何不第一，而卒本吴太伯为①？"曰："小越而大吴。""小越大吴奈何？"曰："吴有子胥之教②，霸世甚久。北陵齐、楚，诸侯莫敢叛者；乘③，薛、许、邾娄、莒旁毂趋走④。越王句践属刍莝养马⑤，诸侯从之，若果中之李⑥。反邦七年，焦思苦身，克己自责，任用贤人。越伐强吴，行霸诸侯，故不使越第一者，欲以贬大吴，显弱越之功也。"

【注释】

①本：肇始。吴太伯：《论语》作"泰伯"。传为吴国的始创祖。《史记·吴太伯世家》："太伯之奔荆蛮，自号句吴。"

②子胥：姓伍名员，楚国人。吴国政治家、军事家。

③乘：车乘。此指驾车经过。

④薛：古国名。任姓。先后都薛（今山东滕州东南薛城）、下邳（今江苏睢宁）。战国时灭于齐。许：古国名。姜姓。在今河南许昌东。战国初灭于楚。邾娄：《说文》："邹，鲁县，古邾国，帝颛顼之后所封。"周代封国，为鲁国的附庸，在今山东曲阜东南。战国时灭于楚。按，《春秋》作"邾"，《公羊传》作"邾娄"。乐祖谋校本将"邾娄"

断为“邾、娄”，未当。莒（jǔ）：古国名。己姓。都莒（今山东莒县）。前431年灭于楚。毂（gǔ）：车轮中心连结车辐的部分。

⑤刍（chú）：割草。莝（cuò）：铡草。

⑥若果中之李：《尔雅翼》曰：“李，木之多子者。”比喻诸侯从者之多。

【译文】

问道：“既然越国独享尊周室、安天下的功绩，为什么不把写越国事迹的篇章放在本书的前面，却要把叙述吴太伯的事摆在第一篇呢？”回答说：“因为越国弱小，吴国强大。”问道：“越国弱小、吴国强大怎么样？”回答说：“吴国自从有了伍子胥的教导，称霸已经很久了。向北侵凌齐国、楚国，诸侯没有敢违抗他的；吴王车驾经过，薛、许、邾娄、莒等国国君都只能在车子旁边小步快走。越王句践先是属于割草养马被使役的人，而后来成就霸业，听从他号令的诸侯之多，像果实挂满枝头的李树一样。他从吴国回到越国的七年时间里，忧心苦思，约束自己，任用贤臣。后来越国消灭了强大的吴国，称霸诸侯，之所以没有把写越国事迹的篇章放在本书的开篇，是为了通过贬斥强大而迅速灭亡的吴国，来显示越国由弱变强、称霸诸侯的功业。”

1.5 问曰：“吴亡而越兴，在天与？在人乎？”“皆人也。夫差失道①，越亦贤矣②。湿易雨，饥易助。”曰：“何以知独在人乎？”“子贡与夫子坐，告夫子曰：‘太宰死③。’夫子曰：‘不死也。’如是者再。子贡再拜而问：‘何以知之？’夫子曰：‘天生宰嚭者，欲以亡吴。吴今未亡，宰何病乎？’后人来言不死。圣人不妄言，是以明知越霸矣。”“何以言之？”曰：“种见蠡之时④，相与谋道：‘东南有霸兆，不如往仕。’相要东游⑤，入越而止。贤者不妄言，以是知之焉。”

【注释】

①夫差：吴国国君。前495年即位，前473年越灭吴后自杀。

②亦：通“奕”，大。

③太宰：官名。此指太宰嚭（pǐ）。嚭，伯嚭，字子馀。吴国大臣。楚左尹伯州犁之孙，一说为楚左尹郤宛之子。郤宛被陷害后，嚭逃到吴国。

④种：姓文名种，字子禽（一作“少禽”），楚国郢（今湖北荆州）人，曾任楚宛令，与范蠡一起投奔越国，佐越王句践复国灭吴。相传后来遭越王猜忌被杀。蠡：范蠡，字少伯，楚国宛（今河南南阳）人，佐越王句践复国灭吴。传说他功成身退，改换姓名至齐国等地从事商业活动，家至巨富，被誉为“商圣”。

⑤要：邀请。

【译文】

问道：“强大的吴国灭亡了，弱小的越国强盛了，这取决于天意呢，还是取决于人事？”回答说：“都取决于人事。吴王夫差丢弃了仁义之道，而越王句践甚贤明。空气潮湿的地方就容易下雨，饥肠辘辘的饿人就容易接受资助。”又问道：“怎么知道只取决于人事呢？”回答说：“子贡和孔子坐着聊天，对孔子说：‘听说太宰伯嚭死了。’孔子说：‘他还不会死。’这样的话重复了两次。子贡恭敬地向老师拜了两拜，问道：‘您怎么知道他不会死呢？’孔子说：‘上天生下太宰伯嚭，就是想通过他来灭亡吴国。吴国如今还没有灭亡，伯嚭怎么会死呢？’不久有人来说伯嚭果真没有死。圣人是不会随便说虚妄的话的，因此清楚地知道越国日后要称霸天下了。”又问道：“凭什么这么说呢？”回答说：“文种见到范蠡的时候，他俩一起商量说：‘东南方向有称霸的征兆，不如到那里去做官。’于是两人结伴东行，到了越国就停了下来。圣贤是不会随便乱说的，因此知道越国日后要称霸。”

1.6 问曰："《越绝》谁所作？""吴越贤者所作也。当此之时，见夫子删《书》[①]，作《春秋》，定王制[②]，贤者嗟叹，决意览史记，成就其事。"

问曰："作事欲以自著，今但言贤者，不言姓字，何？"曰："是人有大雅之才，直道一国之事[③]，不见姓名，小之辞也[④]。或以为子贡所作，当挟四方[⑤]，不当独在吴越。其在吴越，亦有因矣。此时子贡为鲁使，或至齐，或至吴。其后道事以吴越为喻，国人承述，故直在吴越也。当是之时，有圣人教授"六艺"[⑥]，删定"五经"[⑦]，七十二子，养徒三千，讲习学问鲁之阙门[⑧]。《越绝》，小艺之文[⑨]，固不能布于四方。""焉有诵述先圣贤者，所作未足自称，载列姓名直斥以身者也？""一说盖是子胥所作也。夫人情，泰而不作，穷则怨恨，怨恨则作，犹诗人失职怨恨，忧嗟作诗也。子胥怀忠，不忍君沉惑于谗，社稷之倾；绝命危邦，不顾长生[⑩]；切切争谏，终不见听；忧至患致，怨恨作文。不侵不差[⑪]，抽引本末[⑫]。明己无过，终不遗力。诚能极智，不足以身当之；嫌于求誉，是以不著姓名，直斥以身者也。后人述而说之，乃稍成中外篇焉[⑬]。"

【注释】

①夫子删《书》：疑《书》前脱"《诗》"。《书》，即《尚书》。我国现存最早的上古典章文献汇编。

②王制：指周王朝的礼乐制度。

③直：只。

④小：谦逊。

⑤挟：通“浃”，周匝，通。

⑥六艺：礼、乐、射、御、书、数六种技艺。一说为《诗》《书》《礼》《乐》《易》《春秋》。

⑦五经：《易经》《书经》《诗经》《礼经》《春秋》。

⑧阙门：此指孔子故居阙里。《史记索隐》：“孔子居鲁之邹邑昌平乡之阙里也。”

⑨小艺：小道，礼乐政教以外的学说、技艺。

⑩长生：余生。

⑪不侵不差：不妄加也不妄减。侵，扩展。差，欠缺，缺少。

⑫抽引本末：阐明事件的本末原委。

⑬中外篇：指“内篇”“外篇”。“内篇”分“内经”“内传”。

【译文】

问道：“《越绝》是谁写的呢？”回答说：“是吴国或越国某个贤能之士写的。当时，他看到孔子整理删定《诗》《书》等典籍，又写作《春秋》，确定周王朝的礼乐制度，十分叹美孔子推行王道的精神，于是决心遍阅史料，把吴国和越国的事记载下来。”

问道：“写书的人往往想借此扬名，现在只说是吴国或越国的某个贤士写的，而不说出他姓甚名谁，这是为什么呢？”回答说：“这个人有宏博的知识和高雅的气度，认为写的只是一个国家的事，所以不肯著明姓名。其实这是他谦虚的托辞。有人认为是子贡写的，如果是子贡写的按理应该关注列国的事情，不应该只记述吴国和越国的事。当然，这里只记述吴国和越国的事，也是有原因的。因为这时子贡是鲁国的使臣，有时到齐国，有时到吴国。事后谈论国事，他往往用吴国和越国的兴衰存亡作为典型事例来比喻，国人传述子贡的话时，也就只涉及吴国和越国的事了。当时，孔子正在向学生传授‘六艺’，删定‘五经’。他带着七十二位高足、三千多名学生，在鲁国的阙门讲习治国安邦的学问。《越绝》是记述轶闻琐事的文集，当然不可能像‘五经’那样广泛流传了。”问道：“哪里有写颂扬古圣先贤的书还不值得称扬，写上姓名直接指出作者是谁的呢？”回答说：“还有一种说法，说《越绝》是伍子胥写的。按人之常情，一个人在他事业顺利、生活安泰的时候，是不会去写东西的；在不得志、生活处于逆境的时候，就会产生怨恨牢骚的情绪，有了怨恨牢骚就会写作，正如诗人在失去了应有职位的时候产生怨恨，忧伤叹息而作诗一样。伍子胥满怀忠诚，他不忍心看到夫差被谗言所迷惑，国家即将灭亡，为危亡之际的国家而死，不顾惜自己的生命；他诚恳而迫切地直言规劝吴王夫差，但他的话最终不被采纳。他心里十分焦急苦闷，产生怨恨而写出了这些文章。不妄加也不妄减，把事情的来龙去脉阐述明白，表明吴国的灭亡不是自己的责任，而且自己始终在不遗余力地挽救危亡的吴国。至诚能够把智慧发挥到极致，但不能以自身去承受；又怕别人说自己追求名誉，所以没有把自己的姓名写上去，直接表明自己的身份。后人根据他所写的内容加以复述和发挥，便逐渐形成了‘内篇’和‘外篇’。”

1.7 问曰：“或经或传，或内或外，何谓？”曰：“经者，论其事；传者，道其意；外者，非一人所作，颇相覆载①，或非其事，引类以托意。说之者见夫子删《诗》《书》，就经《易》，亦知小艺之复重。又各辩士所述，不可断绝。小道不通②，偏有所期。明说者不专③，故删定复重，以为中外篇。”

【注释】

①覆载：重复记载。覆，重复。

②小道：礼乐政教以外的学说、技艺。通：广布四方。

③专：占，占有。

【译文】

问道：“书内篇目有的称为‘经’，有的称为‘传’，有的称为‘内传’，有的称为‘外传’，有说法吗？”回答说：“经，是述说事件本身的；传，是表达某种思想的;外传,说明不是一个人所写,所以很多地方相互重复记载,有的甚至并不是吴国和越国的事,只是征引其他相类似的事寄托某种思想、寄寓某种道理。编纂此书的人看到孔子曾经删定《诗》《书》,整理《易经》,就知道这些礼教以外的学说也难免重复。这些文章又是那些智辩之士的重要论述,不能让它湮灭而不流传。虽然这些无关礼教的学说难以广布四方,但偏偏又有所期待,希望能广泛流传。为了表明编纂者没有占为己有的意思,所以仅仅删掉了一些重复的地方,把这些文章分编为'内经''内传'和'外传'。"

越绝荆平王内传第二

【题解】

此篇叙述伍子胥入吴的原因、经过及入吴后佐吴王阖庐富国强兵、西破强楚、报仇泄恨之事。据《本事》《德序》和《篇叙》等篇，此篇之前应该还有一篇《吴太伯内传》。《篇叙》篇中说："始于《太伯》，仁贤，明大吴也。仁能生勇，故次以《荆平》也。"为什么"次以《荆平》"？是因为吴国的强盛由子胥入吴开始，破楚、厄越、霸吴，子胥死后吴国败亡，子胥在吴国可以说是举足轻重。

伍子胥入吴及强吴破楚、复仇史实的叙述，一方面为了阐述"君仁臣忠"的道理，另一方面为了说明富国强兵、称霸诸侯的关键在于"用人"。君仁则臣忠，君不仁则臣不忠，为君之道当以仁义为重。楚平王不仁——为太子娶秦女而自纳；信谄谀之人而杀忠谏之臣，导致了邦弱国破。先有楚平王的不仁，继有伍子胥的不忠。对于伍子胥的复仇之举，《越绝》是持肯定态度的。伍子胥在出逃途中的两个小插曲——渔者暗渡子胥后自刎而死、击絮女子助食子胥后自沉而死，也说明了民众对暴君的厌弃和对忠良的爱戴。伍子胥入吴后，深得吴王阖庐的信任，其智勇才能有了用武之地，既西破强楚，报仇泄恨，又佐吴王富国强兵，称霸诸侯。由此看来，容人与用人，全在君主一念之间，而此关系国家安危，不可不慎。

2.1 昔者，荆平王有臣伍子奢[①]。奢得罪于王[②]，且杀之，其二子出走，伍子尚奔吴，伍子胥奔郑[③]。王召奢而问之，曰："若召子，孰来也？"子奢对曰："王问臣，对而畏死，不对不知子之心者。尚为人也，仁且智，来之必入；胥为人也，勇且智，来必不入。胥且奔吴邦，君王必早闭而晏开，胥将使边境有大忧。"

于是王即使使者召子尚于吴，曰："子父有罪，子入，则免之；不入，则杀之。"子胥闻之，使人告子尚于吴："吾闻荆平王召子，子必毋入。胥闻之，入者穷，出者报仇。入者皆死，是不智也；死而不报父之仇，是非勇也。"子尚对曰："入则免父之死，不入则不仁。爱身之死，绝父之望，贤士不为也。意不同，谋不合，子其居，尚请入。"

荆平王复使使者召子胥于郑，曰："子入，则免父死；不入，则杀之。"子胥介胄彀弓[④]，出见使者，谢曰："介胄之士，固不拜矣。请有道于使者：王以奢为无罪，赦而蓄之，其子又何适乎？"使者还报荆平王。王知子胥不入也，杀子奢而并杀子尚。

【注释】

①荆平王：即楚平王，名弃疾（一名居），前528—前516年在位。伍子奢：名奢，楚平王时为太子太傅。

②奢得罪于王：楚平王使太子少傅费无忌替太子建迎娶秦女，因见秦女貌美，听信费无忌谗言，自纳为夫人；又恐太子为乱，欲杀太子。伍奢因为劝谏而得罪了平王。

③郑：古国名，姬姓。都新郑（今河南新郑）。前375年灭于韩。

④介胄彀(gòu)弓:披甲戴盔,弯弓搭箭。介胄,即甲胄。彀弓,张弓。

【译文】

过去,楚平王有位大臣叫伍子奢。伍子奢因为直言规劝而得罪了楚平王,平王打算杀了他。他的两个儿子逃出楚国,伍子尚逃到吴国,伍子胥逃到郑国。楚平王叫来伍子奢,问他道:“如果召他们回来,他们哪个会回来?”伍子奢回答说:“大王问我,回答你显得我怕死,不回答又显得我做父亲的不知道儿子的为人。大儿子尚的为人,聪明仁厚,叫他回来他就一定会回来;小儿子胥的为人,英勇机智,叫他回来他一定不会回来。胥还要跑到吴国去,大王你一定要让人把城门每天晚些打开早些关上,胥将会给楚国的边境带来很大的麻烦。”

于是楚平王派使臣到吴国去叫伍子尚,对他说:“你的父亲犯了罪,你如果回来就赦免你父亲的罪,不回来就杀了他。”伍子胥听说楚王派使臣去叫伍子尚,就赶忙派人到吴国去告诉伍子尚:“我听说楚平王已派使臣去叫你回国,你一定不要回去。我听人说,回去就是白白送死,在外还可以设法报仇。回去都去送死,这就是笨蛋;宁去送死而不设法替父亲报仇,这就是懦夫。”子尚回复说:“回去就可以免去父亲的死罪,不回去就是不仁。爱惜自己的生命而使父亲绝望,仁德之人不会这么做。你我想法不一样,也商量不到一块,你还是留在国外,就让我回去吧。”

楚平王又派使臣到郑国去叫伍子胥,对他说:“你回来就免去你父亲的死罪,不回来就把你父亲杀了。”伍子胥身穿铠甲、张弓搭箭出来见楚王的使臣,谢罪说:“请原谅穿着铠甲的人不能行拜礼了!请您带话给大王:大王如果认为我父亲是无罪的,就应该赦免并蓄养他,这样他的儿子又会跑到哪里去呢?”使臣回去把伍子胥的话报告给楚平王。平王知道伍子胥不会回来了,就把伍子奢和伍子尚一同杀了。

2.2 子胥闻之,即从横领上大山①,北望齐、晋,谓其舍人曰:“去,此邦堂堂,被山带河②,其民重移③。”于是乃南奔吴。

至江上，见渔者，曰："来，渡我。"渔者知其非常人也，欲往渡之，恐人知之，歌而往过之，曰："日昭昭④，侵以施⑤，与子期甫芦之碕⑥。"子胥即从渔者之芦碕。日入，渔者复歌往，曰："心中目施⑦，子可渡河，何为不出？"船到即载，入船而伏。半江，而仰谓渔者曰："子之姓为谁？还，得报子之厚德。"渔者曰："纵荆邦之贼者，我也；报荆邦之仇者，子也。两而不仁，何相问姓名为？"子胥即解其剑，以与渔者，曰："吾先人之剑，直百金，请以与子也。"渔者曰："吾闻荆平王有令曰：'得伍子胥者，购之千金。'今吾不欲得荆平王之千金，何以百金之剑为？"渔者渡于于斧之津⑧，乃发其箪饭，清其壶浆而食，曰："亟食而去，毋令追者及子也。"子胥曰："诺。"子胥食已而去，顾谓渔者曰："掩尔壶浆，无令之露。"渔者曰："诺。"子胥行，即覆船，挟匕首自刎而死江水之中，明无泄也。

子胥遂行。至溧阳界中⑨，见一女子击絮于濑水之中⑩，子胥曰："岂可得托食乎？"女子曰："诺。"即发箪饭，清其壶浆而食之。子胥食已而去，谓女子曰："掩尔壶浆，毋令之露。"女子曰："诺。"子胥行五步，还顾女子，自纵于濑水之中而死。

【注释】

①领：当为"岭"之误。横岭、大山：不可考。张宗祥注："所谓横岭大山，当是今河南东部之山。"

②被：同"披"，依傍，靠近。带：环绕。

③重移：安土重迁。重，难。张宗祥注："移，动也。盖言齐、晋大国，

其民难动，不能藉以报仇也。”

④昭昭：太阳明亮貌。

⑤侵：渐近。施（yí）：谓太阳西斜。

⑥期：相约。甫：通“乎”，语助词。芦：芦苇。碕：弯曲之河岸。

⑦心中目施：指子胥心里焦急，眼巴巴张望。中，通“忡”，焦急，忧虑。施，目光移动，瞭望。

⑧于斧：地名。晋时有于湖县，疑即于斧之讹音。顾炎武《江上》诗：“于湖担壶浆，九江候旌麾。”

⑨溧阳：地名，今属江苏。

⑩濑水：即溧水。在今江苏溧阳。

【译文】

伍子胥听到父兄被杀的消息，便从横岭登上大山，向北眺望齐国和晋国，对他的亲随说：“离开此地吧！这些堂堂大国，山河环绕，人民安土重迁，难以发动，不能借他们来报仇。”于是往南奔向吴国。

到了长江边上，见到一个渔夫，说：“快来，把我渡过江去。”渔夫知道他不是平常人，想去渡他过江，又怕被别人发现，便唱着歌摇着船从江边经过，歌词是：“太阳亮堂堂，不久向西斜，与你约定在岸边芦荡。”子胥就听从渔夫的暗示到了芦荡岸边藏身等待。太阳下山了，渔夫又唱着歌将船靠近芦荡岸边，歌词是：“心中忧虑啊目光游移，可渡河时为何迟疑？”船一靠岸，伍子胥就立刻登船，到了船上就立即卧下身子。船划到江心的时候，伍子胥才仰起头对渔夫说：“你贵姓啊？将来如果能回来，我一定报答你的大恩大德。”渔夫回答说：“放走楚国叛逆的是我，要向楚国报仇泄恨的是你。我们两人都不仁德，为什么要问姓名呢？”伍子胥就解下他的宝剑递给渔夫，说：“这是我家的传家宝剑，价值百两黄金，我把它送给你作为酬劳。”渔夫说：“我听说楚平王下令：‘谁抓获伍子胥，就赏他千金。’现在我不想得到楚平王的千两黄金，要你价值百金的宝剑干什么？”渔夫把伍子胥送到于斧渡口，就打开自己的饭篮，又从壶里倒出菜羹给他吃，说："你赶快吃了饭离开这里，不要被追你的人追上。"伍子胥说："好。"子胥吃完饭就走，回头对渔夫说："请把你的壶浆藏起来，不要把它露在外面。"渔夫说："好吧。"伍子胥走后，渔夫即刻掀翻船，拿起匕首在江中自杀了，表明他不会泄漏消息。

伍子胥于是赶忙上路。来到溧阳地面，看到有一位女子在濑水当中捶洗蚕丝，便走上前去问她："能否给我一顿饭吃呢？"女子说："可以。"当即从饭篮中盛出饭，从壶中倒出菜羹给伍子胥吃。子胥吃完饭要离开时，对那女子说："请把你的壶浆藏起来，不要把它露在外面。"女子说："好吧。"子胥才走上五步路，回头看那女子已纵身跳进濑水之中淹死了。

2.3 子胥遂行。至吴，徒跣被发，乞于吴市三日。市正疑之[①]，而道于阖庐曰[②]："市中有非常人，徒跣被发，乞于吴市三日矣。"阖庐曰："吾闻荆平王杀其臣伍子奢而非其罪，其子子胥勇且智，彼必经诸侯之邦可以报其父仇者。"王即使召子胥。入，吴王下阶迎而唁数之，曰："吾知子非恒人也，何素穷如此？"子胥跪而垂泣曰："胥父无罪而平王杀之，而并其子尚。子胥遯逃出走[③]，唯大王可以归骸骨者，惟大王哀之。"吴王曰："诺。"上殿与语，三日三夜，语无复者。王乃号令邦中："无贵贱长少，有不听子胥之教者，犹不听寡人也，罪至死，不赦！"

子胥居吴三年，大得吴众。阖庐将为之报仇，子胥曰："不可。臣闻诸侯不为匹夫兴师。"于是止。其后荆将伐蔡[④]，子胥言之阖庐，即使子胥救蔡而伐荆。十五战，十五胜[⑤]。荆平王已死，子胥将卒六千，操鞭捶笞平王之墓而数之曰[⑥]："昔者吾先人无罪而子杀之，今此报子也！"

【注释】

①市正：管理市场的官员。

②阖庐：一作"阖闾"，张家山汉墓竹简作"盖庐"，名光，吴国国君。张宗祥注："是时主吴者为僚，公子光尚未立，不得称阖庐。盖阖庐乃公子光王吴后之称。"

③遯逃：潜逃。遯，同"遁"。

④蔡：周初封国。今河南上蔡、新蔡一带。前447年灭于楚。

⑤十五战，十五胜：《左传·定公四年》："五战及郢。"《史记》作"五战，楚五败"，《吴越春秋》作"五战径至于郢"。疑"十"为衍文。

⑥数：列举罪状。

【译文】

伍子胥于是急忙赶路。到了吴国都城，他赤着双脚，披头散发，一连三天在市场里乞讨度日。管理市场的官员觉得他形迹可疑，便报告吴王阖庐说："市场里来了个特殊的人，披头散发赤着一双脚，在那里乞讨三天了。"阖庐说："我听说楚平王杀了他的大臣伍子奢，但并不是伍子奢犯了什么罪，他的儿子伍子胥智勇双全，他一定会到诸侯各国去寻找能够帮助他报杀父之仇的人。"吴王阖庐即刻派报信人叫伍子胥进宫。子胥一进宫，吴王立即走下台阶迎接，并亲切地慰问说："我知道您不是一般的人，为什么会潦倒到如此地步呢？"伍子胥跪倒在地，流着眼泪说："我的父亲没有犯罪却被楚平王杀害，连他的儿子子尚也一并被杀害了。我潜逃了出来，我想只有大王您有力量能够替我复仇，希望大王可怜我的不幸遭遇。"吴王说："好，放心吧！"把他请上殿堂同他交谈，说了三天三夜，没说重复的话。吴王于是向全国发布命令："无论高贵的还是卑贱的，年长的还是年少的，如果有人不听从伍子胥的教导，就是不听从我的话，就是死罪，决不赦免！"

伍子胥在吴国居住了三年，深得吴国民众的爱戴。阖庐将要替他报仇，伍子胥说："不行。我听说诸侯是不能为某个平常的人兴师动众的。"

这件事于是搁了下来。后来楚国将要攻伐蔡国，子胥把此事禀告给了阖庐，阖庐就派伍子胥率领军队讨伐楚国以救蔡国。打了五次仗，五次都大获全胜。此时楚平王已死，伍子胥带领六千士兵，拿着鞭子一边抽打平王的坟墓一边列举平王的罪状说："过去我先父兄没有犯罪你却把他们杀害，今天我只能这样向你报仇了！"

2.4 后，子昭王、臣司马子期、令尹子西归①，相与计谋："子胥不死，又不入荆，邦犹未得安，为之奈何？莫若求之而与之同邦乎？"昭王乃使使者报子胥于吴，曰："昔者吾先人杀子之父，而非其罪也。寡人尚少，未有所识也。今子大夫报寡人也特甚，然寡人亦不敢怨子。今子大夫何不来归子故坟墓丘冢为②？我邦虽小，与子同有之；民虽少，与子同使之。"子胥曰："以此为名，名即章③；以此为利，利即重矣。前为父报仇，后求其利，贤者不为也。父已死，子食其禄，非父之义也。"使者遂还，乃报荆昭王曰："子胥不入荆邦，明矣。"

【注释】

①昭王：楚昭王，芈姓，名珍。平王之子。前515—前489年在位。司马：官名。执掌军政和军赋。子期：昭王之弟，名结，字子期。令尹：官名，春秋战国时楚国最高官职，执掌军政大权。子西：楚平王庶弟。

②故坟墓丘冢：祖先坟墓所在之地。指故乡。

③章：明显，显著。

【译文】

后来，楚平王的儿子楚昭王、大臣司马子期、令尹子西回到郢都，一起商量说："伍子胥不死，又不回到楚国来，国家还是不得安宁，怎么办呢？是否可以请求他回来一起管理这个国家呢？"昭王于是派使者到吴国去告诉子胥，说："过去我的先人杀害了您的父亲，而您父亲并没有犯罪。那时我还小，还不懂事。现在您报复我也太过分了，但是我也不敢怨恨您。现在您为什么还不回到自己的家乡来呢？我们国家虽然小，但愿和您一起来管理它；民众虽然少，但愿和您一起来役使他们。"伍子胥对楚王使臣说："我如果借此机会去获取名誉，这名誉也就很显赫了；如果借此机会去获取利益，这利益也就很厚重了。起先为父亲报仇，后来去追求名利，有仁德的人是不会这样做的。现在父亲已死，儿子回去享受他的俸禄，这也是违背先父的本意的。"使臣于是回去报告楚昭王说："伍子胥不肯回楚国，是很明白的了。"

第二卷

越绝外传记吴地传第三

【题解】

本篇比较详细地记载了春秋战国时期(并及秦汉)吴地的城池、宫殿、山川、湖泊、田畴、交通、陵墓等以及一些沿革情况,故历来不少学者将本篇与《记地传》一起,称为我国最早的地方志,说“一方之志,始于越绝”(清毕沅《乾隆〈醴泉县志〉序》),陈桥驿先生在《点校本〈越绝书〉序》中也说:“其中卷二《吴地传》和卷八《地传》两篇……为宋代及其以后的地方志编纂开创了先例。把这两篇作为我国最早的地方志,确是恰如其分的。”当然,两篇地传所记的内容和所要表达的意思是有一定区别的。吴国在战胜楚国、臣服越国之后称霸,开始显示出它的军事实力和经济实力,《吴地传》所记载的内容,比较多的是城池、宫殿、陵墓和道路交通等“基础设施”的建设,尽管记述得十分简要,仍可见当时吴国霸业和地区开发繁荣的情况。这为以后这一地区的发展奠定了基础。唯世事沧桑,许多古迹已湮失无考。

3.1 昔者,吴之先君太伯,周之世,武王封太伯于吴[①],到夫差,计二十六世[②],且千岁[③]。阖庐之时,大霸,筑吴越城[④]。城中有小城二。徙治胥山[⑤]。后二世而至夫差,立二十三年,越王句践灭之。

【注释】

①武王封太伯于吴：据《史记》记载，是封周章而非太伯。时太伯早故，故裴骃《集解》："韦昭曰：'后武王追封为吴伯，故曰吴太伯。'"太伯，见《外传本事》1.4 注①。

②二十六世：《史记》："大凡从太伯至寿梦十九世。"司马贞《索隐》："寿梦是仲雍十九代孙也。"寿梦有子四人，长曰诸樊，次曰馀祭，次曰馀眛，次曰季札。寿梦死后，子诸樊、馀祭、馀眛相继立，馀眛卒，子僚立。后诸樊子光弑王僚自立，是为阖庐。阖庐卒，子夫差立。此将兄终弟及也算作一世，所以说"二十六世"。

③且千岁：周代立国在公元前 11 世纪，吴被越灭在前 473 年，期间六百余年，不到"千岁"。《吴地记》曰："计二十五王，治国总六百二十四年。"且，将近。

④吴越城：张宗祥注："《吴越春秋》云，'阖闾元年，造大城'，无吴越之名。吴越城之名，仅见于此……他当未见，亦费解。"按，疑"越"为衍文。

⑤胥山：在今江苏苏州西南太湖东岸胥口南。即今之姑苏山。

【译文】

从前，吴国的开国之君叫太伯，周朝从周武王将吴地封给太伯建立国家开始，到吴王夫差，共计传国二十六世，将近一千年。吴王阖庐的时候，称霸诸侯，修筑了吴国都城。都城之中有两个小城。又到姑胥山修筑离宫别馆。到了第二代吴王夫差，在位二十三年，越王句践把吴国灭掉了。

3.2 阖庐宫①，在高平里。

射台二，一在华池昌里，一在安阳里②。

南越宫③，在长乐里，东到春申君府④。

秋冬治城中，春夏治姑胥之台⑤。旦食于纽山⑥，昼游于胥母⑦，射于躯陂⑧，驰于游台⑨，兴乐越⑩，走犬长洲⑪。

【注释】

①阖庐宫：李步嘉曰："检各本均作'阖庐宫'，乐祖谋本作'阖庐官'，'官'乃'宫'之误。"

②"射台"数句：华池昌里，顾炎武《肇域志》："自沙盆潭西流，出渡僧桥，会枫桥诸水北流，与虎丘山塘水合，曰射渎。相传吴王尝射于此，故名。亦名石渎。"《苏州市志》（1995版）："华池，在长洲县大云乡，一云在平昌。"安阳里，《吴地记》云："射台在吴县横山安平里。"

③南越宫：钱培名曰："南城宫，'城'原误'越'。"《吴越春秋》卷四作"南城宫"。《吴地记》作"南宫城"，说"在长洲县干将乡长乐里"。

④春申君：黄歇（？—前238），楚国贵族。楚考烈王时任令尹，前248年封于吴，号春申君。战国四公子之一。

⑤姑胥之台：苏州西南有姑苏山，又名姑胥山。春秋时吴王阖庐筑台其上，名姑胥台，又名胥台。

⑥纽山：钱培名曰："'组'原误'纽'，依徐天祐引改。"《吴越春秋·阖闾内传》徐天祐引："《越绝》作'组山'。"

⑦胥母：胥母山，又名莫厘山。在今苏州西南洞庭东山。

⑧躯陂：钱培名曰："'鸥'原误'躯'，依《吴越春秋》改。"《吴越春秋》卷四："射于鸥陂。"鸥陂，本谓沙鸥翔集之地。在横山。

⑨游台：或即姑胥台。

⑩兴乐越：钱培名曰："兴乐石城，原脱'石'字，'城'误'越'，又自'越'字以下，断入下节，致不可通。今悉依《吴越春秋》补正。"按，《吴越春秋》卷四作"兴乐石城"。钱说是。石城在今苏州西南15公里处之灵岩山。

⑪长洲：长洲苑。在今苏州西南，太湖北。

【译文】

阖庐的王宫在高平里。

射台有两个，一个在华池昌里，一个在安阳里。

南城宫在长乐里，向东走就到了春申君的府第。

秋天、冬天吴王在城里处理政事，春天、夏天在姑苏台办公、休养。他经常在组山吃早饭，白天到胥母山游乐，在鸥陂射箭，在游台跑马，在石城欣赏音乐歌舞，带着狗在长洲苑狩猎。

3.3 吴王大霸，楚昭王、孔子时也。

吴大城①，周四十七里二百一十步二尺②。陆门八③，其二有楼。水门八④。南面十里四十二步五尺，西面七里百一十二步三尺，北面八里二百二十六步三尺，东面十一里七十九步一尺。阖庐所造也。吴郭周六十八里六十步。

吴小城⑤，周十二里。其下广二丈七尺，高四丈七尺。门三，皆有楼，其二增水门二，其一有楼，一增柴路。

东宫周一里二百七十步。路西宫在长秋⑥，周一里二十六步。秦始皇帝十一年⑦，守宫者照燕失火，烧之。

伍子胥城⑧，周九里二百七十步。小城东西从武里，面从小城北⑨。

邑中径从阊门到娄门，九里七十二步，陆道广二十三步，平门到蛇门，十里七十五步，陆道广三十三步。水道广二十八步。

【注释】

①吴大城：或即今苏州市旧城。

②步、尺：古代长度单位。周代以八尺为步，秦汉以六尺为步。春秋战国一尺为22.5厘米，秦汉为23.1厘米。三百步为一里。

③陆门八：东娄门、匠门；南蛇门；西阊门(破楚门)、胥门；北平门、

齐门；西北巫门。“匠门”亦称“将门”，后来改为“相门”。将平门和巫门合一（故有平门或为巫门之说），又将小城南门之名“龙门”移至大城，成为大城东南之门“盘门”。这其实是汉代以后吴城城门的情况，至于吴国时期是否如此，已难详。

④水门八：张宗祥说：“盘门、娄门、匠门、平门，均兼水陆，即以为四水门。然水亦八门，其他四水门，无从考矣。”按，蛇门、胥门亦兼水陆。

⑤吴小城：即春秋吴国宫城，后世为州郡治所。据宋《平江图》所示，大致在今苏州锦帆路以东、公园路以西、言桥下塘以南、十梓街以北范围。

⑥长秋：里名。在吴小城北门一带。

⑦秦始皇帝十一年：前236年。秦始皇帝（前259—前210），姓嬴名政，战国末秦国国君，秦王朝的建立者。前246—前210年在位。自前230年开始至前221年，十年之间，先后消灭韩、赵、魏、楚、燕、齐六国，建立起中国历史上第一个统一的中央集权的封建国家。实行郡县制，推行“车同轨，书同文，行同伦”的国策，在政治、经济、文化等方面奠定了统一国家的宏规巨制，对中国历史的发展产生了巨大影响。

⑧伍子胥城：张宗祥注：“上文云城中有二小城，伍子胥城即二城之一。”

⑨小城东西从武里，面从小城北：疑“西”为“面”字之讹，后句“面”字前或脱“南”字。前“小城”当为伍子胥城；后“小城”当指吴宫城，即前文所说的“南城宫”的“南城”。盖伍子胥城在吴宫城的东北，此地汉时或属武里。

【译文】

吴王称霸，与楚昭王、孔子在同一时代。

吴大城，周围四十七里二百一十步二尺。有八座陆门，其中两座设有城楼。有八座水门。城墙南面长十里四十二步五尺，西面长七里一百一十二步三尺，北面长八里二百二十六步三尺，东面长十一里七十九步一尺。是吴王阖庐修筑的。大城外还有郭，周围六十八里六十步。

吴小城，周围十二里。城基宽二丈七尺，城墙高四丈七尺。有三座城门，都筑有城楼，其中两座城门在旁边还增建了水门，一座水门有城楼，一座水门为运柴进城的路。

东宫周围一里二百七十步。路西宫在长秋里，周围一里二十六步。秦始皇帝十一年，看管宫殿的人夜里去照燕子窝，结果失火把宫殿烧毁了。

伍子胥城，周围九里二百七十步。伍子胥城的东面属于武里，南面与吴小城的北面相接。

城中的主干道，从阊门西到娄门东，长九里七十二步，陆路宽二十三步；从平门北到蛇门南，长十里七十五步，陆路宽三十三步。水路宽二十八步。

3.4 吴古故陆道，出胥明①，奏出土山②，度灌邑③，奏高颈④，过犹山⑤，奏太湖⑥，随北顾以西，度阳下溪⑦，过历山阳、龙尾西大决⑧，通安湖⑨。

吴古故水道，出平门，上郭池⑩，入渎⑪，出巢湖⑫，上历地⑬，过梅亭⑭，入杨湖⑮，出渔浦⑯，入大江⑰，奏广陵⑱。

吴古故从由拳辟塞⑲，度会夷⑳，奏山阴㉑。辟塞者，吴备候塞也。

【注释】

①胥明：钱培名曰："门，原误'明'，今改。""胥明"当为"胥门"，即今苏州旧城西面南门。

②奏（zǒu）：走，走向。土山：见3.16原文："土山者，春申君时治以为贵人冢次，去县十六里。"在城西。

③灌邑:旧村落,今无考。顾炎武《肇域志》:“何山,在狮山北一里。其地旧名鹤邑墟,故山名鹤阜山。”疑“鹤”与“灌”形讹。

④高颈:高颈山。今名高景山,在城西二十里。天平山支陇。

⑤犹山:卑犹山。今苏州西北阳山(一名万安山,即古秦馀杭山)之西北有徐侯山,一名卑犹山。《吴地记》:“卑犹山,在吴县西二十里,吴太宰嚭所葬。”

⑥太湖:在江苏南部。古称震泽、具区、笠泽。现面积2250平方公里。为我国第三大淡水湖。

⑦阳下溪:溪名,或因处历山之阳而名。

⑧历山:亦名舜山,今名舜柯山。在今江苏无锡西七公里。龙尾:在今江苏无锡西惠山西南麓。

⑨安湖:疑即今之漏湖。

⑩郭池:护城河。

⑪渎:沟。指漕河。

⑫巢湖:即漕湖。一名蠡湖。今苏州北有地名蠡口。

⑬历地:疑为欐溪所经之地。

⑭梅亭:因梅里而得名,在无锡东南。梅里,古吴太伯宅墓所在。

⑮杨湖:即阳湖,今江苏常州武进区东。当时为无锡湖之支湖。

⑯渔浦:今江苏镇江北。

⑰大江:特指长江镇江段。

⑱广陵:在今江苏扬州西北蜀冈上。秦置广陵县。

⑲吴古故:下有脱文,疑脱“水道”二字。此为向南水道。由拳:在今浙江嘉兴南。先秦时称长水,秦改名由拳县。辟塞:边塞。其位置在今嘉兴杉青闸路一带。

⑳会夷:指江海会合处,今之杭州湾。夷,海。

㉑山阴:山阴县,秦置。《外传记地传》:秦始皇三十七年“更名大越曰山阴”。今绍兴越城区、柯桥区。

【译文】

吴国当时的主要陆路通道，从胥门出来，走过土山，经灌邑，走向高颈山，经卑犹山，到太湖，沿太湖北岸折而向西，越过阳下溪，经过历山南、龙尾西大决，通向安湖。

古代吴国的主要水路，船从平门驶出，上护城河，进入漕河，从漕湖出来，经历地，过梅亭，进入阳湖，又从渔浦口驶出，进入长江，驶向广陵。

古代吴国通向越国的水路，从由拳边塞向南，渡过杭州湾，到达山阴。辟塞是吴国的边防关隘。

3.5 居东城者①，阖庐所游城也，去县二十里。

柴辟亭到语儿、就李②，吴侵以为战地。

百尺渎③，奏江④，吴以达粮。

千里庐虚者⑤，阖庐以铸干将剑⑥。欧冶僮女三百人⑦。去县二里，南达江。

【注释】

①居东城：《后汉书·郡国志四》刘昭注："《越绝》曰：吴大城，阖闾所造，周四十七里二百一十步二尺。又有伍子胥城，居巢城。"此"居东城"或为"居巢城"，"巢"与"东(東)"形近，因传抄所误。

②柴辟亭：在今浙江嘉兴西南。语儿：一名御儿。今浙江桐乡西南崇福镇东南。就李：又作醉李、槜李。今浙江嘉兴南。

③百尺渎：为浙江海宁硖石至钱塘江的一段古水道。

④江：笠泽江，即今之吴松江。

⑤千里：为"干里"之误。干里，为干将里的省称。庐虚：即"炉墟"。

⑥干将：相传为春秋时期吴国铸剑名师。

⑦欧冶僮女三百人：赵晔《吴越春秋·阖闾内传》："使童女童男

三百人鼓橐装炭，金铁乃濡，遂以成剑。”欧冶，即欧冶子。春秋时著名铸剑工。借指铸剑工。僮女，童女，少女。

【译文】

居东城是吴王阖庐所筑用来游玩的城，距离吴县二十里。

从柴辟亭到语儿、就李一带，是吴国侵占越国的土地作为战场用的。

百尺渎，北接松江，吴国开掘用来运输军粮。

干将里炉墟是吴王阖庐铸干将剑的地方。当时有童男童女三百人一起冶铸宝剑。距离吴县二里，向南通向松江。

3.6 阊门外高颈山东桓石人，古者名“石公”，去县二十里。

阊门外郭中冢者①，阖庐冰室也②。

阖庐冢，在阊门外，名虎丘③。下池广六十步，水深丈五尺。铜椁三重。坟池六尺④，玉凫之流⑤。扁诸之剑三千⑥，方圆之口三千⑦。时耗、鱼肠之剑在焉⑧。十万人筑治之。取土临湖口。筑三日而白虎居上，故号为虎丘。

虎丘北莫格冢⑨，古贤者避世冢，去县二十里。

被奏冢⑩，邓大冢是也，去县四十里。

阖庐子女冢⑪，在阊门外道北。下方池广四十八步，水深二丈五尺。池广六十步，水深丈五寸。隧出庙路以南⑫，通姑胥门。并周六里。舞鹤吴市，杀生以送死⑬。

馀杭城者⑭，襄王时神女所葬也⑮。神多灵。

巫门外麋湖西城⑯，越宋王城也。时与摇城王周宋君战于语招⑰，杀周宋君。毋头骑归，至武里死亡，葬武里南城。午日死也。

巫门外冢者，阖庐冰室也。

巫门外大冢，吴王客齐孙武冢也[18]，去县十里。善为兵法。

【注释】

①冢：《周礼·春官·叙官》“冢人”郑玄注：“冢，封土为丘垄，象冢而为之。”本意为山顶，此指隆起的土丘。

②冰室：藏冰的场所。古人用冰储藏祭祀食品，以防霉变，因称祭祀备膳的处所为冰室。

③虎丘：在苏州西北七里。海拔三十多米，有“吴中第一名胜”之称。千人石北石壁下为剑池，相传池下有阖庐墓。

④坟池六尺：钱培名曰：“‘坟’《集解》作‘澒（gǒng）’，与《吴越春秋》合，《类聚》作‘洪’。”按，“坟池”当为“澒池”，指墓中所修的水银池。澒，同“汞”，水银。

⑤玉凫：玉雕的野鸭。凫，野鸭。

⑥扁诸：吴剑的总称。

⑦方圆之口：随葬的生活用具。

⑧时耗、鱼肠：宝剑名。

⑨莫格：吴国隐士。

⑩被奏：疑为被离，吴国大夫。

⑪子女：当为女子，或女儿。吴王有爱女滕玉，十分娇惯。一次，吴王将吃了一半的鱼给了她，她感到委屈而自杀。吴王伤心悲痛，在阊门外筑墓厚葬。

⑫墜（suì）：“隧”的俗字。隧道。此指墓道。

⑬舞鹤吴市，杀生以送死：《吴越春秋·阖闾内传》载吴王女滕玉自杀，阖闾安葬了她后，“乃舞白鹤于吴市中，令万民随而观之，还使男女与鹤俱入羡门，因发机以掩之，杀生以送死”。

⑭馀杭城：在馀杭山。馀杭山，《吴越春秋》作“秦馀杭山”，即今苏州西北15公里南阳山，俗名阳山。

⑮襄王：楚顷襄王，名横，前298—前263年在位。神女：巫山神女。见宋玉《高唐赋》。

⑯麋湖：在今苏州西北。

⑰语招：即语昭。地名。在今苏州西北。

⑱孙武：字长卿，齐国人。春秋末期著名军事家，著有《孙子兵法》。

【译文】

阊门外高颈山东边有一尊很大的石人，古时候称之为“石公”，距离吴县二十里。

阊门外面外城内有一座隆起的土丘，这里是祭祀吴王阖庐时备膳的地方。

阖庐的坟墓，在阊门外，地名叫虎丘。虎丘下有池水环绕，池宽六十步，深一丈五尺。墓中棺椁三层，都是用铜铸造的。又修了一个六尺见方的水银池，上面有玉雕的鸭子，好像在凫水一样。三千把扁诸剑，三千件生活用具。还有宝剑时耗、鱼肠一起陪葬。当时动员了十多万民夫来修墓。修墓的泥土都是从湖边运来的。葬下三天，人们看见墓顶蹲着一只白虎，所以叫它虎丘。

虎丘北面有莫格墓，是一位隐居避世的贤士的坟墓，距离吴县二十里。

被奏墓，就是现在的邓大墓，距离吴县四十里。

阖庐女儿的坟墓，在阊门外道路的北边。下方池宽四十八步，水深二丈五尺；上方池宽六十步，水深一丈零五寸。墓道从庙路一直向南通到姑胥门。绕墓一圈共长六里。下葬时引白鹤在吴国的市场内跳舞，杀害围观的活人给死去的女儿陪葬。

馀杭城，是楚顷襄王时巫山神女安葬的地方。神女还经常显灵。

巫门外麋湖西城是越宋王城。那时越宋王与摇城王周宋君在语昭打仗，杀了摇城王周宋君。没有了头的周宋君仍骑着马回来，到了武里才落马死去，葬在武里南城。因为他是午日死的，所以叫武(午)里。

巫门外有一个隆起的土丘，是祭祀吴王阖庐时备膳的地方。

巫门外有一座大墓，是吴王客卿齐国人孙武的坟墓，距离吴县十里。孙武擅长兵法。

3.7 地门外塘波洋中世子塘者[①]，故曰王世子造以为田[②]。塘去县二十五里。

洋中塘[③]，去县二十六里。

蛇门外大丘，吴王不审名冢也[④]，去县十五里。

筑塘北山者，吴王不审名冢也，去县二十里。

近门外欐溪椟中连乡大丘者[⑤]，吴故神巫所葬也，去县十五里。

娄门外马亭溪上复城者[⑥]，故越王馀复君所治也[⑦]，去县八十里。是时烈王归于越[⑧]，所载襄王之后，不可继述。其事书之马亭溪。

娄门外鸿城者[⑨]，故越王城也，去县百五十里。

娄门外鸡陂墟[⑩]，故吴王所畜鸡，使李保养之，去县二十里。

胥门外有九曲路，阖庐造以游姑胥之台，以望太湖中，窥百姓。去县三十里。

齐门，阖庐伐齐，大克，取齐王女为质子[⑪]，为造齐门，置于水海虚[⑫]。其台在车道左、水海右。去县七十里。齐女思其国死，葬虞西山[⑬]。

【注释】

①地门：此门不见地志记载。当为“蛇门”，旧苏州城南门。

②故曰王世子：钱培名曰：“‘曰’疑当作‘越’。”

③洋中塘：在江苏苏州境。

④不审名：不知名。

⑤近门：疑为“巫门”之误。钱培名以为“近”为“匠”之误。李步嘉认为“近”当为“巫”之讹。按下文“吴故神巫所葬也”，据《姑苏志》《吴郡图经续记》在巫门外，李说为是。欐溪椟：当在今苏州北。

⑥马亭溪：按里程计之，当在今江苏昆山境内。

⑦越王馀复君：未详。

⑧烈王：即楚考烈王，名完，前262—前238年在位。

⑨鸿城：当在今江苏昆山境内。

⑩鸡陂墟：今苏州城东金鸡湖北，据民国《吴县志·附郭图》，称“鸡陂塘”。

⑪齐王女：齐景公女。按，时齐未称王。质子：作为保证的人。春秋战国时期，国与国之间为信守约定，相互交换人质，常以国君的子女作人质。

⑫水海虚：地名，在今江苏常熟境内。

⑬虞西山：在今江苏常熟西北，一名海隅山、海巫山。张宗祥注：“《寰宇记》：常熟虞山有齐女冢。”

【译文】

蛇门外塘波洋中有一处叫世子塘的，过去有人说越王太子曾在此筑堤造田。世子塘距离吴县二十五里。

洋中塘距离吴县二十六里。

蛇门外有一座很大的土丘，是一位不知道姓名的吴王的坟墓，距离吴县二十五里。

筑有堤埂的北山，也是一位不知道姓名的吴王的坟墓，距离吴县二十里。

近巫门外欐溪椟中连乡有一座大土丘，是吴国过去一位巫师安葬的地方，距离吴县十五里。

娄门外马亭溪上有个复城，是过去越王馀复君的都城，距离吴县八十里。这时候楚考烈王从越地回到楚国，楚顷襄王以后有关越君的事，已不能继续载述。有关越王馀复君的事都记载在马亭溪上复城之中。

娄门外有一座鸿城，是过去一位越王的城池，距离吴县一百五十里。

娄门外有一处叫鸡陂墟的，是过去吴王养鸡的地方，派李保专管养鸡事务。距离吴县二十里。

胥门外有一条九曲路，吴王阖庐修造以便于游览姑胥台，在姑胥台上远望太湖内的景致和城郭内外老百姓的生产活动。距离吴县三十里。

齐门的意思是，吴王阖庐讨伐齐国，取得大胜，还把齐景公的女儿取来作为人质，为此造了一座城门叫齐门。吴王把齐女安置在一个叫水海墟的地方，并筑起一座高台，台的位置在大道的左边、水海的右边。距离吴县七十里。齐女日夜思念祖国，得病而死，阖庐把她葬在虞西山上。

3.8 吴北野禺栎东所舍大疁者①，吴王田也，去县八十里。

吴西野鹿陂者②，吴王田也。今分为耦渎、胥卑虚③，去县二十里。

吴北野胥主疁者④，吴王女胥主田也，去县八十里。

麋湖城者⑤，阖庐所置麋也，去县五十里。

欐溪城者⑥，阖庐所置船宫也。阖庐所造⑦。

娄门外力士者⑧，阖庐所造，以备外越⑨。

巫欐城者⑩，阖庐所置诸侯远客离城也⑪，去县十五里。

【注释】

①禺栎：地名，今未详。舍：古行军三十里为一舍。此处有“广”“大片”的意思。疁（liú）：《说文·田部》：“疁，烧种也。”段玉裁注：“谓

焚其草木而下种,盖治山田之法为然。"一说为通沟溉田。大畴,即沟渠纵横之田。

②鹿陂:本指有鹿的沼泽地,因以为地名。

③耦渎、胥卑虚:地名。以里程计之,当在今苏州西枫桥、通安与藏书之间。

④胥主畴:以里程计之,当在今江苏常熟境内。与吴王田相连。

⑤麋湖城:3.6 原文:"巫门外麋湖西城,越宋王城也。"麋湖城为东城,以里程计之,当在今江苏无锡安镇与鹅湖之间。

⑥欐溪城:在今苏州西北。傍欐溪。

⑦阖庐所造:张宗祥曰:"四字当作去县若干里。"

⑧力士:城堡名。在今苏州东。

⑨外越:吴、越两国均为越人国家,故此外越应是越国。

⑩巫欐城:以里程计之,当在今虎丘与黄桥之间。

⑪离城:接待各国使者的宾馆。

【译文】

吴国北郊外禺栎以东一大片沟渠纵横的田地是吴王的田地,距离吴县八十里。

吴国西郊外叫鹿陂的地方,也是吴王的田地。现在分为耦渎和胥卑墟,距离吴县二十里。

吴国北郊外有一处叫胥主畴的田地,是吴王女儿胥主的田地,距离吴县八十里。

麋湖城是吴王阖庐畜养麋鹿的地方,距离吴县五十里。

欐溪城是吴王阖庐所建造的用来停泊船只的地方。

娄门外有一个叫做力士的城堡,是吴王阖庐建造用来防备越国人的。

巫欐城是吴王阖庐所建接待各国使者的宾馆,距离吴县十五里。

3.9 由钟穷隆山者①,古赤松子所取赤石脂也②,去县二十里。

子胥死，民思祭之[3]。

莋碓山[4]，故为鹤阜山，禹游天下[5]，引湖中柯山置之鹤阜，更名莋碓。

放山者[6]，在莋碓山南。以取长之莋碓山下[7]，故有乡名莋邑。吴王恶其名，内郭中[8]，名通陵乡。

莋碓山南有大石，古者名为"坠星"，去县二十里。

抚侯山者[9]，故阖庐治以诸侯冢次[10]，去县二十里。

吴东徐亭东西南北通溪者[11]，越荆王所置，与麋湖相通也。

马安溪上干城者[12]，越干王之城也，去县七十里。

巫门外冤山大冢[13]，故越王王史冢也，去县二十里。

摇城者[14]，吴王子居焉，后越摇王居之。稻田三百顷，在邑东南，肥饶，水绝。去县五十里。

【注释】

①由钟穷隆山：今苏州西南穹隆山。高 341.7 米。

②赤松子：中国古代神话中的仙人。《汉书》颜师古注："赤松子，仙人号也，神农时为雨师。"

③子胥死，民思祭之：此句上下有脱漏。可据《史记》和《寰宇记》补为："胥山者，子胥死，民思祭之，为立祠于江上，因命曰胥山。去县二十里。"并当单独立条。

④莋碓（zuó duì）山：一名鹤阜山。今苏州西南。今狮子山又名乍山，属枫桥镇，疑即此山。

⑤禹：又称大禹、夏禹。约前 21 世纪夏后氏部落长。因治水有功，被推举为部落联盟首领，成为我国第一个王朝夏朝的奠基者。

⑥放山：在今苏州西南，狮子山南。

⑦长之：长人。指当时身材高大的异族人。“之”疑为“人”之讹。下文有“娄东十里坑者，古名长人坑”。

⑧内：同“纳”。

⑨抚侯山：疑即何山，因梁隐士何求、何点葬此，改名何山。在苏州西、狮子山北。

⑩冢次：墓所在地。

⑪徐亭：顾炎武《肇域志》作“彝亭”。即今之唯亭镇。

⑫马安溪：前文有“娄门外马亭溪”“其事书之马亭溪”，疑此“安”为“亭”之误。当在今江苏昆山境内。

⑬冤山：或为苑山，顾炎武《肇域志》：“苑山，在县（指常熟）西南五十里。”此与苏州巫门外二十里道里基本相当。

⑭摇城：大致在今甪直镇与同里镇之间。

【译文】

由钟的穷隆山是古仙人赤松子采赤石脂的地方，距离吴县二十里。

胥山，伍子胥冤死，吴地人民怀念他、祭祀他，在江边为他建立祠堂，所以称为胥山。距离吴县二十里。

莋碓山过去称为鹤阜山，大禹巡视天下，把太湖当中的柯山拉来放到鹤阜山，更名为莋碓山。

放山在莋碓山的南面。因为把长人安置在莋碓山下，所以乡名叫作莋邑。吴王讨厌这个名字，于是把莋邑划入外城内，改名为通陵乡。

莋碓山的南面有一块很大的石头，过去人们称它为天上落下的星星，距离吴县二十里。

抚侯山是吴王阖庐修建的埋葬某诸侯的坟墓，距离吴县二十里。

吴城东面、徐亭边上有一段交通东西南北的溪流，是越荆王开挖的沟通麋湖的水道。

马安溪边上有一座叫干城的城池，是越干王的都城，距离吴县七十里。

巫门外冤山上有一座大墓，是过去越王宫内记述王室历史的人的坟墓，距离吴县二十里。

摇城是吴王某位王子的封邑，后来越摇王住在此地。有稻田三百顷，在吴县的东南方，土地肥沃，物产丰饶，四面环水。距离吴县五十里。

3.10 胥女大冢[①]，吴王不审名冢也，去县四十五里。

蒲姑大冢[②]，吴王不审名冢也，去县三十里。

古城者[③]，吴王阖庐所置美人离城也，去县七十里。

通江南陵，摇越所凿[④]，以伐上舍君[⑤]。去县五十里。

娄东十里坑者[⑥]，古名长人坑[⑦]，从海上来。去县十里。

海盐县，始为武原乡[⑧]。

娄北武城[⑨]，阖庐所以候外越也，去县三十里。今为乡也。

宿甲者[⑩]，吴宿兵候外越也，去县百里。其东大冢，摇王冢也。

【注释】

①胥女：胥女山，一名白石山、白豸山。在今江苏苏州西北。

②蒲姑：地名，未详。

③古城：当为“石城”。钱培名曰：“‘石城者’，‘石’原误‘古’，依《郡国志》注、《御览》改。”按，《吴郡志》卷八引《越绝书》云：“石城者，阖庐所置美人离城也。”正作“石城”。在常熟虞山北麓。《姑苏志》卷三十三：“石城在常熟县北五里……其地今有石城里。”

④摇越：即越摇王。

⑤上舍君：越君名。

⑥娄东：娄门东。

⑦长人坑：长人墓。长人，或叫“大人”，人之高大者。

⑧武原乡：秦时地名，今浙江海盐。

⑨娄北：娄江北。武城：当在苏州跨塘镇与唯亭镇之间。《汉书·地理志》："娄，有南武城，阖闾所起以候越。"

⑩宿甲：驻兵处。

【译文】

胥女山大墓，是某位不知道名字的吴王的坟墓，距离吴县四十五里。

蒲姑大墓，也是某位不知道名字的吴王的坟墓，距离吴县三十里。

石城是吴王阖庐安置美人的离宫别馆，距离吴县七十里。

松江南边的陆路通道，是越摇王修建的，用来攻打上舍君。距离吴县五十里。

娄门东十里有一个大坑，古代叫长人坑。长人是从海上过来的。长人坑距离吴县十里。

海盐县当初叫武原乡。

娄江北边的武城，是吴王阖庐修建用来防御越国的，距离吴县三十里。现在为武城乡所在地。

宿甲原是吴国驻兵防御越国入侵的军营，距离吴县一百里。它的东面有一座大墓，是越摇王的坟墓。

3.11 乌程、馀杭、黝、歙、无湖、石城县以南[①]，皆故大越徙民也[②]。秦始皇帝刻石徙之[③]。

乌伤县常山[④]，古人所采药也，高且神。

齐乡[⑤]，周十里二百一十步，其城六里三十步，墙高丈二尺，百七十步[⑥]，竹格门三[⑦]，其二有屋[⑧]。

虞山者[⑨]，巫咸所出也[⑩]。虞故神出奇怪。去县百五里。

母陵道[⑪]，阳朔三年太守周君造陵道语昭[⑫]。郭周十里百一十步，墙高丈二尺。陵门四，皆有屋。水门二。

【注释】

①乌程：今浙江湖州。馀杭：今浙江杭州馀杭区。黝（yǒu）：今安徽黟（yī）县。歙（shè）：今安徽歙县。无湖：今安徽芜湖。石城县：今安徽当涂。

②大越徙民：《外传记地传》说，秦始皇三十七年（前 210）“徙大越民置馀杭、伊、攻□、故鄣。因徙天下有罪适吏民，置海南故大越处，以备东海外越。乃更名大越曰山阴”。

③秦始皇刻石：即会稽刻石。

④乌伤县常山：乌伤县，秦置，包括今浙江金华、义乌、东阳等地。常山，亦作长山，即今浙江金华北金华山，亦称北山。

⑤齐乡：疑即常熟在春秋时期的原始名称，初为阖庐所建之“美人（齐女）离城”，故以“齐”为乡名。

⑥百七十步：前有脱漏。

⑦竹格门：张宗祥曰：“‘格’当是‘格’之讹。”

⑧屋：门楼。

⑨虞山：即今常熟虞山。

⑩巫咸：即巫觋（xí），古代行巫术的人。女巫为巫，男巫称觋。

⑪母陵道：《吴地记》曰：齐女死后“葬常熟海隅山东南岭……今号为母冢坟”，母，或指此。陵道，是指从“母冢坟”（海隅山）到语昭的陆路。

⑫阳朔三年：公元 22 年。阳朔，汉成帝刘骜的年号。

【译文】

乌程县、馀杭县、黝县、歙县、无湖县、石城县以南，都是原大越的移民地区。秦始皇在石碑上刻上诏令，把他们迁徙到这些地方。

乌伤县有一座山叫常山，是古人采药的地方，高峻而且神奇。

齐乡，周围十里二百一十步，内有城周长六里三十步，城墙高一丈二尺……一百七十步，有三座竹格门，其中两座门边上有房子。

虞山是出巫师巫婆的地方。虞山在过去经常出现神奇怪异的事。距离吴县一百零五里。

母陵道是汉成帝阳朔三年会稽太守周君所造的通往语昭的陆路。语昭外城周围十里一百一十步，城墙高一丈二尺。有四座陆门，都建有门屋。又有两座水门。

3.12 无锡城①，周二里十九步，高二丈七尺，门一楼四。其郭周十一里百二十八步，墙一丈七尺，门皆有屋。

无锡历山②，春申君时盛祠以牛，立无锡塘。去吴百二十里。

无锡湖者③，春申君治以为陂，凿语昭渎以东到大田。田名胥卑。凿胥卑下以南注大湖④，以写西野⑤。去县三十五里。

无锡西龙尾陵道者，春申君初封吴所造也。属于无锡县⑥，以奏吴北野胥主疁。

【注释】

①无锡城：今江苏无锡。

②历山：又名舜山。今名舜柯山。在今江苏无锡西。

③无锡湖：又名芙蓉湖、射贵湖。在今江苏无锡、常州和江阴之间，周围一万五千顷。北宋后渐淤，明代围为田。

④大湖：太湖。

⑤写（xiè）：倾泻。

⑥属：连属，连接。

【译文】

无锡城周长二里十九步，城墙高二丈七尺，一座城门四座城楼。外城周长十一里一百二十八步，城墙高一丈七尺，城门旁边都建有房子。

无锡县历山，春申君的时候用牛作为祭品隆重地祭祀虞舜，又沿无锡湖南岸修建了一条大堤。历山距离吴县一百二十里。

无锡湖，春申君主持修建了沿湖堤岸，又开掘了语昭渠一直向东延伸到大田。大田的名称叫胥卑。又从胥卑大田边开掘了一条向南通往太湖的大沟，用来排泄吴县西郊外的积水。距离吴县三十五里。

无锡县西龙尾有一条陆道，是春申君刚受封于吴地不久修造的。与无锡县城内道路相连，向东通到吴县北郊的胥主疁。

3.13 曲阿[①]，故为云阳县。

毗陵，故为延陵，吴季子所居[②]。

毗陵县南城[③]，故古淹君地也[④]。东南大冢，淹君子女冢也。去县十八里。吴所葬。

毗陵上湖中冢者[⑤]，延陵季子冢也，去县七十里。上湖通上洲[⑥]。季子冢古名延陵墟。

蒸山南面夏驾大冢者[⑦]，越王不审名冢，去县三十五里。

秦馀杭山者[⑧]，越王栖吴夫差山也[⑨]，去县五十里。山有湖水，近太湖。

夫差冢，在犹高西卑犹位[⑩]。越王候干戈人一累土以葬之[⑪]。近太湖，去县十七里[⑫]。

三台者，太宰嚭、逢同妻子死所在也[⑬]，去县十七里[⑭]。

【注释】

①曲阿：秦置县。三国吴嘉禾三年（234）复名云阳县。今之江苏丹阳。

②吴季子：即季札，吴王寿梦之少子，吴王阖庐之叔父。封于延陵，号“延陵季子”。延陵，季札采邑。汉改为毗陵县。今江苏常州。

③毗陵县南城：今称淹城。在江苏常州武进区。西周建筑。是我国

现存最古老、最完整的古城遗址。

④淹君：不可考。按，古有奄国，在今山东曲阜旧城东。张宗祥注："'淹'当作'奄'。奄，古东诸侯。"

⑤上湖：芙蓉湖（无锡湖）的西北部，周一千余顷。早湮。在今江苏常州东。

⑥上洲：即今江苏常州。

⑦蒸山：阳山（秦馀杭山）支峰，一名贞山。夏驾：山名。苏州西原有夏驾湖。

⑧秦馀杭山：即阳山。

⑨栖：山居曰栖。

⑩犹高：当为"犹亭"。张宗祥注："《史记集解》引《越绝》：'犹高'作'犹亭'，此'高'字误。"卑犹位：卑犹山脚。《吴地记》："徐杭山，一名卑犹山。"在秦馀杭山西北十里。

⑪候："使"之讹。干戈人：士兵。一累土：一筐土。累，《史记集解》作"樏"。盛土的小竹笼。

⑫去县十七里：当为"五十七里"之误。

⑬逢同：吴国大夫。

⑭去县十七里：当为"去县五十七里"之误。

【译文】

曲阿县过去叫云阳县。

毗陵县过去叫延陵，是吴国公子季札的封地。

毗陵县的南城，是古代奄国流亡君主的住地。城东南有一座大墓是淹君子女的坟墓。距离毗陵县十八里。是吴王帮助埋葬的。

毗陵县上湖边上有一座大墓，是延陵季子的坟墓，距离毗陵县七十里。上湖一直延伸到上洲。季子的坟墓古代叫做延陵墟。

蒸山南面的夏驾大墓，是某位不知名的越王的坟墓，距离吴县三十五里。

秦馀杭山是越王句践围困吴王夫差、夫差最后栖息的地方，距离吴县五十里。山下有湖水，靠近太湖。

吴王夫差墓在犹亭西面卑犹山脚。越王句践命令士兵每人拿一筐土来埋葬吴王夫差。墓靠近太湖，距离吴县五十七里。

三台是太宰伯嚭和大夫逢同以及他们的妻子儿女的葬所，距离吴县五十七里。

3.14 太湖，周三万六千顷，其千顷，乌程也。去县五十里。

无锡湖，周万五千顷。其一千三顷，毗陵上湖也。去县五十里。一名射贵湖。

尸湖①，周二千二百顷，去县百七十里。

小湖②，周千三百二十顷，去县百里。

耆湖③，周六万五千顷④，去县百二十里。

乘湖⑤，周五百顷，去县五里。

犹湖⑥，周三百二十顷，去县十七里⑦。

语昭湖⑧，周二百八十顷，去县五十里。

作湖⑨，周百八十顷，聚鱼多物，去县五十五里。

昆湖⑩，周七十六顷一亩，去县一百七十五里。一名隐湖。

湖王湖，当问之。

丹湖，当问之。

【注释】

①尸湖：今未详。按里程，疑为今淀山湖及其周围未淤之前的湖泊。尸，疑为“淀（澱）”字之讹。

②小湖：《水经注》：“（三江）《吴记》曰：一江东南行七十里入小湖为次溪，自湖东南出谓之谷水。谷水出吴小湖，经由卷县故城下。”

③耆湖：今未详。

④周六万五千顷：从太湖到昆湖自大至小排列看，疑为“周六百五十顷”之误。

⑤乘湖：未详。疑即今之阳澄湖。

⑥犹湖：3.13原文：“夫差冢，在犹高西卑犹位……近太湖，去县十七里。”与犹湖里程相同，疑犹湖为卑犹山旁之湖。

⑦去县十七里：“十七里”为“五十七里”之误。

⑧语昭湖：据前文：“无锡湖者，春申君治以为陂”条，语昭湖应为原无锡湖东支湖。

⑨作湖：未详。《水经·渐江水注》：“江北合诏息湖。湖本名阼湖，因秦始皇帝巡狩所憩，故有诏息之名。”疑或为此湖。唯里程不符。

⑩昆湖：顾炎武《肇域志》：“昆承湖，亦为昆湖。”《常熟市志》：“昆承湖，又名隐湖，俗名东湖。”

【译文】

太湖广三万六千顷，其中一千顷属于乌程县。距离吴县五十里。

无锡湖广一万五千顷。其中一千零三顷为毗陵上湖。距离吴县五十里。一名射贵湖。

尸湖广二千二百顷，距离吴县一百七十里。

小湖广一千三百二十顷，距离吴县一百里。

耆湖广六百五十顷，距离吴县一百二十里。

乘湖广五百顷，距离吴县五里。

犹湖广三百二十顷，距离吴县十七里。

语昭湖广二百八十顷，距离吴县五十里。

作湖广一百八十顷，鱼类产品很丰富，距离吴县五十五里。

昆湖广七十六顷零一亩，距离吴县一百七十五里。一名隐湖。

湖王湖，尚待问清情况。

丹湖，尚待问清情况。

3.15 吴古故祠江汉于棠浦东[①]，江南为方墙，以利朝夕水[②]。古太伯君吴，到阖庐时绝。

胥女南小蜀山，春申君客卫公子冢也，去县三十五里。

白石山[③]，故为胥女山，春申君初封吴，过，更名为白石。去县四十里。

今太守舍者，春申君所造，后壁屋以为桃夏宫[④]。

今宫者，春申君子假君宫也[⑤]。前殿屋盖地东西十七丈五尺[⑥]，南北十五丈七尺。堂高四丈，十溜高丈八尺[⑦]。殿屋盖地东西十五丈，南北十丈二尺七寸。户溜高丈二尺。库东乡屋南北四十丈八尺[⑧]，上下户各二；南乡屋东西六十四丈四尺，上户四，下户三；西乡屋南北四十二丈九尺，上户三，下户二：凡百四十九丈一尺。檐高五丈二尺。溜高二丈九尺。周一里二百四十一步。春申君所造。

【注释】

①祠江汉：祭祀水神。张宗祥注："江汉，应为江海。"棠浦：今南京浦口区浦口镇，春秋时属棠邑。

②朝夕：潮汐。

③白石山：张宗祥注："今名白豸山，在苏州府北三十二里，浒墅之北。"

④后壁屋以为桃夏宫：钱培名曰："原本'殿'误'壁'、'逃'误'桃'，依《初学记》二十四、《御览》九百八十八改。"按，依钱校，"壁"当为"殿"；"桃"当为"逃"。逃夏宫，《吴郡志》引《郡国志》："在鸡陂之侧，春申君子假君之殿也……即今太守正厅是也。"

⑤假君：暂管封地之君。楚考烈王元年（前 262）任春申君黄歇为令尹，春申君使其子暂管封地。

⑥盖地：占地，即屋基。

⑦十溜（liù）：钱培名曰："'十'字误，以下文例之，或当作'户'。"溜，通"霤"，屋檐滴水处。

⑧乡：通"向"，朝向。

【译文】

吴国古代在棠浦的东面祭祀江海之神，在长江南岸修筑堤坝用来抵挡潮汐。祭祀从吴太伯统治吴地开始，到吴王阖庐时止。

胥女山南面的小蜀山是春申君的门客卫公子的墓，距离吴县三十五里。

白石山原名胥女山，春申君刚受封来吴地，经过此山，改名为白石山，距离吴县四十里。

现在太守住的房子，是春申君建造的，把后殿称作逃夏宫。

现在称为宫殿的，是春申君儿子暂时代理春申君治理吴地时的宫殿。前殿屋东西面宽十七丈五尺，南北进深十五丈七尺。大堂厅高四丈，门檐高一丈八尺。正殿屋东西面宽十五丈，南北进深十丈二尺七寸。门檐高一丈二尺。库房，朝东的房屋从南到北四十丈八尺，上下层各有两个门；朝南的房屋从东到西六十四丈四尺，上层四个门，下层三个门；朝西的房屋从南到北四十二丈九尺，上层三个门，下层两个门。总长一百四十九丈一尺。上檐高五丈二尺。下檐高二丈九尺。宫殿周围一里二百四十一步。是春申君建造的。

3.16 吴两仓，春申君所造。西仓名曰均输；东仓周一里八步，后烧。更始五年[①]，太守李君治东仓为属县屋，不成。

吴市者，春申君所造，阙两城以为市[②]。在湖里。

吴诸里大闬[③]，春申君所造。

吴狱庭，周三里，春申君时造。

土山者，春申君时治以为贵人冢次，去县十六里。

楚门[④]，春申君所造。楚人从之，故为楚门。

路丘大冢，春申君客冢。不立[⑤]，以道终之。去县十里。

春申君，楚考烈王相也。烈王死，幽王立，封春申君于吴[⑥]。三年，幽王征春申为楚令尹[⑦]，春申君自使其子为假君治吴。十一年，幽王征假君与春申君，并杀之[⑧]。二君治吴凡十四年。后十六年，秦始皇并楚，百越叛去，更名大越为山阴也[⑨]。春申君姓黄，名歇。

巫门外罘罳者[⑩]，春申君去吴，假君所思处也。去县二十三里。

【注释】

①更始五年：更始，为更始帝刘玄年号，仅三年时间。疑“五”为“三”之讹。

②阙：古代宫殿、祠庙和陵墓前的建筑物，通常左右各一，建成高台，台上起楼观。以两阙之间有空缺，故名阙或双阙。此作动词。两城：两小城。

③闬（hàn）：里巷门。

④楚门：吴城门，其址今未详。

⑤立：指立墓碑。

⑥幽王立，封春申君于吴：幽王，楚幽王，名悍（一作悼），前237—前228年在位。按，“封春申君于吴”为考烈王十五年（前248）事，不关幽王事。

⑦三年，幽王征春申君为楚令尹：春申君任令尹在考烈王元年（前262），非幽王三年。

⑧“十一年”数句：事当在考烈王二十五年（前238）。是年考烈王死，幽王立。幽王舅李园杀春申君并灭其家。且楚幽王在位仅十年，

无十一年。

⑨山阴：秦置山阴县。在今浙江绍兴。

⑩罘罳（fú sī）：古代设在宫门外或城角的屏，上有孔，形似网，用以守望和防御。又称浮思。

【译文】

吴城有两所粮仓，都是春申君建造的。西仓名叫均输。东仓周围一里零八步，后来被烧毁。更始三年，太守李某计划将原东仓之地改建为所属吴县的衙门，没有建成。

吴城内的大市场，是春申君所建造的，当时春申君将两小城之间的空地辟作市场。地点在湖里。

吴城内各个里巷的大门都是春申君建造的。

吴县的监狱，周围三里，也是春申君治吴的时候建造的。

土山是春申君用来修造贵人墓穴的，距离吴县十六里。

楚门，春申君建造。当时很多楚国人跟着他来到吴地，所以称为楚门。

路丘大墓，是春申君门客的坟墓。未立墓碑，将道路修到墓前。距离吴县十里。

春申君是楚考烈王的相国。顷襄王死后，考烈王即位，把春申君封到吴地。考烈王元年，楚考烈王把春申君召回国任命他为令尹，春申君让儿子暂时代他治理吴地。幽王元年，楚幽王又把春申君的儿子召回国，把他与春申君一起杀了。春申君父子治理吴地一共十四年。十六年后，秦始皇吞并了楚国，百越向南方退去，秦始皇于是把东方的大越改名为山阴。春申君姓黄名歇。

巫门外有一处称为罘罳的屏障，是春申君离开吴地回到楚都后，儿子假君思念他的地方。距离吴县二十三里。

3.17 寿春东凫陵亢者[①]，古诸侯王所葬也。楚威王与越王无彊并[②]。威王后烈王，子幽王，后怀王也。怀王子顷襄王也[③]，秦始皇灭之。秦始皇造道陵南，可通陵道，到由拳塞[④]。同起马塘，湛以为陂，治陵水道到钱唐，越地，通浙江[⑤]。秦始皇发会稽适戍卒[⑥]，治通陵高以南陵道[⑦]，县相属[⑧]。

秦始皇帝三十七年，坏诸侯郡县城。

太守府大殿者，秦始皇刻石所起也。到更始元年，太守许时烧。六年十二月乙卯凿官池[⑨]，东西十五丈七尺，南北三十丈。

【注释】

①寿春：今安徽寿县。皃陵亢（gāng）：地名。今寿县东南、长丰县西北部，曾为古楚都。其城郊朱家集离散古堆有楚王墓、杨公战国墓，此即诸侯王所葬之皃陵亢。今作“皃陵坑”。

②楚威王与越王无彊并：事在楚威王六年（前334）。楚威王，楚宣王子，名熊商，前339—前329年在位。越王无彊：越王句践裔孙，前355—前333年在位。并，同“拼”。

③“威王后”数句：此所列楚君世序错乱。应为：楚威王→楚怀王→楚顷襄王→楚考烈王→楚幽王。怀王，名熊槐，前328—前299年在位。前299年入秦，被秦扣留。前296年卒于秦。顷襄王，名横。前298—前263年在位。

④由拳塞：见3.4注⑲。

⑤“同起马塘”数句：此句是说，秦始皇又从由拳塞到钱塘江造了一条水路。这条水路就是后来江南运河杭州至嘉兴段称为“杭州塘”的前身。湛，深挖。陂，池。钱唐，秦置钱唐县（今浙江杭州），东汉改名钱塘县。浙江，即钱塘江。

⑥发：征发，征调。会稽：会稽郡，治吴县（今江苏苏州），辖原吴、越两地东部二十余县。适戍卒：被流徙戍边的罪人。适（適），通“谪”。

⑦通陵高：疑为通陵江。“高”与“江”音误。《论衡·书虚篇》：“有吴通陵江。”据3.9“放山”条，吴王改荏邑为通陵乡，疑为此地河道，在苏州西。

⑧相属：相连，使县与县之间陆路或水路相连。

⑨六年：更始六年。李步嘉按：“疑此吴人沿用更始年号，这类情况历史上多见，字本不误。”

【译文】

寿春县东面有个凫陵坑，是古代诸侯王的葬地。楚威烈王率军与越王无彊拼杀，灭了越王无彊。威烈王之后是考烈王，考烈王的儿子为幽王。后来是怀王。怀王的儿子是顷襄王，秦始皇把他灭掉了。秦始皇在凫陵坑南修了一条驿道，可以沟通吴地的陆道一直到由拳关隘。同时修建堤坝，深挖为池，造了一条从凫陵坑到钱塘的水路，钱塘属越地，直通钱塘江。秦始皇又征调会稽郡被流徙戍边的罪人，修筑通陵江以南的陆路通道，使得各县之间道路相连。

秦始皇三十七年，下令毁掉原来各国诸侯的都城。

会稽郡太守府大殿，是秦始皇巡视吴地时所建造的。到更始元年，太守许时失火烧毁了它。更始六年十二月乙卯日在大殿旁边挖了一口大池，从东到西十五丈七尺，从南到北三十丈。

3.18 汉高帝封有功，刘贾为荆王，并有吴[①]。贾筑吴市西城，名曰定错城，属小城[②]，北到平门，丁将军筑治之[③]。十一年，淮南王反[④]，杀刘贾。后十年，高皇帝更封兄子濞为吴王，治广陵[⑤]，并有吴。立二十一年，东渡之吴，十日还去。立四十二年，反。西到陈留县[⑥]，还奔丹阳[⑦]，从东欧[⑧]。越王弟夷乌将军杀濞[⑨]。东欧王为彭泽王[⑩]，夷乌将军今为平都王[⑪]。濞父字为仲。

匠门外信士里东广平地者,吴王濞时宗庙也。太公、高祖在西[12],孝文在东[13]。去县五里。永光四年[14],孝元帝时[15],贡大夫请罢之[16]。

桑里东、今舍西者[17],故吴所畜牛、羊、豕、鸡也,名为牛宫。今以为园。

【注释】

①"汉高帝"数句:汉高帝,即汉高祖刘邦。汉王朝的建立者。事在高祖六年(前201)。刘贾,汉高祖刘邦族兄。有功封为荆王。汉高祖十一年(前196)秋,为淮南王黥布所杀。荆,荆山,在阳羡(今江苏宜兴)界。《太康地理志》:"阳羡县本名荆溪。"

②属:连接。

③丁将军:丁复,秦末山阴人,随高祖刘邦举兵于薛,后助高祖平定三秦,破项羽将龙且于彭城,官大司马,封阳都侯。

④淮南王:黥布(?—前195),即英布。秦时因坐法黥面,故称黥布。因功封淮南王。前196年,韩信、彭越相继被刘邦杀害,因举兵反,败逃江南,被长沙王诱杀。

⑤"后十年"数句:后十年,汉高帝于十二年四月崩,后十年封濞显然误。当为"后一年"。濞,即刘濞(前215—前154),汉高祖十二年(前195)封为吴王。汉景帝三年(前154)以诛晁错为名,联合楚、赵等国叛乱。败逃东越,被东越人所杀。史称"七国之乱"。治广陵:都广陵(今江苏扬州)。

⑥陈留县:秦置,今河南开封东南陈留城。

⑦丹阳:当为丹徒(今江苏镇江东南丹徒镇)。见《史记·吴王濞列传》《汉书·景帝纪》。

⑧东欧:又称东越、瓯越。浙江南部瓯江、灵江流域一带,即以今浙

江温州为中心的区域。

⑨越王弟夷乌将军杀濞：事在前154年。时东越王弟夷乌将军将兵从吴王在丹徒。《史记·吴王濞列传》："汉使人以利啖东越，东越即绐吴王，吴王出劳军，即使人鏦杀吴王。"

⑩彭泽：今江西湖口东。

⑪平都：今江西安福东南。

⑫太公：汉高祖刘邦的父亲。

⑬孝文：即汉文帝，汉高祖子，名恒。前180—前157年在位。

⑭永光四年：公元前40年。永光，汉元帝刘奭年号。

⑮孝元帝：汉元帝刘奭。前49—前33年在位。

⑯贡大夫：贡禹，字少翁，琅邪（今山东诸城）人。曾官凉州刺史、河南令。元帝初，征为谏大夫，迁光禄大夫、御史大夫，位列三公。据《汉书·王贡两龚鲍传》记载，贡禹曾"奏欲罢郡国庙，定汉宗庙迭毁之礼"。

⑰桑里：里名。疑在子城东。

【译文】

汉高祖封功臣，封刘贾为荆王，吴地也属于他的封地。刘贾在吴城市场的西面修建了一座小城，取名定错城，与原吴小城相连，北面到平门，是丁将军主持修建的。汉高帝十一年，淮南王英布反叛朝廷，杀了刘贾。第二年，汉高祖改封哥哥的儿子刘濞为吴王，把广陵作为王都，吴地也是他的封地。受封后的第二十一年，刘濞曾经到吴地巡视，停留了十天才离开吴地回到广陵。第四十二年，吴王刘濞起兵造反。他率军向西攻打到陈留县，失败后回头逃奔到丹阳，投靠东越。东越王的弟弟夷乌将军杀了刘濞。朝廷封东越王为彭泽王，封夷乌将军为平都王。刘濞父亲叫刘仲。

匠门外信士里东面有一块宽阔的平地，是吴王刘濞时建宗庙的地方。太公庙、高祖庙在西边，孝文帝庙在东边。距离吴县城五里。汉永光四年，孝元帝的时候，按照大夫贡禹的奏请，下令废除了在郡国的宗庙。

桑里东面、现在太守府的西边，是从前吴国畜养牛、羊、猪、鸡的地方，称为牛宫。现在辟为菜园。

3.19 汉文帝前九年，会稽并故鄣郡①。太守治故鄣，都尉治山阴②。前十六年，太守治吴郡③，都尉治钱唐④。

汉孝景帝五年五月，会稽属汉⑤。属汉者，始并事也。汉孝武帝元封元年⑥，阳都侯归义⑦，置由钟⑧。由钟初立，去县五十里。

汉孝武元封二年，故鄣以为丹阳郡。

天汉五年四月⑨，钱唐浙江岑石不见⑩。到七年，岑石复见。

越王句践徙琅邪，凡二百四十年，楚考烈王并越于琅邪。后四十余年，秦并楚；复四十年，汉并秦；到今二百四十二年。句践徙琅邪到建武二十八年，凡五百六十七年⑪。

【注释】

①故鄣：郡县名，今浙江安吉北安城镇西北。

②都尉：武官名。辅佐郡守并掌全郡的军事。

③吴郡：治所在今江苏苏州。

④钱唐：秦置县，治所在今杭州灵隐山下。

⑤会稽属汉：吴、楚七国之乱后，取消了吴国封地，收归汉中央政府。属，归属，归并。

⑥元封元年：前 110 年。元封，汉武帝刘彻的第六个年号。

⑦阳都侯：丁复，见 3.18 注③。丁复死后，其爵位被其子丁宁及孙丁安城所袭，至孝景帝二年（前 155），丁安城因罪被免职。阳都，县名，属城阳国，故城在今山东沂水南。归义：交还封地。

⑧由钟：今苏州西南，近太湖。

⑨天汉五年：应为太始元年（前96）。天汉，为汉武帝年号之一，仅四年。下“七年”为太始三年（前94）。

⑩浙江：钱塘江。岑石：岸边高耸的岩石。

⑪“越王”数句：琅邪，见1.3注⑤。楚考烈王，应为楚威王。按，几个时间数有误。凡五百六十七年，建武二十八年即公元52年。上推567年，为前515年，为吴公子光（阖庐）使专诸杀吴王僚自立之年。句践徙琅邪在前473年灭吴之后。即便按前473年推算，为525年，相差42年。“二百四十年”应为一百四十年，“后四十余年”应为一百一十年，“复四十年”应为二十一年，“到今二百四十二年”应为二百五十四年（前202—52）。

【译文】

汉文帝前九年，故鄣郡并入会稽郡。太守的治所设在故鄣县，都尉的治所设在山阴县。汉文帝前十六年，太守的治所设在吴县，都尉的治所设在钱塘县。

汉景帝五年五月，会稽郡归属汉朝廷。归属汉朝廷，就是取消封国，归汉中央直接统辖。汉武帝元封元年，阳都侯归还封地，朝廷将他安置在由钟。由钟是新建立的县，距离吴县五十里。

汉武帝元封二年，把故鄣郡并入丹阳郡。

天汉五年四月，钱塘县钱塘江中一块高耸的巨石突然不见了。到了天汉七年，巨石又出现了。

越王句践迁都琅邪，历一百四十年，楚考烈王在琅邪兼并了越国。过了一百一十多年，秦国兼并了楚国；又过了二十一年，汉朝取代了秦朝。到现在已二百五十四年。从越王句践迁都琅邪到东汉建武二十八年，共五百六十七年。

第三卷

越绝吴内传第四

【题解】

本篇篇题《德序外传》作《吴越》,《篇序外传》作《吴人》。故钱培名认为篇题应为"吴人内传"。此篇错简较为严重。从题目看,应着重记述吴国的重大历史事件,但从行文来看,与吴国有关的仅前六段文字,只占整个篇幅的三分之一强。而直接记述吴国事件的是伍子胥救蔡伐楚取得胜利和吴越"槜李"之战吴国失败两件事,所占篇幅更少。"晋公子重耳之时……此周公之盛德也"的许多段落,除了"越王句践反国六年……"段与吴事有联系外,其他都没有明显的直接的关联。或另有篇目失题,或杂以他书之简。

《越绝》对吴救蔡伐楚、子胥复仇有褒有贬。其标准就是"仁义"二字。楚平王为太子聘秦女而自纳,伍奢谏而被杀;蔡昭公朝楚,楚大臣囊瓦索羔裘而不得,将昭公拘于南郢三年,后又兴师伐蔡。楚国君臣的不仁不义,引发了吴王阖庐救蔡伐楚、伍子胥为父报仇尽孝道的"仁义"之举,楚国几遭覆亡。但吴军入楚都后,鞭平王之尸,"君舍君室,大夫舍大夫室,盖有妻楚王母者",陷于不义。"吴何以称人乎?夷狄之也。"以不仁不义对付不仁不义,所以即便"救中邦",也是"贱之也",表明了作者对吴救蔡伐楚的态度。也隐含了"大吴"的败征。

行文安排了"越王句践欲伐吴王阖庐"而范蠡进谏事。范蠡论述了天道、地道、人道三者的辩证关系，强调人道“和顺”的重要。因为范蠡的劝谏，越王句践才没有轻举妄动，为以后“小越”胜“大吴”埋下了伏笔。

4.1 吴何以称人乎？夷狄之也[①]。忧中邦奈何乎？伍子胥父诛于楚，子胥挟弓，身干阖庐[②]。阖庐曰：“士之甚，勇之甚。”将为之报仇。子胥曰：“不可，诸侯不为匹夫报仇。臣闻事君犹事父也，亏君之行[③]，报父之仇，不可。”于是止。

蔡昭公南朝楚[④]，被羔裘，囊瓦求之[⑤]，昭公不与。即拘昭公南郢三年[⑥]，然后归之。昭公去至河，用事[⑦]，曰：“天下谁能伐楚乎？寡人愿为前列[⑧]！”楚闻之，使囊瓦兴师伐蔡。昭公闻子胥在吴，请救蔡。子胥于是报阖庐曰：“蔡公南朝，被羔裘，囊瓦求之，蔡公不与，拘蔡公三年，然后归之。蔡公至河，曰：‘天下谁能伐楚者乎？寡人愿为前列。’楚闻之，使囊瓦兴师伐蔡。蔡非有罪，楚为无道。君若有忧中国之事意者，时可矣。”阖庐于是使子胥兴师，救蔡而伐楚。楚王已死，子胥将卒六千人，操鞭笞平王之坟，曰：“昔者吾先君无罪，而子杀之，今此以报子也！”君舍君室[⑨]，大夫舍大夫室，盖有妻楚王母者。

囊瓦者何？楚之相也。郢者何？楚王治处也。吴师何以称人？吴者，夷狄也，而救中邦，称人，贱之也。

【注释】

①夷狄：夷种狄种。意谓野蛮人。此作动词。

②身干阖庐：干，投奔，投靠。按，伍子胥入吴时，吴君为吴王僚，非阖庐。

③亏：使……亏（受影响）。行：德行。

④蔡昭公：名申，蔡国国君，前518—前491年在位。朝：朝贡，古代诸侯国之间的外交礼节。有主从关系，不平等。

⑤囊瓦：《吴越春秋》徐天祜注："按《左传》，楚公子贞字子囊，其孙名瓦，字子常。"时为楚相。

⑥南郢：楚国国都，春秋时楚文王定都于此，今湖北江陵西北纪南城。

⑦用事：祭祀水神，向水神祷告。

⑧前列：古时列阵而战，前列即排在军阵前，意为前锋。

⑨君舍君室：前"君"指吴王，后"君"指楚昭王。舍，动词，居住，此有侵占义。室，家室，指妻妾。

【译文】

为什么叫做吴人呢？这是把他们当做夷狄来看待。既然是夷狄，怎么关心起中原的事情来了呢？伍子胥父亲被楚平王杀害，伍子胥拿着弓箭，只身投奔吴王阖庐。阖庐赞叹说："多么聪明，多么英武啊！"准备替他报仇。伍子胥说："不行！一国之君不应该为一个普通人报仇。我听说侍奉君主跟侍奉父亲一样，损坏君主的声誉，去报杀父之仇，是不应该的。"阖庐于是把替伍子胥报仇的事搁了下来。

蔡昭公访问楚国，身上穿着一件用羔羊毛皮制成的袍子，楚国大臣囊瓦向蔡昭公讨要这件袍子，蔡昭公不肯。囊瓦就把蔡昭公拘禁在南郢，过了三年才把他放归。蔡昭公离开楚国，到了汉水边，向汉水之神祷告，发誓说："天下有哪一位诸侯能伸张正义、讨伐楚国呢？我愿意做先锋！"楚平王知道了这件事，便派囊瓦率师攻打蔡国。蔡昭公听说伍子胥在吴国，就派人请他援救蔡国。伍子胥于是去对吴王阖庐说："蔡昭公去楚国访问，身穿裘皮袍子，囊瓦想得到这件裘皮袍子，蔡昭公不肯给他，于是把蔡昭公拘禁了三年之后才放他回去。蔡昭公到了汉水时说：'天下谁能够讨伐楚国呢？我愿意做先锋。'楚平王知道了这件事，便派囊瓦率师攻打蔡国。蔡国并没有罪，是楚国太不讲道理了。大王如果有关心、称霸中原的意思，是一个难得的时机。”于是阖庐就派伍子胥率兵援救蔡国、攻打楚国。吴军攻占了楚国郢都，这时楚平王已死，伍子胥率领六千士兵，掘开楚平王的坟墓，拿起鞭子抽打平王的尸体说：“过去我先父并没有犯罪而你却把他杀了，今天我只能用这种方法来报复你了！”吴王阖庐住进了楚昭王的寝宫，吴国的大臣也都各自住在楚国大臣的家里，甚至有奸污楚昭王母亲的人。

囊瓦是什么人？他是楚国的相国。郢是什么地方？它是楚国的都城。吴国的军队为什么称为吴人呢？吴国是夷狄一类的国家，其援救中原蔡国的行动，表现出了它的野蛮本性。所以，称他们为人，其实就是贬低他们。

4.2越王句践欲伐吴王阖庐，范蠡谏曰：“不可。臣闻之，天贵持盈。持盈者，言不失阴阳、日月、星辰之纲纪。地贵定倾①。定倾者，言地之长生，丘陵平均，无不得宜。故曰地贵定倾。人贵节事。节事者，言王者已下，公卿大夫，当调阴阳，和顺天下。事来应之，物来知之，天下莫不尽其忠信，从其政教，谓之节事。节事者，至事之要也。天道盈而不溢，盛而不骄者，言天生万物，以养天下；蠉飞蠕动②，各得其性；春生夏长，秋收冬藏，不失其常，故曰天道盈而不溢，盛而不骄者也。地道施而不德，劳而不矜其功者也，言地生长五谷，持养万物，功盈德博，是所施而不德，劳而不矜其功者矣。言天地之施，大而不有功者也。人道不逆四时者，言王者以下，至于庶人，皆当和阴阳四时之变，顺之者有福，逆之者有殃。故曰人道不逆四时之谓也。因惛视动者③，言存亡吉凶之应，善恶之叙，必有渐也④。天道未作，不先为客者。

范蠡值吴伍子胥教化,天下从之,未有死亡之失,故以天道未作,不先为客。言客者,去其国,入人国。地兆未发,不先动众。言王者以下,至于庶人,非暮春中夏之时,不可以种五谷、兴土利;国家不见死亡之失,不可伐也。故地兆未发,不先动众,此之谓也。"

【注释】

①定倾:指根据地之高低平凹确定宜种植物的品类。倾,倾斜。

②蠉(xuān)飞蠕动:虫豸之类,或飞翔,或蠕蠕而行。蠉,同"蜎",虫类屈曲盘旋而行或飞貌。

③因惛(hūn)视动:根据天道幽深不明的特点去观察其运动变化的规律。惛,幽深不明,指天道幽深而不明。

④渐:事物发展的开始。

【译文】

越王句践想要去讨伐吴王阖庐,范蠡劝阻他说:"现在还不行。我听说,天贵在保持它的圆满状态。所谓保持天的圆满状态,指的是不去违背阴阳消长、日月星辰的运行变化规律。地贵在确定它的高低平凹的区别。所谓确定它的高低平凹的区别,指的是地上生长的一切,不管在丘陵还是在平畴,没有不适宜的。所以说地贵在确定它的高低平凹的区别。人贵在按照事物变化发展的规律来处理各种事物。所谓按事物的规律办事,指的是国君以及公卿大夫,当顺应阴阳的消长变化,调和天下的各种矛盾,事情发生的时候能正确地应对它,事物出现端倪的时候能及时地了解它。天下没有谁不会竭尽他的忠诚,没有谁不会听从国君的号召,这就叫做按事物的规律办事。按规律办事,这是处理政教大事的关键。天的规律是充满而不外溢,有盛德而不居功自傲,是说天生育万物,来养育天下:天空中飞的,地面上爬的,各种动物都能够按照它们的特性自由自在地生活;春天孳生,夏天成长,秋天收获,冬天储藏,各类植物都不会失去它们生长成熟的时序规律。所以说,天的规律是充满而不外溢,有盛德而不居功自傲。地的规律是施与但不以为是自己的恩德,辛劳但不夸耀自己的功绩,是说大地生长五谷,畜养万物,功德圆满而且广大,这就是所谓施与但不以为是自己的恩德,辛劳但不夸耀自己的功绩。说的是天地施与万物,恩德广大但不居功为己有的意思。人做事的原则是不违反四时规律,说的是从国君到平民,其生产和生活都应该顺应阴阳消长、四季时序的变化规律,顺应这个变化规律的就会得到幸福,违反这个变化规律的就会有祸殃。所以说人做事的原则是不违反四时规律,就是这个道理。根据天道幽深不明的特点去观察其运动变化的规律,是说存亡吉凶现象的发生,善与恶的变化,一定有它的先兆。现在上天还没有显示出要灭亡吴国的征兆,就不能去攻伐吴国。范蠡说这话时,正值吴国遵从伍子胥的教化,天下诸侯听从吴国的号令,吴国国内还没有因为治理不当出现衰亡的征候,所以范蠡认为此时上天还没有亡吴的征兆,就不能去攻打它。所谓客,指的是离开自己的国家,进入别人的国家。地气还没有转暖的迹象,就不能发动民众进行农事活动。是说从国君到平民,不到暮春仲夏的时候,不可以播种五谷,从事耕作活动;敌国还没有显现出败亡的征兆,是不可以去攻伐他们的。所以说地气还没有转暖的迹象,就不能发动民众进行农事活动,说的就是这个道理。”

4.3 吴人败于就李[①]。吴之战地。败者,言越之伐吴,未战,吴阖庐卒,败而去也。卒者[②],阖庐死也。天子称崩,诸侯称薨,大夫称卒,士称不禄。阖庐,诸侯也,不称薨而称卒者,何也?当此之时,上无明天子,下无贤方伯[③],诸侯力政,强者为君。南夷与北狄交争,中国不绝如线矣。臣弑君[④],子弑父,天下莫能禁止。于是孔子作《春秋》,方据鲁以王[⑤]。故诸侯死皆称卒,不称薨,避鲁之谥也[⑥]。

【注释】

①吴人败于就李：事在周敬王二十四年（前496）夏天，阖庐乘越国新丧（前一年越王允常死），以越国不从吴伐楚为借口，兴兵伐越。越王句践率师迎战于就李。阖庐脚趾中飞矢，在还军路上毒发死亡。《左传·定公十四年》："五月，於越败吴于槜李。吴子光卒。"就李：又名槜李、醉李。见3.5注②。

②卒者：疑句前脱经文"吴子光卒"。

③方伯：一方的霸主。伯，通"霸"。

④弑（shì）：古称臣杀君、子杀父为"弑"。

⑤方据鲁以王：正依据鲁国国君的年号为正统来编年。王，王道正统。

⑥谥（shì）：古代帝王及官僚死后，所给予的表示褒贬的称号。

【译文】

吴国在就李吃了败仗。就李是吴国与越国交战的地方。所谓失败，是说越国讨伐吴国，还没有正式交战，吴王阖庐受伤而死，吴国军队败退而去。吴王光卒。卒，是指阖庐死。按照当时礼制，天子死了称为"崩"，诸侯死了称为"薨"，大夫死了称为"卒"，士死了称为"不禄"。阖庐是诸侯，死了不称"薨"而称为"卒"，为什么呢？因为此时上没有圣明的天子，下没有贤德的霸主，诸侯之间凭武力相攻伐，实力强大的称王称霸。南方的蛮夷和北方的戎狄也交互侵逼中国，中国的命运已经像悬线一样，虽然不断，但岌岌可危了。臣子杀害君主，儿子杀害父亲，普天之下没有谁能够阻止这些恶行。于是孔子写作《春秋》，就依据鲁国国君的年号为正统来编年，推行王道。所以诸侯死了都称为"卒"，不称作"薨"，以免与鲁国国君死后的称谓相混淆。

4.4 晋公子重耳之时[①]，天子微弱，诸侯力政，强者为君。文公为所侵暴，失邦，奔于翟[②]。三月得反国政[③]，敬贤明法，率诸侯朝天子。于是诸侯皆从，天子乃尊。此所谓晋公子重耳反国定天下。

齐公子小白，亦反齐国而匡天下者[④]。齐大夫无知，弑其君诸儿[⑤]。其子二人出奔[⑥]。公子纠奔鲁。鲁者，公子纠母之邦。小白奔莒[⑦]，莒者，小白母之邦也。齐大臣鲍叔牙为报仇，杀无知[⑧]，故兴师之鲁，聘公子纠以为君[⑨]。鲁庄公不与。庄公，鲁君也。曰："使齐以国事鲁，我与汝君。不以国事鲁，我不与汝君。"于是鲍叔牙还师之莒，取小白，立为齐君。小白反国，用管仲[⑩]，九合诸侯，一匡天下，故为桓公[⑪]，此之谓也。

【注释】

①晋公子重耳之时：句前疑脱"晋公子重耳反国定天下"。重耳，晋文公，前636—前628年在位。春秋霸主之一。

②文公为所侵暴，失邦，奔于翟：晋献公宠骊姬，欲立其子奚齐，杀太子申生。公子重耳奔翟，夷吾出奔梁。翟，同"狄"。重耳所奔之狄，在今山西西部和陕西东部。

③三月得反国政：晋公子重耳出奔，在鲁僖公五年（前655），反国得位在鲁僖公二十四年（前636），亡命19年。此"三月"或指晋惠公十四年九月，惠公卒，子圉立，为怀公，至十二月，秦缪公发兵纳重耳为晋文公。反，同"返"。

④齐公子小白，亦反齐国而匡天下者：《左传·庄公八年》："初，襄公立，无常。鲍叔牙曰：'君使民慢，乱将作矣！'奉公子小白出奔莒。乱作，管夷吾、召忽奉公子纠来奔。"前685年，公子小白自莒入齐即位，是为桓公。

⑤齐大夫无知，弑其君诸儿：无知，齐釐公同母弟夷仲年子，受釐公宠爱。前686年，杀齐襄公自立。前685年，齐雍林人杀无知。

诸儿，即齐襄公，齐釐公之子。前697—前686年在位。

⑥其子二人：公子纠、公子小白，为齐釐公之子，非襄公诸儿之子也，与襄公诸儿为同父异母兄弟。

⑦莒（jǔ）：周代封国，嬴姓，今山东莒县一带。

⑧齐大臣鲍叔牙为报仇，杀无知：鲍叔牙，《史记正义》韦昭注："鲍叔，齐大夫，姒姓之后，鲍叔之子叔牙也。"与管仲同辅齐桓公。有"管鲍"之称。杀无知，时鲍叔牙从公子小白在莒，无从杀无知，与史实不符。

⑨聘公子纠以为君：《左传·庄公九年》："九年，春，雍廪杀无知。公及齐大夫盟于蔇，齐无君也。夏，公伐齐，纳子纠。"实为鲁庄公发兵送公子纠，非鲍叔牙聘公子纠为君。

⑩管仲（？—前645）：名夷吾，字仲，颍上（今安徽颍水之滨）人。春秋时期著名政治家。齐襄公乱政被杀，时管仲与召忽辅公子纠出奔鲁国，助公子纠，与公子小白（后来的齐桓公）争位。后经鲍叔牙推荐，被齐桓公任为相，推行改革，富国强兵，佐齐桓公称霸天下。

⑪故为桓公：《逸周书·谥法解》："辟土服远曰桓，克敬勤民曰桓，辟土兼国曰桓。"

【译文】

晋公子重耳回到晋国而安定天下。晋公子重耳的时候，周天子势力弱小，诸侯之间凭武力相互攻伐，实力强大的称霸天下。公子重耳遭晋国内乱，无法立足，逃奔到翟国。惠公卒三个月后重耳回到晋国主持国政，他尊敬贤臣，修明法令，统率诸侯去朝见周天子。于是诸侯都听从他的号召，周天子的地位才得到尊重。这就是人们说的晋公子重耳回到晋国而安定天下的事。

齐公子小白也是回到齐国而匡正天下的人。齐国大夫无知，犯上作乱杀了国君齐襄公诸儿。襄公的两个兄弟逃到国外。公子纠逃奔到鲁国。

鲁国是公子纠母亲的娘家。小白逃奔到莒国，莒国是小白母亲的娘家。齐国的大臣鲍叔牙为了替齐襄公报仇，杀了无知，因此他带着军队到鲁国，请公子纠回齐国做国君。鲁庄公不肯。庄公是鲁国的国君，他要挟说："如果你能让齐国从属于鲁国，我就归还你们的国君；如果你不能让齐国从属于鲁国，我就不归还你们的国君。"于是鲍叔牙率领军队到莒国，把小白带回齐国，立为国君。小白回到齐国，重用能臣管仲，九次大会诸侯，匡扶周室，安定天下，因此称为桓公，就是这个道理。

4.5 尧有不慈之名①。尧太子丹朱倨骄②，怀禽兽之心，尧知不可用，退丹朱而以天下传舜③。此之谓尧有不慈之名。

舜有不孝之行。舜亲父假母④，母常杀舜。舜去，耕历山⑤。三年大熟，身自外养，父母皆饥。舜父顽⑥，母嚚⑦，兄狂⑧，弟敖⑨。舜求为变心易志。舜为瞽瞍子也，瞽瞍欲杀舜，未尝可得⑩。呼而使之，未尝不在侧。此舜有不孝之行。

【注释】

①尧：传说中原始社会后期部落联盟首领。姓伊祁氏，名放勋，号陶唐，史称唐尧。传说他在位九十八年，传位于舜。见《史记·五帝本纪》。

②丹朱：尧子。《史记集解》引《帝王纪》云："尧娶散宜氏女，曰女皇，生丹朱。"倨：傲慢。

③舜：传说中原始社会后期部落联盟首领。姚姓，有虞氏，名重华，史称虞舜。

④假母：后母。

⑤历山：其地说法不一。一说在今河南范县旧濮阳东南；一说在今山东济南东南，又名舜耕山；一说在今山西永济东南，又名雷首

山；一说在今浙江馀姚西北；一说在今浙江永康南；一说在今湖南桑植西北。

⑥顽：顽钝，无节操。《左传・僖公二十四年》："心不则德义之经为顽。"

⑦嚚（yín）：奸诈。《左传・僖公二十四年》："口不道忠信之言为嚚。"

⑧狂：狂妄，放纵骄恣。据《史记・五帝本纪》，舜无兄。

⑨敖：同"傲"，倨慢。《史记・五帝本纪》："舜母死，瞽叟更娶妻而生象，象傲。"

⑩瞽瞍（gǔ sǒu）欲杀舜，未尝可得：《史记・五帝本纪》："瞽叟……使舜上涂廪，瞽叟从下纵火焚廪。舜乃以两笠自扞而下，去，得不死。后瞽叟又使舜穿井，舜穿井为匿空旁出。舜既入深，瞽叟与象共下土实井，舜从匿空出，去。"瞽瞍，即瞽叟，舜父。

【译文】

尧曾经有不慈爱儿子的名声。尧太子丹朱为人傲慢无礼，怀着禽兽一样的心思，尧知道他不能做继承人，放弃丹朱而把帝位传给了舜。这就是尧有不慈爱儿子名声的由来。

舜曾经有不孝顺父母的行为。舜有亲生父亲和后娘，后娘常想杀掉舜。舜于是离开父母，到历山去耕种。一连三年都获得大丰收，自己在外面丰衣足食，父母却在家饿肚子。舜的父亲愚顽无德，后娘奸诈无信，哥哥狂妄自大，弟弟傲慢无理。舜力图改变他们的本性和心态。舜是瞽瞍的儿子，瞽瞍想杀掉舜，几次都没有成功；叫他来做事的时候，却又不曾离开左右。这就是舜有不孝顺父母的行为的缘由。

4.6 舜用其仇而王天下者。言舜父瞽瞍，用其后妻，常欲杀舜，舜不为失孝行，天下称之。尧闻其贤，遂以天下传之。此为王天下[①]。仇者，舜后母也。

桓公召其贼而霸诸侯者[②]。管仲臣于桓公兄公子纠，纠与桓争国，管仲张弓射桓公，中其带钩，桓公受之，赦其大罪，立为齐相。天下莫不向服慕义。是谓召其贼霸诸侯也。

【注释】

①此为王天下：此句李步嘉认为有脱文，当作“此谓舜用其仇而王天下”。为，当作“谓”。

②贼：仇人。

【译文】

舜侍奉他的仇人而称王天下。是说舜的父亲瞽瞍听信后妻的话，经常想杀掉舜，但舜并不因此而不孝顺父母，天下的人都称颂他。尧听说舜的贤明孝顺，就把帝位传给了他。这就叫做舜侍奉仇人而称王天下。这里所说的仇人，就是舜的后娘。

齐桓公任用他的仇人而称霸于诸侯。是说管仲曾经在桓公的哥哥公子纠那里做家臣，公子纠与桓公争夺国君之位的时候，管仲曾用箭射桓公，射中了桓公的带钩，但齐桓公不计前嫌接纳了他，赦免了他的大罪，并任命他为齐相国。天下诸侯没有谁不佩服仰慕齐桓公的度量和处事手法。这就是齐桓公任用他的仇人而称霸诸侯的事。

4.7 夏启献牺于益[①]。启者，禹之子。益与禹臣于舜，舜传之禹，荐益而封之百里。禹崩启立，晓知王事，达于君臣之义。益死之后，启岁善牺牲以祠之。《经》曰：“夏启善牺于益。”此之谓也。

汤献牛荆之伯[②]。之伯者，荆州之君也[③]。汤行仁义，敬鬼神，天下皆一心归之。当是时，荆伯未从也。汤于是乃饰牺牛以事。荆伯乃媿然曰[④]：“失事圣人礼。”乃委其诚心[⑤]。此谓汤献牛荆之伯也。

【注释】

①夏启：启，禹之子，继禹为夏王。由启开始，禅位制改为继承制，标志着私有制和奴隶制国家的诞生。牺：牺牲。古代祭祀用牲。益：舜时掌山泽之官，亦称伯益，秦、赵先祖。

②汤献牛荆之伯：其事不可考。《孟子·滕文公下》作"葛伯"。汤，原名履、天乙，灭夏后称成汤，商朝建立者。

③荆州：古九州之一。《尔雅·释地》："汉南曰荆州。"汉指汉水。

④媿（kuì）：惭愧。

⑤委：托付，交付。

【译文】

夏启用纯色的牛羊作为祭品来祭祀伯益。夏启是禹的儿子，伯益和禹都是舜的大臣，舜将帝位传给禹，禹推荐伯益作为自己的继承人并封给他百里之地。禹死后启继承了帝位，明白做君王的职分，懂得君臣之间的道理。伯益死后，夏启每年都要治办祭品去祭祀伯益。经书上说："夏启用纯色的牛羊作为祭品来祭祀伯益。"说的就是这件事。

商汤送给荆伯一头祭祀用的牛。荆伯即荆州的君主。商汤推行仁义之道，敬事天地鬼神，天下诸侯都诚心地归顺他。当时，只有荆伯没有归顺。商汤于是就将一头经过装饰的纯色公牛作为礼物送给荆伯。荆伯这时才惭愧地说："是我没有尽到侍奉圣人的礼数啊。"于是诚心地归顺商汤。这就是商汤送牛给荆伯的故事。

4.8 越王句践反国六年，皆得士民之众，而欲伐吴。于是乃使之维甲[①]。维甲者，治甲系断。修内矛[②]，赤鸡稽繇者也[③]，越人谓"人铩"也[④]。方舟航买仪尘者，越人往如江也[⑤]。治须虑者，越人谓船为"须虑"。亟怒纷纷者[⑥]，怒貌也，怒至。士击高文者，跃勇士也[⑦]。习之于夷[⑧]。夷，海也。宿之于莱。

莱，野也。致之于单⑨。单者，堵也⑩。

【注释】

①维：系物的绳子。引申为连结。

②修内矛：整修矛戟之类的武器。内矛，一种长柄直刺兵器。《外传记地传》："杖物卢之矛。"

③赤鸡稽繇："内矛"的越语原语直音。

④人铩（shā）：张宗祥注："铩，《说文》云：铍有镡也。贾谊《过秦论》：'非铦于句戟长铩也。'又《方言》九注：'今江东呼大矛为铍。'是铩为长大之矛。人字疑'大'字之讹。"按，"人"字疑为"入"字之讹。入与内（纳）意同，"入铩"即"内矛"。

⑤方舟航买仪尘者，越人往如江也：方舟航，驾船出航。方，两船相并。舟航，《淮南子·泛论训》："乃为窬木方版以为舟航。"高诱注："舟相连为航也。"买仪尘，"往如江"的越语原语直音。如，到……去。

⑥亟怒纷纷：愤怒的情状。意思是激励勇士同仇敌忾，报仇雪耻。

⑦士击高文：掌鼓者擂起战鼓。《礼记·乐记》："始奏以文，复乱以武。"郑玄注："文，谓鼓也；武，谓金也。"跃勇士：训练士卒奋起杀敌的勇气。《诗经·邶风·击鼓》："击鼓其镗，踊跃用兵。"

⑧习：练习，操练。

⑨致之于单：意思是到前线去攻关杀敌。

⑩堵：版筑的墙垣。《说文》："垣也，五版为一堵。"段玉裁注："此云五板为堵……盖言板广二尺，五板积高一丈为堵而已。"

【译文】

越王句践回国以后，经过六年的治理，得到了广大士民的拥护，就想去讨伐吴国。于是就命令大家修理好铠甲。修理铠甲就是把铠甲上烂断的带子连接好。整修好长矛。赤鸡稽繇，是越国人对"入铩"的叫法。驾起船扬起帆。这是越人要到江里去。整治好战船。越国的人把船叫作“须虑”。满怀复仇激情。表现出愤怒的样子，好像愤怒到了极点。擂起咚咚战鼓。这是训练士兵奋起杀敌的勇气。到夷去训练，夷就是海。到莱去宿营，莱即野外。到单去攻关杀敌，单就是城墙。

4.9 舜之时，鲧不从令①。尧遭帝喾之后乱②，洪水滔天，尧使鲧治之，九年弗能治。尧七十年而得舜，舜明知人情，审于地形，知鲧不能治，数谏不去，尧殛之羽山③。此之谓舜之时，鲧不从令也。

【注释】

①鲧（gǔn）：传说中原始部落首领。居于崇，号崇伯。由四岳推举，奉尧命治水。他用筑堤防的方法，九年未能治平，被舜杀死在羽山。

②帝喾：传说中的古帝王，黄帝曾孙。帝喾之后乱，指传说共工与颛顼争帝失败，怒触不周山，“天柱折，地维绝”，造成洪水灾害。

③殛（jí）：诛戮。羽山：在今山东郯城东北。

【译文】

舜摄政的时候，鲧不听从命令。尧遭遇帝喾之后的乱世，洪水滔滔，泛滥成灾，尧派鲧治理洪水，九年没有治理成功。尧七十岁时得到舜的辅佐，舜明白人性贤愚，了解地理形势，知道鲧根本治理不了洪水，多次劝他让贤，但他总不肯走，尧于是把鲧杀死在羽山。这就是舜摄政的时候鲧不听从命令而被杀的故事。

4.10 殷汤遭夏桀无道①，残贼天下②，于是汤用伊尹③，行至圣之心④。见桀无道虐行，故伐夏放桀⑤，而王道兴跃⑥。革乱补弊，移风易俗，改制作新，海内毕贡，天下承风。汤以文圣⑦，此之谓也。

文王以务争者[8]。纣为天下[9]，残贼奢佚，不顾邦政；文王百里，见纣无道，诛杀无刑，赏赐不当，文王以圣事纣，天下皆尽诚知其贤圣，从之。此谓文王以务争也。纣以恶刑争，文王行至圣，以仁义争，此之谓也。

【注释】

①殷汤遭夏桀无道：句前疑脱"汤以文圣"。殷汤，商汤，殷为商朝于前1300—前1046年迁都于殷（今河南安阳西北小屯村）后改用的称号，后代"殷""商"互用。汤即汤武王。夏桀（约前16世纪），名履癸，夏朝末代君主，以暴虐著称。

②残贼：伤害，虐杀。《孟子·梁惠王下》："贼仁者谓之贼，贼义者谓之残。"

③伊尹：名挚，商朝初期政治家，古代著名的贤相。他助汤灭夏，建立商朝，受封为尹（宰相）。

④至圣：道德智能最高的人。

⑤见桀无道虐行，故伐夏放桀：《史记·夏本纪》："桀不务德而武伤百姓，百姓弗堪……汤遂率兵以伐夏桀。桀走鸣条，遂放而死。"《正义》引《括地志》："庐州巢县有巢湖，即《尚书》'成汤伐桀，放于南巢'者也。"

⑥王道：国君以仁义治天下、以德服人的统治方法。

⑦文：文化，即文治和教化。

⑧文王：周文王，姓姬名昌，史称西伯，庙号文王。西周王朝的奠基者。务：张宗祥注："此务字当作易'开物成务'之'务'解。"《周易·系辞上》："夫易开物成务，冒天下之道，如斯而已者也。"孔颖达疏："言易能开通万物之志，成就天下之务。"即通晓万物的道理并按这道理行事而得到成功，指周文王勉力行仁义而赢得天下。

⑨纣：商朝末代君主。一作“帝辛”。曾经营东南，平定东夷，对中国统一国家的形成起到一定的作用。又以残暴著称，引起奴隶和平民的反抗。后与周武王在牧野（今河南淇县）之战中兵败，自焚而死。

【译文】

商汤以文教风化天下而成为圣人。商汤遭遇夏桀暴虐无道，践踏仁义，虐杀臣民，于是商汤重用伊尹，怀仁义之心，推行中庸之道。他看到夏桀不行仁义，暴虐天下臣民，便兴兵讨伐夏朝、流放夏桀，而中正平和、以德治国的政治风气跃然兴起。他革除乱政，补救弊端，转移风气，改变习俗，改革旧制，建立新法，于是海内诸侯纷纷向他朝贡，天下人民沐浴他的教化。商汤以文教风化天下而成为圣人，指的就是这些事。

周文王勉力行仁义而赢得天下。当时纣为天子，他残暴狠毒又骄奢淫逸，不顾国家政事。周文王当时还是个只有百里封地的小诸侯，眼见商纣王不行仁义，诛杀不按法度，赏赐不讲原则，文王便用仁德来规劝纣王，天下诸侯都知道他是一个贤德圣明的人，都真心诚意地追随他。这就是人们说的周文王勉力行仁义而赢得天下的事。商纣王想用残酷的刑罚来威服天下，周文王则以他的高尚品格、用仁义来争取民心，就是指此。

4.11 武王以礼信①。文王死九年，天下八百诸侯，皆一旦会于孟津之上②。不言同辞，不呼自来，尽知武王忠信，欲从武王，与之伐纣。当是时，比干、箕子、微子尚在③，武王贤之，未敢伐也，还诸侯。归二年，纣贼比干，囚箕子，微子去之。刳妊妇④，残朝涉⑤。武王见贤臣已亡，乃朝天下，兴师伐纣，杀之。武王未下车⑥，封比干之墓，发太仓之粟，以赡天下，封微子于宋⑦。此武王以礼信也。

周公以盛德⑧。武王封周公，使傅相成王⑨。成王少，周公臣事之⑩。当是之时，赏赐不加于无功，刑罚不加于无罪；天下家给人足，禾麦茂美；使人以时，说之以礼；上顺天地，泽及夷狄。于是管叔、蔡叔不知周公而谗之成王[11]。周公乃辞位出，巡狩于边一年[12]。天暴风雨，日夜不休，五谷不生，树木尽偃。成王大恐，乃发《金縢》之柜[13]，察周公之册，知周公乃有盛德。王乃夜迎周公，流涕而行。周公反国，天应之福，五谷皆生，树木皆起，天下皆实。此周公之盛德也。

【注释】

①武王：周武王，姓姬名发。周文王昌之子。西周王朝的建立者。

②孟津：地名，在今河南孟津。

③比干：殷纣王叔父，因强谏纣，被纣王剖腹挖心而死。箕子：殷纣王叔父。箕，国名。子，爵号。微子：名启，纣之庶兄。微，国号。子，爵号。

④刳（kū）：剖开挖空。《吕氏春秋·贵直论·过理》："剖孕妇而观其化，杀比干而视其心。"高诱注："化，育也。视其胞里。"

⑤朝涉：早晨渡河者。《吕氏春秋·贵直论·过理》："刑鬼侯之女而取其环，截涉者胫而视其髓。"高诱注："以其涉水能寒也，故视其髓，欲知其与人有异不也。"

⑥未下车：还没有从车上下来，后称官吏初到任为"下车"。此指武王刚克殷还未登位。

⑦宋：见1.2注③。

⑧周公：姓姬名旦，采邑在周，因称"周公旦"。西周政治家。周武王胞弟，助武王灭商，后封于曲阜，为鲁国始祖。为孔子所称颂的周代奴隶制礼乐典章制度的制定者。盛：美。

⑨成王：周成王，名诵。周武王之子。

⑩成王少，周公臣事之：武王死，成王年幼，由周公摄政，七年后还政

于成王。

⑪管叔:名鲜,周武王弟,西周初封于管(今河南郑州),因称管叔。蔡叔:名度,周武王弟,西周初封于蔡(今河南上蔡),因名蔡叔。因参与叛乱,管叔被杀(一说自杀),蔡叔被流放。

⑫巡狩:亦作"巡守"。古帝王五年一巡狩,视察诸侯所守的地方。一年:按《尚书·金縢》《史记·鲁周公世家》作"二年",又《诗经·豳风·东山》《史记·周本纪》作"三年"。

⑬《金縢(téng)》:《尚书·金縢·序》:"武王有疾,周公作《金縢》。"孔颖达疏:"郑云,凡藏秘书,藏之于匮,必以金缄其表。"縢,封缄。

【译文】

周武王用礼义取信于天下。周文王死后的第九年,天下八百个诸侯都同时在孟津会合。不用传言但表达的都是同一个意思,不用招呼但都亲自从四面八方赶来,他们都知道周武王忠诚可靠,都想追随他和他一起去讨伐纣王。当时,比干、箕子、微子还在商朝为臣,武王十分尊敬他们,不敢贸然讨伐商朝,便让诸侯军队退回。诸侯退军两年后,纣王杀害了比干,囚禁了箕子,微子见势逃到外地避祸。纣王还剖开孕妇的肚子来看肚子里的小孩是怎么长的,砍断早晨在寒水中渡河者的腿骨来察看他的骨髓是否与众不同。周武王看到纣王身边的贤臣死的死,走的走,于是召集天下诸侯,兴师讨伐商纣王,把他杀了。周武王还没有登位,就先率领诸侯们去为比干建立坟墓,打开粮仓赈济天下饥民,把宋地分封给微子。这就是周武王用礼义取信于天下的事。

周公以他的高尚品德安定天下。周武王封弟姬旦为周公,遗命叫他辅佐成王。周成王继位时年纪还小,周公以臣子的礼节侍奉成王。在当时,周公摄政,赏罚分明,对没有功劳的不给予赏赐,对没有犯罪的不施加刑罚;普天之下,家家都很富裕,人人丰衣足食,田野里禾麦茂盛,作物丰美;派遣民工服公役按季节而不误农事,说服诸侯勤王事用礼义而不动武力;行事顺应天地的意志,恩泽广被四方的异族。这时候,管叔、蔡叔不明白周公的苦心，反而在成王面前进谗言诬告周公。周公于是辞去相位，到边境去视察检查诸侯的工作一年。天上突然刮起暴风，降下暴雨，日夜不息，作物不生长，树木都倒下。周成王非常恐惧，于是打开王室封存秘藏的文件柜，查阅有关周公的册子，才知道周公是一位有高尚道德修养的人。周成王于是哭泣着连夜赶路去迎回周公。周公回国后，上天降福，五谷都茁壮成长，倒伏的树木都直立起来，天下富足安定。这就是周公以其高尚品德安定天下的事。

第四卷

越绝计倪内经第五

【题解】

本篇记述越王句践与计倪的一次对话。以备战为中心，重点围绕粮食问题而展开，内容涉及粮食的生产、储备、流通以及管理人才诸方面，具有战略决策性。

越王句践返国之后，心中不忘复仇雪耻之事，可是越国新败之后，国小民穷，要与新霸大国对抗，谈何容易！社稷虽然保住了，但所处地理环境恶劣，物资匮乏，仓廪不实，军粮不继，所以越王句践担心“谋不成而息，恐为天下咎”。于是向计倪问计。计倪认为，兴师动众前一定要先积蓄粮食、钱币、布匹。不积蓄，没有粮食，战士就会挨饿受饥，军队就没有战斗力。国家军队如此，一个家庭，一个人也是如此。他从备战备荒出发，根据自己的经商理财经验，向越王句践提出了几点建议。一是“省赋敛，劝农桑”，发展农业生产。二是“利源流”，选择能通习源流的人才，进行商贸活动。三是“平粜齐物”，使“农末俱利”。特别是计倪提出的“农末俱利”的富民强国的思想，在当时乃至后世都有其积极意义。他的建议，为越王句践所接受，实行于“生聚教训”的复国雪耻计划之中，使越国在短时间内达到“炽富”。

5.1 昔者，越王句践既得反国，欲阴图吴。乃召计倪而问焉[①]，曰："吾欲伐吴，恐弗能取。山林幽冥，不知利害所在。西则迫江，东则薄海，水属苍天[②]，下不知所止。交错相过，波涛浚流，沉而复起，因复相还。浩浩之水，朝夕既有时，动作若惊骇，声音若雷霆。波涛援而起，船失不能救，未知命之所维。念楼船之苦[③]，涕泣不可止。非不欲为也，时返不知所在[④]，谋不成而息，恐为天下咎。以敌攻敌[⑤]，未知谁负。大邦既已备，小邑既已保，五谷既已收。野无积庾[⑥]，廪粮则不属[⑦]，无所安取？恐津梁之不通[⑧]，劳军纡吾粮道[⑨]。吾闻先生明于时交，察于道理，恐动而无功，故问其道。"

计倪对曰："是固不可。兴师者必先蓄积食、钱、布帛。不先蓄积，士卒数饥，饥则易伤。重迟不可战[⑩]，战则耳目不聪明。耳不能听，视不能见，什部之不能使[⑪]，退之不能解，进之不能行。饥馑不可以动[⑫]，神气去而万里。伏弩而乳，郅头而皇皇[⑬]。强弩不彀[⑭]，发不能当[⑮]。旁军见弱，走之如犬逐羊[⑯]。靡从部分[⑰]，伏地而死，前顿后僵[⑱]。与人同时而战，独受天之殃。未必天之罪也，亦在其将。王兴师以年数，恐一旦而亡，失邦无明，筋骨为野。"

【注释】

①计倪：越国大夫。《史记》作"计然"。裴骃《集解》："计然者，葵丘濮上人，姓辛氏，字文子，其先晋国亡公子也。尝南游于越，范蠡师事之。"

②属：连属，连接。

③楼船：高大有层的战船。

④时返：时运轮回。返，回归，指循环往复。

⑤以敌攻敌：力量相当的敌国之间相互攻伐。前“敌”字，对等，相当。

⑥积庾（yǔ）：堆积在露天的谷物，也称“庾积”。庾，露天积谷处。

⑦廪粮：即仓谷。指军粮。廪，谷仓。属（zhǔ）：满足。指军粮供给。

⑧津梁：桥梁。

⑨纡（yū）：曲折。

⑩重迟：迟缓，不敏捷。此指因“伤”因饥饿而羸弱而步履沉重滞缓。

⑪什部之不能使：部队就无法指挥调动。什部，古代军队的编制单位。这里指代部队、队伍。

⑫饥馑：灾荒。《尔雅·释天》：“谷不熟为饥，蔬不熟为馑。”此重在饥，饥饿。

⑬郅头：低着头。皇皇：心不安貌。皇，通“惶”。

⑭彀（gòu）：张满弓弩。

⑮当：抵挡，抵敌。

⑯走：逃脱。

⑰靡从：跟不上。

⑱顿：跌倒。

【译文】

从前，越王句践从吴国回来以后，暗地里图谋报复吴国。于是召见计倪，向他问计道：“我想讨伐吴国，但又怕难以取胜。现在越国困在幽深昏暗的山林里，也不知道是福是祸。西边靠近大江，东边面临大海，海水上与苍天相接，下不知它流向何处。江水下冲、潮水上涌，交相侵迫，波涛奔腾而去，暗流翻滚而来，如此循环往复。那浩渺的大海，潮汐来的时候，形状像万匹惊马奔驰，声音像万钧雷霆咆哮。汹涌的波涛随即翻滚而起，海里的船只失去航向无法救援，也不知道船上战士的性命如何得到保障。每每想到楼船上战士的艰苦，我就止不住暗自流泪。不是不想去讨伐吴国，只是不知道时运在哪里，如果计划不成熟而导致失败，恐怕会招致天下人的谴责。即便力量相当的敌国之间相互攻伐，也不知谁胜谁负。况且现在吴国已经有了防备,连那些小城镇也有了保护措施,田野里的粮食已经收割储藏了起来。野外没有了堆积的谷物,我们的军粮就会供应不上,从哪里去取得粮食呢?又怕路上桥梁不通,道路迂回曲折会使运粮的士兵疲惫不堪。我听说先生对于时运交替的规律十分了解,对于天道物理的奥妙研究透彻,我怕兴师动众但劳而无功,所以向先生请教克敌制胜的办法。"

计倪回答说:"这样贸然地去讨伐吴国当然是不可取的。兴兵打仗必须先积蓄粮食、钱币和布匹。如果不先积蓄,碰上战争士兵就会经常挨饿,挨饿就容易伤身体,行动就会迟缓。行动迟缓的士兵不能作战,如果让他们去作战,就会耳朵不灵敏,视力模糊。耳朵听不清,眼睛看不明,这样的队伍就会指挥不灵,该退却的时候就不能摆脱敌人的追击,该进攻的时候又不能冲锋杀敌。饥饿的士兵精神顿失,是不可以驱之作战的。否则,这些士兵会俯伏在弩机上如同正在吃奶的小孩那样没有力气,低着头而内心恐慌。强弩不能拉满,射出去的箭就不能抵挡敌人的进攻。其他的军队看到主力如此弱势,就会像被猎犬追逐的羔羊一样转身逃跑。跑得不快的士兵,跌倒了爬不起来,只好伏在地上等死。跑在前面的刚跌倒,落在后面的已被杀。两军对阵而战,唯独自己遭受上天降下的灾殃。这当然不一定是老天爷要责罚他,将帅兴兵打仗前准备不充分是很重要的原因。大王想兴师征伐吴国已有好几年,如果准备不充分,恐怕一朝国家被灭亡,君位丢失前途渺茫,尸骨抛弃荒野无人收拾。"

5.2 越王曰:"善。请问其方。吾闻先生明于治岁①,万物尽长。欲闻其治术,可以为教常②。子明以告我,寡人弗敢忘。"

计倪对曰:"人之生无几,必先忧积蓄,以备妖祥。凡人生或老或弱,或强或怯,不早备生,不能相葬,王其审之。

必先省赋敛，劝农桑。饥馑在问，或水或塘，因熟积以备四方[3]。师出无时，未知所当。应变而动，随物常羊[4]。卒然有师，彼日以弱，我日以强。得世之和[5]，擅世之阳[6]，王无忽忘。慎无如会稽之饥[7]，不可再更，王其审之。尝言息货[8]，王不听，臣故退而不言，处于吴、楚、越之间，以鱼三邦之利[9]，乃知天下之易反也[10]。臣闻君自耕，夫人自织，此竭于庸力[11]，而不断时与智也。时断则循[12]，智断则备[13]。知此二者，形于体万物之情，短长逆顺，可观而已。臣闻炎帝有天下，以传黄帝。黄帝于是上事天，下治地。故少昊治西方[14]，蚩尤佐之[15]，使主金；玄冥治北方[16]，白辨佐之[17]，使主水；太皞治东方[18]，袁何佐之[19]，使主木；祝融治南方[20]，仆程佐之[21]，使主火；后土治中央[22]，后稷佐之[23]，使主土。并有五方，以为纲纪。是以易地而辅，万物之常[24]。王审用臣之议，大则可以王，小则可以霸，于何有哉？”

【注释】

①治岁：把握一年之中四时交替、阴阳消长的规律。

②教常：可以理解为“执掌教育的人”。常，古旗帜名。古有司常之官。《周礼·春官·司常》：“司常掌九旗之物名。”

③熟积：岁熟（丰收）时积累。四方：东、南、西、北四方。四方配时序四季，春夏秋冬，时序顺则吉，逆则凶。

④常羊：同“徜徉”，逍遥。

⑤和：和顺，指阴阳调和，世间和睦，四时和顺。

⑥阳：指阳九，古代术数家的说法，4617岁为一元，初入元106岁，外有灾岁9，称为阳九，因指灾难之年或厄运。《汉书·食货志》：

“予遭阳九之阸，百六之会，枯旱霜蝗，饥馑荐臻。”

⑦会稽之饥：指前494年春，吴败越，句践困守会稽山事。会稽，山名，即今浙江绍兴东南会稽山。

⑧息货：通过商品交换增加财富。息，利息，此作动词。货，谷钱布帛等用以交换的商品。

⑨鱼：同“渔”，指从事商品交易活动。

⑩反：同“贩”，指贩货贸易活动。

⑪庸力：庸工之力，一个平常人能够完成的工作。

⑫循：遵循规律。

⑬断：决断，决策。

⑭少昊：亦作“少皞”，传说中上古时代活动于黄河下流（今山东曲阜一带）的部落首领，号穷桑氏。

⑮蚩尤：传说中上古时代活动于今山东、河北、河南交界地方的九黎部落酋长，与黄帝决战于涿鹿之野，败，被黄帝杀死。

⑯玄冥：古代水神或雨神，为北方之神。

⑰白辨：传说中北方水神的助手，其事不可考。

⑱太皞：亦作“太昊”。传说中古代东夷族首领。风姓，居于陈。一说即伏羲氏。为东方之神。

⑲袁何：传说中东方木神的助手，其事不可考。

⑳祝融：为传说中楚国君主的祖先，名重黎，高辛氏帝喾的火正（掌火之官），后世祀为火神。

㉑仆程：上古传说中南方火神的助手，其事不可考。

㉒后土：土地神。《淮南子·泛论训》：“禹劳天下，死而为社。”

㉓后稷：名弃。舜时为稷官，主管农事，教民稼穑，为古代周族始祖。

㉔常：规律，法度。

【译文】

越王句践说：“说得太好了！请问具体的治理方法。我听说先生精于研究四时阴阳，擅长对事物规律的把握。想听您谈谈治理的方法，您可以做我的老师。希望您能把这些知识传授给我，我一定不忘您的教诲。”

计倪回答说：“人的一生日子是有限的，必须首先考虑财物的积蓄，以防备灾荒。但凡人生在世，无论年老的年少的，强健的体弱的，生前没有积蓄，死后就无钱下葬，大王应该明白这个道理。首先必须减轻赋税，奖励耕织。饥馑来临，不外水旱，或者疏浚河道以防涝灾的发生，或者筑坝蓄水以防旱灾的来临，在丰年时要注意积累粮食，以防备四时逆乱带来的灾荒。不按时令出兵，违反事物规律，我不知道这是否妥当；按事物的变化规律而行动，这样就可以从容应付各种情况。如果突然发生战争，因为准备充分，敌方的战斗力就会一天天削弱，而我方的士气则会一天天增强。要适应世间万物和达顺畅的变化规律，善于随机应变处理世间各种灾变，大王千万不要忘记。小心不要像当年被困会稽、山上缺粮那样的情况再次发生，希望大王慎重。我曾经建议大王通过转货贸易以增加财富，但您不听从我的建议，我因此离开不再说起这件事，辗转于吴国、楚国、越国三国之间，从事贸易活动以获取利益，于是知道天下从事转货贸易增长财富是容易的。我听说大王您亲自耕种，夫人亲自织布，这不过是尽你一个人的气力而已，而不是依据天时、运用智慧对农事进行计划决策。从天时上决断就是遵循时令自然的规律，从智慧谋略上决断就是在灾害未发生时有所防备。懂得了“时断”与“智断”，就可以根据世间万物的形状来体察它们的情性，财物的多余或短缺，时序的逆乱或和顺，一目了然。我听说炎帝得天下，后来传给了黄帝。黄帝于是虔诚地敬事上天，认真地治理大地。所以派少昊治理西方，叫蚩尤辅佐他，掌管金（秋天）；派玄冥治理北方，白辨辅佐他，掌管水（冬天）；派太皞治理东方，袁何辅佐他，掌管木（春天）；派祝融治理南方，仆程辅佐他，掌管火（夏天）；后土治理中央，后稷辅佐他，掌管土（农事）。共设有这样五个方位，分别掌管春、夏、秋、冬和农事，把它作为治理天下的法则。因此虽然掌管、辅佐有别，但都体现了春生、夏长、秋收、冬藏这万物的自然规律。大王如果认真考虑听从我的意见，从大的方面来说可以称王天下，从小的方面来说可以称霸天下，除此还有什么办法吗？”

5.3 越王曰：“请问其要。”计倪对曰：“太阴三岁处金则穰[①]，三岁处水则毁，三岁处木则康[②]，三岁处火则旱。故散有时积，籴有时领[③]，则决万物不过三岁而发矣。以智论之，以决断之，以道佐之。断长续短，一岁再倍，其次一倍，其次而反。水则资车，旱则资舟，物之理也。天下六岁一穰，六岁一康，凡十二岁一饥，是以民相离也。故圣人早知天地之反[④]，为之预备。故汤之时，比七年旱而民不饥；禹之时，比九年水而民不流。其主能通习源流[⑤]，以任贤使能，则转毂乎千里外，货可来也；不习，则百里之内，不可致也。人主所求，其价十倍；其所择者，则无价矣。夫人主利源流，非必身为之也。视民所不足，及其有余，为之命以利之[⑥]。而来诸侯，守法度，任贤使能，偿其成事，传其验而已。如此，则邦富兵强而不衰矣。群臣无空恭之礼、淫佚之行[⑦]，务有于道术[⑧]。不习源流，又不任贤使能，谏者则诛，则邦贫兵弱；刑繁，则群臣多空恭之礼、淫佚之行矣。夫谀者反有德[⑨]，忠者反有刑，去刑就德，人之情也，邦贫兵弱致乱，虽有圣臣，亦不谏也，务在谀主而已矣。今夫万民有明父母，亦如邦有明主。父母利源流，明其法术，以任贤子，徼成其事而已[⑩]，则家富而不衰矣。不能利源流，又不任贤子；贤子有谏者憎之，如此者，不习于道术也。愈信其意而行其言，后虽有败，不自过也。夫父子之为亲也，非得不谏。谏而不听，家贫致乱，虽有圣子，亦不治也，务在于谀之而已。父子不和，兄弟不调，虽欲富也，必贫而日衰。”

【注释】

①太阴：星名，即木星，亦称为岁星，亦作“太岁”“苍龙”。岁星为农官，因而古人以岁星运行方位、旱晏来占候，预测吉凶、祸福、水旱、饥穰等等。穰：庄稼丰熟。

②康：同“糠”。凶年无谷。《逸周书·谥法解》：“凶年无谷曰糠。”《穀梁传·襄公二十四年》：“四谷不升谓之康。”《尔雅·释天》：“谷不熟为饥，菜不熟为馑。”“康”与“糠”同，亦可与“饥”互解。

③籴有时领：张宗祥注：“‘领’疑当作‘颁’，言聚散均有时也。”颁，赐也，此指散给、散发。

④反：反复。指循环往复。

⑤通习源流：通晓熟悉货物的来龙去脉。源流，指货物的产地来源和需要去向。简言之，即懂得交易生财的道理。

⑥为之命：替他们制订相应的政策。

⑦空恭：虚情假意貌似恭敬。

⑧道术：道理和方法。

⑨德：恩惠。指利益、好处。

⑩徼（yāo）：求取，求成。

【译文】

越王句践说：“请问治理的要点是什么？”计倪回答说：“太阴星处于西方金的三年庄稼就丰熟，处于北方水的三年庄稼就无收成，处于东方木的三年天下就谷物歉收，处于南方火的三年天下就发生旱灾。因此，散发财物时就要时刻考虑到积聚，囤积财物时就要注意到及时散发，那么，决策万物不过三年就可以明白无误了。用智慧来谋划，用意志来决策，再根据阴阳顺逆的规律来办事。按照货物的积储和社会上余缺的情况，多余的可以贱收，短缺的可以贵卖，一年下来好的话能翻上两倍，一般的话也可以翻一倍，最差也能保本。遇到水灾的时候就买进车子储备起来，以备旱灾的到来；遇到旱灾的时候就买进船只储备起来，以备水灾的降临，这就是处理事物的基本道理。天下六年一丰收，六年一饥馑，凡十二年一次大饥荒，所以碰到饥荒之年老百姓就会流离失所。所以圣人能预先知道天地循环往复的规律，事先做好准备。因此在商汤的时候，连续七年旱灾而人民没有饿肚子；在夏禹的时候，连续九年水灾而人民没有流离失所。如果国君能通晓交易生财的道理，而任命贤能的大臣去从事贸易活动，那么即使千里之外的财货，也可以用车子载运回来；不懂得这个道理，那么近在百里之内的财货也不会到来。一般来说，国君亲自去采购所需的物品，商人就会抬高十倍的价格卖给你；如果有所选择的话，那么价格更会高得惊人。所以君主只要让商品渠道畅通即可，不一定要亲自去做交易。只要了解老百姓缺少什么，多出什么，制订合理的交易政策并使交易渠道畅通，然后招徕各国商人来做生意，让他们遵守本国的法令制度，又任命贤能之臣管理交易事宜，对那些守法交易并获得成功的商人给予奖励，并推广他们的成功经验就可以了。这样的话，就会国富兵强、国运长盛不衰了。而这样一来，大臣们就不会去搞那些没有实际意义的繁缛礼节，也不敢有骄奢放纵的行为，而会致力于探求治国安邦的道理和方法。如果国君不懂得交易生财之道，又不任用贤臣能人，还动辄对直言规劝的大臣加以诛戮，那么必然会使国家贫穷、军队积弱；如果刑罚苛繁，那么大臣们就都会去搞那些没有实际意义的繁缛礼节，做骄奢放纵的事了。如果阿谀奉承的反而得到赏赐，忠心为国的反而受到处罚，而逃避刑罚、追求利益，这是人之常情，因此导致国穷兵弱而出现混乱局面；即便有贤明的大臣，也不敢直言劝谏，而是想尽办法讨好主子罢了。如今老百姓家里有聪明的父母，也同国家有贤明的君主一样。父母懂得交易生财之道，指明交易的道理和方法，交给贤能的儿子去做，把生意做好就可以了，那么家庭就会富裕而兴旺了。父母既不懂生财之道，也不让贤能的儿子去做，儿子劝他却讨厌儿子，这样的父母，就是不懂治家的道理和方法。做子女的为了不使父母讨厌自己，于是十分相信父母的想法且按照父母的话去做，后来即使没有把事情办好，也就不是自己的过失了。父子的关系是至亲，所以做儿子的又不得不劝。劝而不听，导致家庭贫困失和，即使有贤明的儿子也不会去专心治家，而是尽力去讨好父母罢了。父子关系不和睦，兄弟关系不协调，即使大家都想发家致富，结果也必定是日益贫穷、败落。”

5.4 越王曰："善。子何年少，于物之长也？"计倪对曰："人固不同。惠种生圣，痴种生狂；桂实生桂，桐实生桐；先生者未必能知，后生者未必不能明。是故圣主置臣不以少长，有道者进，无道者退。愚者日以退，圣者日以长，人主无私，赏者有功。"

越王曰："善。论事若是，其审也。物有妖祥乎？"计倪对曰："有。阴阳万物，各有纪纲。日月、星辰、刑德[①]，变为吉凶；金木水火土更胜[②]，月朔更建[③]，莫主其常。顺之有德，逆之有殃。是故圣人能明其刑而处其乡[④]，从其德而避其衡[⑤]。凡举百事，必顺天地四时，参以阴阳。用之不审，举事有殃。人生不如卧之顷也，欲变天地之常，数发无道，故贫而命不长。是圣人并苞而阴行之，以感愚夫。众人容容，尽欲富贵，莫知其乡[⑥]。"

越王曰："善，请问其方。"计倪对曰："从寅至未，阳也[⑦]。太阴在阳，岁德在阴，岁美在是[⑧]。圣人动而应之，制其收发。常以太阴在阴而发，阴且尽之岁，亟卖六畜货财，以益收五谷，以应阳之至也；阳且尽之岁，亟发籴，以收田宅、牛马、积敛货财，聚棺木，以应阴之至也。此皆十倍者也，其次五倍。天有时而散[9]，是故圣人反其刑[10]，顺其衡[11]，收聚而不散。”

【注释】

①刑德：列于西方七神，即“刑、德、小岁、斗𣪠、太一、大阴、大阳”（《马王堆帛书》），与前“去刑就德”所指人事不同，此指时日阴阳运行、向背。古人将周天分为东、东南、南、西南、西、西北、北、东北、中九宫，以刑、德的移宫，借以干支，配以阴阳五行，来推演时日，占卜吉凶。是古代重要的数术（占星术）之一。

②金木水火土更胜：我国古代思想家把金、木、水、火、土五种物质（并非指五种物质本身）作为构成万物的元素，配以阴阳，以其相生相克，来说明世界万物的起源及其运动变化规律。而成为一种学说，即“阴阳五行说”。它具有朴素唯物主义和辩证法因素，也有神学迷信成分。更，交替。胜，克。

③月朔更建：旧月结束，新月开始，交替轮回，周而复始。朔，夏历每月初一。建，北斗的斗柄所指曰建。斗柄旋转所指之十二辰方位，即把子、丑、寅、卯等十二支和十二个月份相配，夏历以十一月配子，称为建子之月，以此类推。

④乡：通“向”，方位，位置。

⑤从：同“纵”，指顺。衡：横，指不顺。

⑥乡：通“向”，方位，位置。此指方法。

⑦从寅至未，阳也：按夏历正月为建寅之月，未为六月。古人以为，正月阳气发生，万物承阳起，二月阳气推万物而起，至六月阳气达到极盛；七月之后阴气发生，阳气由盛而衰，至十二月阴气达到极盛，往复轮回。这里用以天象纪年即星岁纪年（岁星十二次纪年和太岁十二辰纪年）。

⑧“太阴”数句：古人将黄道附近一周天分为十二等分，配以十二地支，因有太阴（太岁，岁阴）十二辰和岁星十二次的概念，十二年而一周天。太岁十二辰的运行由东向西和岁星十二次的运行由西向东，方向正好相反。古人叫做“左行”“右转”。故《史记·天官书》有“以摄提格岁：岁阴左行在寅，岁星右转居丑”。此句，太阴在阳，即太阴在寅、卯、辰、巳、午、未；岁德在阴，即岁星在丑、子、亥、戌、酉、申，此时“岁美”，反之为“岁恶”。

⑨散：指岁星之精散。岁星有盈缩，有聚散，聚为吉，散为凶。

⑩反：逆，相反，即“反其道而行之”义。刑：刑神，指凶年。

⑪衡：疑为“德”之讹。德神，指丰年。

【译文】

越王句践说：“说得好啊！你年纪这么轻，为什么对于事物的研究却如此透彻呢？”计倪回答说：“人与人本来就不一样。聪明的父母生出圣明的儿子，痴呆的父母生出愚狂的儿子；桂树的种子长成桂树，桐树的种子长成桐树。年纪大的人对于世事未必能够全知，年纪轻的人对于世事未必都不清楚。因此圣明的君主选择臣子安排职位，不会凭年龄的大小，有德有能的重用，无德无能的黜退。这样一来，身边愚蠢的人就会一天天减少，圣明的人就会一天天多起来，只要君主没有偏心，受到赏赐的就一定是有功的人。”

越王句践说：“说得好！像你这样论述事情，听来就明白了。请问世间万物有凶兆和吉兆吗？”计倪回答说：“有啊！天地万物，都有它的法则。日月、星辰、刑德因运动变化而产生吉或者凶；金、木、水、火、土五行相生相克，旧月结束，新月开始，交替轮回，周而复始，没有人能主宰它们的运行规律。顺应自然规律的就会得到上天的恩赐，违反自然规律的就会招致灾难的发生。所以圣人能够明察刑神移徙并正确辨别它的方位，顺从德神移徙而避免因它运行不顺而带来的灾殃。凡是做任何事情，必须顺应天地四时的运行规律，又用阴阳变化作为比较考察的依据。如果不顺应天地四时的运行规律，又对阴阳变化不作详细考察，做任何事情都不会成功。人的一生并不像睡觉那样在片刻之间安然无恙，想要改变天地的常规，并且经常发生违背天意的举动，所以一生贫穷而且不长命。只有圣人能顺应天道的顺逆并默默地按照天意行事，推行教化来感化愚昧的人。而一般的人总是随众附和，都想获得荣华富贵，但没有谁知道获得荣华富贵的方法。”

越王句践说：“说得太好了！请问有什么具体的方法吗？”计倪回答说：“按照十二辰方位，太岁运行从寅位起到未位的六年属于阳。太岁运行在阳，那么按照十二次方位岁星运行在阴，这几年年景一定好。圣人于是采取行动来应对阴阳的变化，制定粮食的买卖计划。通常以太岁在阴的年份安排收、发事宜，阴将尽的时候，赶紧卖出各种牲畜和其他货物，来大量收购粮食，以应对阳的到来；阳将尽的时候，赶紧卖出粮食来收购田地、房屋、牲畜，积蓄货物钱财，购进棺木，以应对阴的到来。这样做的话可以获得十倍的盈利，少说也有五倍的盈利。天会有规律地进行阴阳转换，所以圣人会根据阴阳转换来做规划，凶年一反常规出粜粮食而收购货物，丰年顺势收购粮食而出卖货物，这样总能因收聚粮食或货物而获得利益。

5.5 越王曰：“善。今岁比熟[①]，尚有贫乞者，何也？”计倪对曰：“是故不等，犹同母之人，异父之子，动作不同术，贫富故不等。如此者，积负于人，不能救其前后。志意侵下[②]，作务日给[③]，非有道术，又无上赐，贫乞故长久。”

越王曰：“善。大夫佚同、若成[④]，尝与孤议于会稽石室，孤非其言也。今大夫言独与孤比，请遂受教焉。”计倪曰：“籴石二十则伤农，九十则病末[⑤]。农伤则草木不辟，末病则货不出。故籴高不过八十，下不过三十，农末俱利矣。故古之治邦者本之，货物官市开而至。”越王曰：“善。”计倪乃传其教而图之，曰：“审金木水火，别阴阳之明，用此不患无功。”越王曰：“善。从今以来，传之后世以为教。”

乃著其法，治牧江南，七年而禽吴也⑥。甲货之户曰粢⑦，为上物，贾七十⑧。乙货之户曰黍，为中物，石六十。丙货之户曰赤豆，为下物，石五十。丁货之户曰稻粟，令为上种，石四十。戊货之户曰麦，为中物，石三十。己货之户曰大豆，为下物，石二十。庚货之户曰穬⑨，比疏食⑩，故无贾。辛货之户曰菓⑪，比疏食，无贾。壬癸无货。

【注释】

①比熟：连年丰收。比，连续。

②侵下：消沉。侵，侵蚀。

③作务：工作，做事情。给：供给。

④佚同、若成：越国大夫。《吴越春秋》作“扶同”“苦成”。

⑤末：商业。古代中国谓农业为本业，商业为末业。

⑥禽：同“擒”。此指消灭。

⑦户：名称。粢（zī）：稷，粟米。

⑧贾：同“价”。

⑨穬（kuàng）：有芒的谷物。张宗祥注：“穬，《说文》云：芒粟。”

⑩疏食：粗食。疏，通“蔬”。

⑪菓：同“果”。

【译文】

越王句践说：“说得好。但今年又获丰收，还有贫穷乞讨的人，这是为什么呢？”计倪回答说：“这原本就有差别，好像同母异父所生的儿子，他们谋生的方式各不相同，所以贫富也就不一样。贫穷的人由于积累比别人少，顾得了眼前顾不了日后，因此意志日渐消沉，做事只是为了获得每天的口粮，既没有谋生的手段，又得不到官府的赏赐，所以只好长期贫穷而乞讨过日子。”

越王句践说：“说得有道理。大夫佚同和若成曾经就此问题和我在会稽山石室谈论过，我不同意他们的看法。只有今天你的话跟我的看法一致，请你进一步给予指教。”计倪说：“收购粮食每石二十钱就会伤害农民的利益，九十钱就会损害商人的利益。农民的利益受到伤害，就会失去垦荒种粮的积极性；商人无利可图，货物就会囤积而不流通。所以收购粮食的最高价不得超过每石八十钱，最低价不得低于每石三十钱，这样农民和商人都能获利。所以古代治国的人把它作为原则，各种货物只要市场一开业，就会蜂拥而来。”越王句践说：“如此真是太好了！”计倪于是传授他的方法并列为图表，对越王说：“只要能明白金、木、水、火、土的相生相克，辨别阴阳的此消彼长，再根据我的方法和图表去做，就不必担心没有功效。”越王句践说：“好！从今以后，要把它作为教材传之于后世。”

于是越王句践推行计倪的方法，治理越国，经过七年的努力终于灭掉了吴国。甲类货品名叫粢，属于上上等货，每石价七十钱。乙类货品名叫黍，属于上中等货，每石价六十钱。丙类货品名叫赤豆，是上下等货，每石价五十钱。丁类货品名叫稻谷，命令作为中上等货，每石价四十钱。戊类货品名叫麦，属于中中等货，每石价三十钱。己类货品名叫大豆，属于中下等货，每石价二十钱。庚类货品名叫穬，同蔬菜，不定价。辛类货品名叫果，同蔬菜，不定价。壬类、癸类货空缺。

第五卷

越绝请籴内传第六

【题解】

“请籴”是文种“伐吴九术”中的第三术：“贵籴粟槁，以空其邦（见《内经九术》）。”是越王句践质吴三年返国之后与吴“交锋”的第一个回合，借以试探吴国君臣对越国的态度。文中又与第七术“强其谏臣，使之自杀”连用。

吴国君臣对越国的“请籴”，是肯还是不肯，这跟当年句践兵败求和，是许还是不许一样，形成了两种不同意见，造成了对立冲突，导致产生了不可调和的矛盾，使得越王句践的阴谋得逞：得粟且又离间了吴国君臣。

伍子胥的被杀，是吴国的悲剧。对越王的“请籴”阴谋，伍子胥有着清醒的认识，他认为“越王之谋，非有忠素。请籴也，将以此试我，以此卜要君王，以求益亲，安君王之志”，“狼子野心、仇雠之人，不可亲也”，显示了他的深谋远虑和洞察力。吴王夫差的自大愚昧和沽名钓誉，听信伯嚭、逢同等的谗言，视敌为友，杀害忠良，把吴国推向了灭亡。这里说明了一个道理：国之兴亡，在于用人。作为君主，必须“亲贤臣，远小人”。

6.1 昔者，越王句践与吴王夫差战，大败，保栖于会稽山上，乃使大夫种求行成于吴[①]。吴许之。越王去会稽，入官于吴[②]。三年，吴王归之。大夫种始谋曰：“昔者吴夫差不顾义而媿吾王[3]。种观夫吴甚富而财有余，其刑繁法逆[4]；民习于战守，莫不知也；其大臣好相伤，莫能信也；其德衰而民好负善。且夫吴王又喜安佚而不听谏，细诬而寡智[5]，信谗谀而远士，数伤人而亟亡之[6]，少明而不信人，希须臾之名而不顾后患。君王盍少求卜焉[7]？"越王曰："善。卜之道何若？"大夫种对曰："君王卑身重礼，以素忠为信[8]，以请籴于吴，天若弃之，吴必许诺。"

【注释】

①"昔者"数句：时在公元前494年春。见《左传·哀公元年》。栖，鸟巢于林。此指山居。行成，求和。

②入官于吴：官，当为"宦"之误。《国语·越语下》作"入宦于吴"。韦昭注："宦，为臣隶也。"

③媿：惭愧。

④法逆：法乱。逆，乱。

⑤细诬：琐碎而无实话。诬，欺骗。

⑥亟：屡次。亡：通"忘"。

⑦盍：何不。卜：试探。

⑧素：通"愫"，诚心，真情。信：诚信，诚实。

【译文】

从前，越王句践与吴王夫差交战，被吴王夫差打败，退守到会稽山上，便派大夫文种到吴国求和。吴王答应了越国的求和请求。越王句践离开会稽山到吴国去服劳役。第三年，吴王把他释放回国。大夫文种开始向越王句践献计，说："过去吴王夫差不顾信义，羞辱了大王您。我发现吴国很富裕，财货非常充足，但刑罚苛繁法制混乱；老百姓经常进行作战演习，谁都知道这是被迫的；大臣之间喜欢相互中伤，彼此之间互不信任；社会上道德风气衰败，民众往往背弃道义。况且吴王夫差又贪图安乐淫逸而不听贤臣的劝告，为人琐碎而不讲实话，又缺少智谋，亲近阿谀奉承的小人而疏远直言敢谏的贤士，经常伤害别人而又屡屡遗忘，缺乏自知之明而又不相信别人，贪图片刻的虚名而不顾无穷的后患。大王何不去试探他一下呢？”越王句践说：“好！可是用什么办法去试探呢？”大夫文种回答说：“大王降低身份以臣子的礼节去晋见吴王，倾诉衷情以表示您的诚实，向吴王请求购买粮食，如果上天抛弃了吴国，吴王就一定会答应你的请求。”

6.2 于是乃卑身重礼，以素忠为信，以请于吴。将与，申胥进谏曰[①]：“不可。夫王与越也，接地邻境，道径通达，仇雠敌战之邦；三江环之[②]，其民无所移，非吴有越，越必有吴。且夫君王兼利而弗取，输之粟与财，财去而凶来，凶来而民怨其上，是养寇而贫邦家也。与之不为德，不若止。且越王有智臣曰范蠡，勇而善谋，将修士卒[③]，饰战具，以伺吾间也[④]。胥闻之，夫越王之谋，非有忠素。请籴也，将以此试我，以此卜要君王[⑤]，以求益亲，安君王之志。我君王不知省也而救之，是越之福也。”吴王曰：“我卑服越，有其社稷。句践既服为臣，为我驾舍，却行马前[⑥]，诸侯莫不闻知。今以越之饥，吾与之食，我知句践必不敢。”申胥曰：“越无罪，吾君王急之[⑦]，不遂绝其命，又听其言，此天之所反也。忠谏者逆，而谀谏者反亲。今狐雉之戏也，狐体卑而雉惧之。夫兽虫尚以诈相就，而况于人乎！”吴王曰：“越王句践有急，而寡人与之，其德章而未靡[⑧]，句践其敢与诸侯反我乎？”申胥曰：“臣闻圣人有急，则不羞为人臣仆，而志气见人。今越王为吾浦伏约辞[⑨],服为臣下,其执礼过,吾君不知省也而已,故胜威之。臣闻狼子野心、仇雠之人,不可亲也。夫鼠忘壁,壁不忘鼠,今越人不忘吴矣!胥闻之,拂胜[⑩],则社稷固;谀胜,则社稷危。胥,先王之老臣,不忠不信,则不得为先王之老臣。君王胡不览观夫武王之伐纣也?今不出数年,鹿豕游于姑胥之台矣。"

【注释】

①申胥:即伍子胥。张宗祥注:"《国语疏》:'员奔吴,吴与之申地,故曰申胥。'"

②三江:松江、钱塘江、浦阳江。

③修士卒:整顿军队。

④伺吾间:意思是窥伺我方情况,以便有机可乘。伺,侦候,探察。间,缝隙,空隙。

⑤卜:探测。要:求取,有求得了解的意思。

⑥为我驾舍,却行马前:《国语·越语》作"其身亲为夫差前马"。即充当马前卒。驾舍,驾车。却,意同"趋"。

⑦急:逼。

⑧章:明显,显著。靡:灭。

⑨浦伏:匍匐。约辞:指少言语,唯唯而已,以示恭敬。约,简约。

⑩拂:通"弼",辅弼。指忠言敢谏之臣。

【译文】

于是越王句践便以臣子的礼节去晋见吴王,真心诚意地把越国情况告诉吴王,向吴王请求购买粮食。吴王将要答应把粮食卖给越国,伍子胥劝阻说:"不行啊!吴国和越国,土地相接,边境相邻,道路相通,又是相互仇视、相互攻伐的两个国家;三条大江环绕着,老百姓无法向外迁移，不是吴国兼并越国，就是越国吞并吴国。况且当年大王完全可以兼并越国但没有兼并，现在却要把粮食和财物输送给越国，我认为，粮食和财物送去了，灾祸就要来临了，灾祸一来民众就会埋怨大王您，这叫养肥了仇敌而使自己的国家贫穷了。给了他们粮食，他们也不会感谢您的恩德，不如不给。况且越王句践有一个谋士叫范蠡，为人勇敢又精于谋略，将要整顿军队，修理武器，随时在窥视我们的情况，伺机报复。我认为，这是越王的阴谋，并不是他的真心诚意。名义上是请求购买粮食，而实际上是试探我们，是用这种方法来试探大王对越国的态度，目的是为了更加亲近您，以安定您的心，使您放松对他的警惕。大王如果不加考察地去救援他们，这将是越国的福分。”吴王夫差说：“我降服了越国，占有了他们的国土，句践已经服服帖帖地成为我的臣仆。他曾经替我养马驾车，在我出行时充当马前卒，天下诸侯没有不知道的。现在因为越国闹饥荒，我才给他们粮食，我知道句践一定不敢耍阴谋。”伍子胥说：“当年越国并没有大罪，而大王却逼得他们屈辱求和，那时没有当即把它灭了，又许诺了他们的求和请求，这已经是违反天意了。忠心劝告的话往往难听，而阿谀奉承的话听起来反而感到很亲切。譬如狐狸和野鸡在一起游戏，当狐狸装出低声下气、逢迎讨好样子的时候，野鸡就会警惕它。野兽虫豸之类尚且使用诈术取得信任接近，何况在人与人之间呢？”吴王夫差说：“越王句践碰到急难，我给他粮食帮他解决困难，我的恩德得以显彰于世，句践难道还敢跟诸侯一起反对我吗？”伍子胥说：“我听说圣人碰到急难，就不以做别人的臣仆为羞耻，但其理想气概往往能被人们发现。现在越王句践为了取得我们的信任，不惜卑躬屈膝，唯唯诺诺，服服帖帖地甘做臣仆，他所行的礼节实在是有些过分，大王是没有看出他的真实用意罢了，而以为是胜利者的气势使他敬畏如此。我听说狼子野心、心怀仇恨的人是不可以亲近的。譬如老鼠打洞把墙壁损毁，过后就忘记了，但墙壁却不会忘记老鼠对自己造成的损害，越国君臣是不可能忘记吴国对他们的伤害的！我听说，听直言敢谏者的话国家就会稳固，听阿谀奉承者的话国家就会危险。我伍子胥，是先王的老臣，如果不忠心不诚实，就没有资格作先王的老臣。大王怎么不看一看周武王讨伐殷纣王的故事呢？现在如果放松警惕，不出几年，鹿和野猪就要出没在姑胥台上了。”

6.3 太宰嚭从旁对曰：“武王非纣臣耶？率诸侯以杀其君，虽胜，可谓义乎？”申胥曰：“武王则已成名矣。”太宰嚭曰：“亲僇主成名[①]，弗忍行。”申胥曰：“美恶相入，或甚美以亡，或甚恶以昌，故在前世矣。嚭何惑吾君王也？”太宰嚭曰：“申胥为人臣也，辨其君何必翙翙乎[②]？”申胥曰：“太宰嚭面谀以求亲，乘吾君王，币帛以求，威诸侯以成富焉。今我以忠辨吾君王，譬浴婴儿，虽啼勿听，彼将有厚利。嚭无乃谀吾君王之欲，而不顾后患乎？”吴王曰：“嚭止。子无乃向寡人之欲乎？此非忠臣之道。”太宰嚭曰：“臣闻春日将至，百草从时。君王动大事，群臣竭力以佐谋。”

因逊遯之舍[③]，使人微告申胥于吴王曰：“申胥进谏，外貌类亲，中情甚疏，类有外心。君王常亲睹其言也，胥则无父子之亲、君臣之施矣[④]。”吴王曰：“夫申胥，先王之忠臣，天下之健士也。胥殆不然乎哉！子毋以事相差，毋以私相伤，以动寡人，此非子所能行也。”太宰嚭对曰：“臣闻父子之亲，张户别居，赠臣妾、马牛，其志加亲；若不与一钱，其志斯疏。父子之亲犹然，而况于士乎？且有知不竭[⑤]，是不忠；竭而顾难，是不勇；下而令上，是无法。”

吴王乃听太宰嚭之言，果与粟。申胥逊遯之舍，叹曰：“於乎嗟！君王不图社稷之危，而听一日之说。弗对，以斥伤大臣,而王用之。不听辅弼之臣,而信谗谀容身之徒[⑥],是命短矣[⑦]! 以为不信,胥愿廓目于邦门[⑧],以观吴邦之大败也。越人之入,我王亲所禽哉[⑨]!"

【注释】

①僇:通"戮"。

②辨:劝谏。翙翙(huì):鸟飞声。此有"喋喋不休"的意思。张宗祥注:"翙翙,多也,羽声也。见《诗·小雅》传及笺。此指胥言之多。"

③逊遯:退避。遯,同"遁"。

④胥则无父子之亲、君臣之施:此暗指伍子胥不顾父兄罹难独自出逃、后来伐楚鞭笞楚平王尸之事。施,恩谊。

⑤知:同"智"。

⑥谗谀容身:靠诋毁人、奉承人为进阶的手段。容身,存身,安身。

⑦是命短矣:《国语·吴语》作"是吴命之短也"。句中疑脱"吴"字。

⑧廓目于邦门:《史记·吴太伯世家》作"抉吾眼置之吴东门"。《吴越春秋·夫差内传》作"挂吾目于门"。廓目,张目,张大眼睛。廓,同"扩",张大,张开。邦门,国门,指城门。

⑨越人之入,我王亲所禽哉:此句疑为错简,当移至"是命短矣"句下。禽,同"擒"。

【译文】

太宰伯嚭在旁边插嘴说:"周武王当时不是商纣王的臣子吗? 他率领诸侯杀了自己的君主,虽然胜利了,但这能说是合乎道义的吗?"伍子胥说:"周武王却因此成就了功名。"太宰伯嚭说:"杀死自己的君主来成就功名,我不忍心干这种事。"伍子胥说:"美和恶之间是相互关联的,有的很美好的东西却遭到毁灭,有的很丑恶的东西却非常昌盛,这些都是过去的事情。伯嚭何必用这些陈旧之事来蛊惑大王呢?"太宰伯嚭说:"子胥作为臣子,劝谏君主何必说这么多难听的话?"伍子胥说:"太宰伯嚭,你当面恭维以取得君王对你的信任，是想利用君王，来达到你的贪欲，你甚至借君王之势威胁诸侯，接受贿赂来发家致富。现在我凭我的忠诚劝谏君王，对于越国的请求，譬如给婴儿洗澡，即使他哭闹也不要去理他，否则越王将会得到很大的好处。伯嚭，你难道为了迎合君王的意思，就连国家的后患都不顾了吗？”吴王夫差说：“伯嚭别说了。你恐怕是为了迎合我的心意吧？这不是忠臣的道德。”太宰伯嚭说：“我听说春天将要到来之时，百草会顺应时令生长。君王将要兴大事，群臣就会竭尽全力来帮助君王出谋划策。”

伯嚭于是退朝回家，派人向吴王诬告伍子胥，说：“伍子胥向您劝谏，表面上看来似乎很亲近，其实内心对您十分疏远，好像有背叛您的意图。大王曾目睹他的一言一行，子胥本来就没有父子的亲情、君臣的恩谊。”吴王夫差说：“伍子胥是先王的忠臣，是天下最为刚烈勇敢的人。伍子胥恐怕不是你所说的这种人吧！你不要用某事来攻击他，更不要因私怨来伤害他，以动摇我对他的信任，这不是你能够办得到的。”太宰伯嚭回话说：“我听说，即便父子这样的亲情，儿子另立门户之后，你如果常送些奴仆牛马之类的给他，他内心就会感激你，更加亲近你；如果一个子儿也不给他，那他心里就会不满，从此疏远你。父子之间尚且如此，何况君臣之间呢？而且做臣子的有智慧却不肯全部献出来，这表明他不够忠心；智慧虽然都献出来了，但派他做事又畏首畏尾，这表明他不够勇敢；身为臣子却对君王指手画脚，这说明他目无法纪。”

吴王夫差于是听从伯嚭的话，果然把粮食卖给了越国。伍子胥回到家里，叹了一口气说：“可悲啊！君王不考虑国家的安危，而听信句践的花言巧语。大臣劝谏不合心意就加以训斥伤害，君王总是这样刚愎自用。不听从忠臣的劝告而相信那些谄媚逢迎为能事的家伙，看来是吴国的命运不长了！越国军队将要攻入我国，我们的君王也将要成为俘虏了！如果认为我在说假话，我愿意将我的眼睛张大挂在城门上，以便日后看到吴国惨败的情形。”

6.4 太宰嚭之交逢同[①]，谓太宰嚭曰："子难人申胥[②]，请为卜焉[③]。"因往见申胥，胥方与被离坐[④]。申胥谓逢同曰："子事太宰嚭，又不图邦权而惑吾君王，君王之不省也，而听众彘之言。君王忘邦，嚭之罪也！亡日不久也！"逢同出，造太宰嚭曰："今日为子卜于申胥，胥诽谤其君：不用胥，则无后[⑤]。而君王觉而遇矣[⑥]。"谓太宰嚭曰："子勉事后矣。吴王之情在子乎？"太宰嚭曰："智之所生，不在贵贱长少，此相与之道。"

逢同出，见吴王，惭然有忧色。逢同垂泣不对[⑦]。吴王曰："夫嚭，我之忠臣，子为寡人游目长耳[⑧]，将谁怨乎？"逢同对曰："臣有患也。臣言而君行之，则无后忧。若君王弗行，臣言而死矣！"王曰："子言，寡人听之。"逢同曰："今日往见申胥，申胥与被离坐，其谋惭然，类欲有害我君王。今申胥进谏类忠，然中情至恶，内其身而心野狼[⑨]。君王亲之不亲？逐之不逐？亲之乎？彼圣人也，将更然有怨心不已。逐之乎？彼贤人也，知能害我君王[⑩]。杀之为乎？可杀之，亦必有以也[⑪]。"吴王曰："今图申胥，将何以？"逢同对曰："君王兴兵伐齐，申胥必谏曰不可；王无听而伐齐，必大克，乃可图之。"

【注释】

①交：朋友。逢同：吴大夫。

②难人：仇人。"难"疑为"雠"之讹。

③卜：试探，刺探。

④被离：吴大夫。

⑤无后：即亡国。

⑥遇：合，投合。此指礼待、重用。

⑦逢同垂泣不对：疑句前有缺文。

⑧游目长耳：打探消息。

⑨内其身而心野狼：貌似亲近但有野心。内，亲近。

⑩知：同“智”。

⑪亦必有以也：也要找出可杀的理由。有以，有……的理由。

【译文】

太宰伯嚭的朋友逢同对伯嚭说：“你的仇人伍子胥现在不知道在做什么，让我替你去摸一下情况吧。”于是他去拜访伍子胥。伍子胥正和朋友被离坐着聊天，见逢同到来，就对他说：“你跟随太宰伯嚭，不顾国家利益，千方百计蛊惑我们的君王，偏偏君王又不省悟，能听信你们这群猪猡的话。君王不顾政事，忘记国家安危，这都是伯嚭的罪孽！亡国的日子不远了！”逢同从伍子胥家出来，到了伯嚭家，对伯嚭说：“我今天替你到伍子胥那里打探了一下，伍子胥诽谤君王，说君王不重用他，不听他的话就要亡国。如果君王省悟而重用他，事情就难办了。”又对太宰伯嚭说：“你还是尽力去准备退路吧。你估计吴王的感情真的倾向于你吗？”太宰伯嚭说：“遇事生智，随机应变，不在于地位的高低、年龄的大小，这就是处理君臣关系的要领。”

逢同从伯嚭家出来，去见吴王夫差，见到吴王表现出满脸忧戚的样子。吴王问他为什么满脸愁容，逢同只是低头抽泣不说话。吴王说：“伯嚭是我的忠臣，你替我去打听一下，到底是谁在怨恨他？”逢同回答说：“是我自己有忧患啊。我说出来，如果大王能照我的话去做，我就会没有后患；如果大王不能照我的话去做，我说了后就只有死路一条啦！”吴王说：“你说吧，我听你的。”逢同说：“我今天去见伍子胥，伍子胥正与被离在一起，他们因有不可告人的图谋而表露出羞愧的样子，好像有危害大王的心思。如今伍子胥劝谏你似乎很忠诚，但其实用心险恶，貌似亲近但存狼子野心。这样的人，大王您是亲信他还是不亲信他？是赶走他还是不赶走他？亲信他吗？他是圣人，你如果仍然不听他的，他就会更加对你怨恨不已。赶走他吗？他是贤能之人，如果让他到了别国，他的智慧足可以对大王造成危害。杀了他吗？可以杀了他，但必须有可杀的理由。”吴王夫差说：“现在要想除掉伍子胥，该用什么理由呢？”逢同回答说：“大王可以兴师讨伐齐国，伍子胥一定会来劝阻你说‘不行’，大王不要听他的劝阻而坚持讨伐齐国，一定能大胜齐国，然后就可以杀了他。”

6.5 于是吴王欲伐齐。召申胥，对曰：“臣老矣，耳无闻，目无见，不可与谋。”吴王召太宰嚭而谋，嚭曰：“善哉！王兴师伐齐也。越在我犹疥癣①，是无能为也。”吴王复召申胥而谋，申胥曰：“臣老矣，不可与谋。”吴王请申胥谋者三，对曰：“臣闻愚夫之言，圣主择焉。胥闻越王句践罢吴之年②，宫有五灶，食不重味③；省妻妾，不别所爱；妻操斗④，身操概⑤，自量而食，适饥不费⑥，是人不死，必为国害！越王句践食不杀而餍，衣服纯素，不袀不玄⑦，带剑以布，是人不死，必为大故⑧；越王句践寝不安席，食不求饱，而善贵有道，是人不死，必为邦宝；越王句践衣弊而不衣新，行庆赏，不刑戮，是人不死，必成其名。越在我，犹心腹有积聚，不发则无伤，动作者有死亡⑨。欲释齐，以越为忧。”吴王不听，果兴师伐齐⑩，大克。还，以申胥为不忠，赐剑杀申胥，髡被离⑪。

【注释】

①疥癣：两种皮肤病。此比喻危害尚轻的祸患。

②罢吴：被吴国释放。罢，无罪释放。

③重：多。《荀子·富国》：“重色而衣之，重味而食之。”

④斗：量米麦的器具，方形。

⑤身：亲自。概：古代量米麦时刮平斗斛的器具。

⑥适：恰好。

⑦袀（jūn）：黑衣。玄：黑色带紫。此指黑色带紫的衣服。

⑧大故：指祸害。故，变故。

⑨动作者有死亡："者"疑为"则"之讹。

⑩吴王不听，果兴师伐齐：事在前484年五月，吴败齐师于艾陵。

⑪髡（kūn）：古代一种剃去头发的刑罚。

【译文】

于是吴王夫差决定讨伐齐国。他叫来伍子胥商议，伍子胥推托说："我已经老了，耳朵听不见了，眼睛看不清了，不能参与谋划国事了。"吴王召见太宰伯嚭商议，伯嚭说："大王兴师讨伐齐国，真是太好了！越国的事对我们来说，就好比身上生了一颗小疥疮，是不会造成危害的。"吴王再次召见伍子胥商议，伍子胥说："我已经老了，无法参与谋划了。"吴王再三请伍子胥商量讨伐齐国的事，伍子胥见推不过便说："我听说即便愚笨的人说的话，圣明的君主也有可以采纳的地方。我听说越王句践被吴国释放之后，宫里有五座炉灶，但吃得却很单调；遣散宫中的妃子，除王后外不去爱另外的女子；每次做饭，总是王后拿斗，自己拿刮板，定量做饭，刚够填充肚子，一点也不浪费。这个人如果不死，一定是吴国的祸害！越王句践吃饭没有荤菜就已经满足，穿的衣服是未经染色的粗布，不穿有颜色的衣服，系宝剑的带子也是用粗布做的。这个人如果不死，一定会给吴国带来大麻烦。越王句践晚上睡觉不放置枕席，白天吃饭也不求吃得太饱，但他善于注意自己的道德修养。这个人如果不死，一定会成为刻苦自励、振兴越国的榜样。越王句践常常穿着旧衣服而不添新衣服，对臣民却是从不吝啬，常常为他们庆功，给他们赏赐，不使用刑罚，不随便杀戮。这个人如果不死，一定会成就他的霸名。越国对我们来说，譬如心腹有疾患，不发作就不会伤害你，一旦发作就会要了你的命。希望大王放弃讨伐齐国的计划，而把越国作为大患。”吴王不听，竟按计划出兵讨伐齐国，打了个大胜仗。回来后，吴王夫差认为伍子胥对国家不忠诚，给了他一把剑叫他自杀，给被离一个髡刑的处罚。

6.6 申胥且死，曰：“昔者桀杀关龙逢[①]，纣杀王子比干。今吴杀臣，参桀纣而显吴邦之亡也[②]。”王孙骆闻之[③]，旦即不朝。王召骆而问之：“子何非寡人而旦不朝？”王孙骆对曰：“臣不敢有非，臣恐矣。”吴王曰：“子何恐？以吾杀胥为重乎？”王孙骆对曰：“君王气高胥之下位而杀之[④]，不与群臣谋之，臣是以恐矣。”王曰：“我非听子而杀胥[⑤]，胥乃图谋寡人。”王孙骆曰：“臣闻君人者，必有敢言之臣；在上位者，必有敢言之士。如是，即虑日益进而智益生矣。胥，先王之老臣，不忠不信，不得为先王臣矣。”王意欲杀太宰嚭，王孙骆对曰：“不可。王若杀之，是杀二胥矣。”吴王近骆如故。

太宰嚭又曰：“图越，虽以我邦为事，王无忧。”王曰：“寡人属子邦[⑥]，请早暮无时。”太宰嚭对曰：“臣闻驷马方驰[⑦]，惊前者斩，其数必正[⑧]。若是，越难成矣。”王曰：“子制之，断之。”

【注释】

①关龙逢：桀之臣，因劝谏而被杀。一作“龙逢”。

②参：参照，参验。

③王孙骆：吴臣。《史记·越王句践世家》作“公孙雄”，《吕氏春秋·仲春纪·当染》作“王孙雄”，《吴越春秋》作“王孙骆”。

④君王气高胥之下位而杀之：意思是君王你觉得伍子胥位在臣下却

盛气凌人，特别生气，所以杀了他。气，生气，恨。高，作动词。

⑤非听子而杀胥：《吴越春秋》作“非听宰嚭以杀子胥”。“子”当为“嚭”。

⑥属（zhǔ）：托付。

⑦驷：古代四马驾一车。亦指一乘。

⑧正：端正，即纠正其扰乱行为。

【译文】

伍子胥将要自杀的时候，说：“从前夏桀杀了忠臣关龙逢，殷纣杀了王子比干。现在吴王夫差杀我，他的残暴与桀、纣无异，表明吴国将要灭亡了。”王孙骆听到伍子胥被杀，第二天早晨就不去上朝。吴王夫差派人把王孙骆叫来，问他：“你对我有什么不满而不来上早朝？”王孙骆回答说：“我不敢对你有什么不满，我是恐惧啊！”吴王说：“你为什么要恐惧呢？你是不是认为我杀伍子胥太过分了？”王孙骆回答说：“君王您觉得伍子胥位在臣下却盛气凌人，所以特别生气，不跟群臣商量一下就杀了他，我所以感到特别恐惧。”吴王说：“我并不是听了伯嚭的话就杀了伍子胥，其实是伍子胥有害我的图谋。”王孙骆说：“我听说做君主的，一定要有敢于直言的佐臣，居高位的一定要有敢于直言的家臣。这样的话，他考虑问题就会日益周全，智慧也会一天天增长。伍子胥是先王的老臣，如果他不忠心不诚实，就不能够成为先王的佐臣了。”听了王孙骆的一番话，吴王夫差有想杀掉伯嚭的意思，王孙骆立即表示反对，说：“不能杀！大王如果杀了他，就等于杀了两个伍子胥。”吴王夫差仍像过去那样亲信王孙骆。

太宰伯嚭又对吴王说：“估计越国虽然把报复吴国作为他们的大事，但大王不必担忧。”吴王说：“我把国家托付给了你，就请你早晚随时小心在意。”太宰伯嚭回答说：“我听说，车驾正在奔驰的时候，有谁胆敢在前面惊扰就立即斩首，那么其他的一定会帖服。如果用这种办法来对付越国，越国想报复也就难以成功了。”吴王说：“这事就交给你了。”

6.7 居三年，越兴师伐吴，至五湖[①]。太宰嚭率徒谓之曰[②]。谢战者五父[③]。越王不忍，而欲许之。范蠡曰："君王图之廊庙，失之中野[④]，可乎？谋之七年[⑤]，须臾弃之。王勿许，吴易兼也。"越王曰："诺。"

居军三月，吴自罢[⑥]。太宰嚭遂亡，吴王率其有禄与贤良遯而去[⑦]。越追之，至馀杭山[⑧]，禽夫差，杀太宰嚭[⑨]。越王谓范蠡："杀吴王。"蠡曰："臣不敢杀主。"王曰："刑之。"范蠡曰："臣不敢刑主。"越王亲谓吴王曰："昔者上苍以越赐吴，吴不受也；夫申胥无罪，杀之；进谗谀容身之徒，杀忠信之士，大过者三，以至灭亡，子知之乎？"吴王曰："知之。"越王与之剑，使自图之。吴王乃旬日而自杀也。越王葬于卑犹之山[⑩]。杀太宰嚭、逢同与其妻子。

【注释】

①五湖：即太湖。

②谓之曰：乐祖谋校云："句下当有脱文。"

③谢战者五父：张宗祥云："《国语·越语》作'吴人闻之，出挑战，一日五反，王弗忍，欲许之'。'父'疑'反'字之讹。"谢战，此为求和。

④中野：旷野之中。《国语·越语》作"中原"。

⑤谋之七年：七年当是"十七年"之误。句践从吴归国为前490年，到前473年越灭吴，为十七年。

⑥居军三月，吴自罢：《国语·越语下》作"居军三年，吴师自溃"。罢，疲敝，惫乏。

⑦有禄：有俸禄的官吏。贤良：有才能德行之人。遯：同"遁"，逃走。

⑧馀杭山：《吴越春秋》作"达于秦馀杭山"。徐天祜注："即阳山别名。"在苏州西北15公里，俗名阳山。

⑨杀太宰嚭：前文说“遯去”，此说“杀”，前后失照应。据《左传·哀公二十四年》载，在越灭吴的第三年，太宰嚭还在，并为越臣。

⑩卑犹之山：《吴越春秋》：“越王乃葬吴王以礼，于秦馀杭山卑犹。”徐注：“《吴地记》曰：‘徐杭山，一名卑犹山。’是也。”

【译文】

过了三年，越王句践兴兵讨伐吴国，一路打到太湖。太宰伯嚭带着随从并对他们说……吴王夫差接连五次派出使者向越王句践请求休战讲和，都无功而返。越王句践有些不忍心，想答应吴国的求和。范蠡说：“大王在朝堂上谋划得好好的，到了旷野之中就要放弃了，这样做行吗？谋划了十七年，怎么可以在须臾之间放弃了呢！大王千万不要答应，吴国已经是唾手可得了。”越王句践说：“好的。”

越王领兵包围吴国三个月，吴国军队已经疲惫不堪，毫无斗志。太宰伯嚭赶忙逃跑，吴王夫差带着几个心腹将校和一批贵族官僚逃离。越国军队穷追不舍，追到馀杭山，捉住了吴王夫差和太宰伯嚭。越王句践对范蠡说：“你去把吴王杀了。”范蠡说：“他是一国之君，我不敢杀。”越王句践又说：“你去给他施以刑罚。”范蠡又推说：“我不敢对一国之君施刑。”于是越王句践亲自对吴王夫差说：“过去上天把越国赏给吴国，吴国却没有接受；伍子胥没有罪，你却把他杀了；重用阿谀奉承的小人，却杀害了忠义诚信的贤士。你犯了这三桩大罪，导致国家灭亡，你知罪吗？”吴王夫差说：“我知道自己罪有应得。”越王句践便递给他一把宝剑，叫他自杀。吴王夫差过了几天就伏剑自杀了。越王把他埋葬在卑犹山。又杀了太宰伯嚭、逢同和他们的妻子儿女。

第六卷

越绝外传纪策考第七

【题解】

本篇从题目及相关内容看,写的是伍子胥对吴国运势、吴越战争态势及自己命运的预见,以表现伍子胥的先见之明。策卜属于迷信,文中羼杂着阴阳五行和谶纬之术,显然是汉代方士所为——为了神化伍子胥,却削弱了伍子胥作为军事谋略家的风采。

除了伍子胥外,还介绍了伯嚭、范蠡、文种几个人物。这四个人物都来自楚国。但四个人的身份、地位不同:伍子胥、伯嚭是楚国贵族;范蠡、文种一为布衣,一为小官。出走的原因和目的不同:伍子胥、伯嚭皆因父、祖被杀而出奔吴国,为了有朝一日复仇;范蠡、文种则在楚国无所用其才而入越,是为了充分施展自己的才华,实现自己的价值。伍子胥和伯嚭虽都出身贵族,但有其明显的性格差别。"子胥至直,不同邪曲。捐躯切谏,亏命为邦;爱君如躯,忧邦如家;是非不讳,直言不休",是一个直言敢谏、忠心至诚、知恩图报、为了邦国利益不惜自己性命的贤臣;"嚭为人览闻辩见,目达耳通,诸事无所不知","谀心自纳,操独断之利",是一个八面玲珑、阿谀逢迎、贪慕权利、为了一己之私而不惜邦国利益的佞臣。由于夫差"短浅",清浊不分,导致臣下矛盾日深,以致亡国。范蠡和文种虽也有身份和性格上的微别,但他们"志合意同",得到了越王的重用,其才能得到了充分的发挥,在越国遭受灾难的时候,力挽狂澜,"君主同心,遂霸越邦”。

本篇表面是想说明伍子胥及范蠡的预策之明，其实是通过君与君、臣与臣的对比，阐述这样一个道理：治国在于用人，在于臣主同心，“君臣同心，其利断金”（《德序外传记》）。

7.1 昔者，吴王阖庐始得子胥之时，甘心以贤之，以为上客，曰：“圣人前知乎千岁，后睹万世。深问其国，世何昧昧，得无衰极？子其精焉，寡人垂意，听子之言。”子胥唯唯不对。王曰：“子其明之。”子胥曰：“对而不明，恐获其咎。”王曰：“愿一言之，以试直士。夫仁者乐，知者好①，诚秉礼者探幽索隐。明告寡人。”子胥曰：“难乎言哉！邦其不长，王其图之，存无忘倾，安无忘亡。臣始入邦，伏见衰亡之证，当霸吴厄会之际②，后王复空。”王曰：“何以言之？”子胥曰：“后必将失道。王食禽肉，坐而待死。佞谄之臣，将至不久。安危之兆，各有明纪。虹蜺牵牛，其异女③，黄气在上，青黑于下④。太岁八会⑤，壬子数九⑥。王相之气，自十一倍。死由无气，如法而止。太子无气，其异三世。日月光明，历南斗⑦。吴越为邻，同俗并土；西州大江⑧，东绝大海⑨；两邦同城，相亚门户⑩，忧在于斯，必将为咎。越有神山，难与为邻。愿王定之，毋泄臣言。”

【注释】

①仁者乐，知者好：语出《论语·雍也》：“知者乐水，仁者乐山。知者动，仁者静。知者乐，仁者寿。”“乐”“好”义同，爱好、喜爱。知，同“智”。

②霸吴厄会：吴国称霸，越国困厄。会，会稽，指越国。

③虹蜺牵牛，其异女：虹蜺，阳光射入水滴经折射和反射而形成的彩色圆弧。《淮南子·天文训》："虹蜺彗星者，天之忌也。"牵牛、女，古星宿名。牵牛亦称牛、牛宿。女亦称须女、婺女。牛、女为吴地分野，下文"南斗"为越地分野。异，退，停。说的是虹蜺贯于牛、女之间，吴国有凶兆。

④黄气在上，青黑于下：指虹蜺之色，黄为吉，青黑为凶。

⑤太岁：见5.3注①。八会：亦称"八合"。古代一种以阴阳、干支时辰相配推演吉凶的占卜术概念。《淮南子·天文训》："数从甲子始，子（即地支十二辰）母（即天干十日）相求，所合之处为合。十日十二辰，周六十日，凡八合。合于岁前则死亡，合于岁后则无殃。"

⑥壬子数九：壬子，六十甲子第四十九位。当"四九"之数。《左传·昭公三十二年》："夏，吴伐越，始用师于越也。史墨曰：'不及四十年，越其有吴乎！越得岁，而吴伐之，必受其凶。'"从时间推算，昭公三十二年（前510）至哀公二十二年（前473），为37年，"不及四十年"，而正好符合四九之数。根据"八会"说，壬子是五月合日。《春秋·哀公十一年》："五月，公会吴伐齐。"正是《吴越春秋·夫差内传》子胥所说"合壬子，岁前合也。利以行武，武决胜矣。然德在合，斗击丑……前虽小胜，后必大败"。这其实是一种巧合。

⑦南斗：星宿名，按此书，分野属越。言越国当兴。

⑧州：接近，靠近。大江：指长江。

⑨绝：尽，止。

⑩相亚门户：次第门户。指门户与门户相连。亚，次，次第。

【译文】

当初，吴王阖庐刚刚得到伍子胥的时候，就心甘情愿地尊敬他，把他当做贵宾，向他请教，说："圣人能够知道千年以前的往事，预知万代以后的情况。我想深入地了解一下我们国家的运势，但世事又是何等的蒙昧不明，请问我国是不是也会碰上衰亡的一天呢？你在这方面相当精通，我诚心向你请教，一定认真听从你的教诲。”伍子胥只是“嗯，嗯”而不作正面回答。吴王阖庐说：“请先生明白告诉我吧！”伍子胥说：“只怕说得不好，使您生气而责备我。”吴王阖庐说：“希望把你的看法全说出来，也好让我了解你的忠直态度。我知道有仁德的人喜爱山，有智慧的人喜爱水，真心诚意敬鬼事神的人能探索幽深莫测、隐秘难见的道理。请您明白地告诉我吧。”伍子胥说：“这些话难开口啊！吴国的国运恐怕不会长久，希望大王认真考虑我说的话，国家处于平安的时候不要忘记危险的随时发生，昌盛的时候不要忘记衰亡的随时到来。我刚到了吴国不久，就发现了它衰亡的征兆，由盛转衰将在吴国称霸、越国困厄的时候，以后吴国就再没有称王的国君了。”吴王阖庐问道：“您说的有什么依据吗？”伍子胥说：“以后的君王必定会不行正道，君王如同被人享用的飞禽之肉一样，坐以待毙。谄媚逢迎的奸臣不久将要到来。吴国平安还是危险的征兆，都有明显的天象法则。您看天空中虹蜺横贯在牵牛和须女之间；又吉祥的黄气在上面逐渐远离，凶煞的青气、黑气在下面逐渐逼近。太岁运行，日、辰相合凡八会，壬子在甲子第四十九位。现在观察大王您的气运，自然十一倍于常人。天下万物无气即死，这是自然法则，按照这个自然法则，国家如果气数已尽，自然就要灭亡了。如果太子没有了气运，那么就没有了第三代。如今日月的光华，映照着代表越地分野的南斗。吴、越两国毗邻，风俗相同，土地相连；西靠长江，东临大海，两个国家好像在同一座城池里，门窗对着门窗一样。这就是吴国的忧患所在，处置不慎一定会遭致祸殃。况且越国还有会稽山神灵护佑，难以与它同存共处。希望大王早做决断，千万不要泄露我今天所说的话。”

7.2 吴使子胥救蔡，诛强楚，笞平王墓，久而不去，意欲报楚①。楚乃购之千金，众人莫能止之。有野人谓子胥曰②：

“止！吾是于斧掩壶浆之子、发箪饭于船中者。”子胥乃知是渔者也，引兵而还。故无往不复，何德不报。渔者一言，千金归焉，因是还去。

范蠡兴师战于就李，阖庐见中于飞矢[③]，子胥还师，中媿于吴[④]，被秦号年[⑤]。至夫差复霸诸侯，兴师伐越[⑥]，任用子胥。虽夫差骄奢，释越之围[⑦]。子胥谏而诛[⑧]。宰嚭谀心，卒以亡吴。夫差穷困，请为匹夫[⑨]，范蠡不许，灭于五湖。子胥策于吴，可谓明乎！

【注释】

①“吴使子胥”数句：事见《荆平王内传》。

②野人：城郊以外的乡下人。

③阖庐见中于飞矢：见《吴内传》4.3 注①。见，被。

④中媿：心中惭愧。媿，惭愧。

⑤被秦号年：“秦”当作“榛”或“荆”，被荆（榛），身背荆条，有负荆请罪的意思。号年，长年唏嘘叹息。

⑥至夫差复霸诸侯，兴师伐越：前 494 年春，句践兴师伐吴，战于夫椒，结果大败，率领残兵五千退保会稽。

⑦虽夫差骄奢，释越之围：越王句践听从诸大夫建议，派大夫文种去吴营求和，夫差同意了越国的求和。虽（雖），“唯”之讹。

⑧子胥谏而诛：前 484 年，吴将伐齐，伍子胥极力劝谏，吴王夫差赐伍子胥以属镂之剑，令其自杀。

⑨匹夫：平民，普通百姓。

【译文】

吴王阖庐派伍子胥去救援蔡国，讨伐强横的楚国。攻入郢都后伍子胥掘开楚平王的坟墓，鞭打楚平王的尸首，久久不肯离开，心里只想着报复楚国。楚昭王于是悬赏千金寻找能叫伍子胥退兵的人,但很多人出来劝说都没能够阻止伍子胥。有一个从乡下来的人对伍子胥说:"可以停止了吧!我是当年在于斧渡口送你过江、供你饮食的渔夫的儿子。"伍子胥于是知道他是渔夫的儿子,便退兵回去。所以说,在伍子胥身上,以往的仇恨可以得到报复,而任何恩德也都能够进行报答。渔夫的一句话,伍子胥马上退兵而去,渔夫因而得到了千金赏赐。

范蠡领兵与吴军在就李交战,吴王阖庐不幸被飞箭射中,伤重而死,伍子胥只得领军退去。他觉得愧对吴王阖庐和吴国父老,于是长年身背荆条向吴国父老请罪,唏嘘叹息不已。到了吴王夫差即位,再次称霸诸侯,任伍子胥为将,兴兵讨伐越国,取得了胜利。只是因为吴王夫差骄傲自大,放弃了对越国的围困,赦免了越王句践的罪。后来伍子胥因为直言劝谏而被杀害,太宰伯嚭由于甜言蜜语博得欢心,最终使得吴国灭亡了。吴王夫差被俘之后,处境十分窘迫,他请求做一个普通老百姓,范蠡不答应,便在太湖边上自杀了。伍子胥当初对于吴国命运的预见,可以说是相当英明了!

7.3 昔者,吴王夫差兴师伐越,败兵就李①。大风发狂,日夜不止;车败马失,骑士堕死;大船陵居,小船没水。吴王曰:"寡人昼卧,梦见井嬴溢大,与越争彗②,越将扫我,军其凶乎?孰与师还?"此时越军大号,夫差恐越军入,惊骇。子胥曰:"王其勉之哉,越师败矣!臣闻井者,人所饮;溢者,食有余。越在南,火;吴在北,水。水制火,王何疑乎?风北来,助吴也。昔者武王伐纣时,彗星出而兴周③。武王问,太公曰:'臣闻以彗斗,倒之则胜④。'胥闻灾异或吉或凶,物有相胜⑤,此乃其证。愿大王急行,是越将凶,吴将昌也。"

【注释】

①败兵就李：未战怎能言败。败，疑为“罢”字之讹。罢，停止，此意为驻扎。

②彗：扫帚。暗喻“扫帚星”。

③彗星：绕太阳运行的一种天体，由彗核、彗发和彗尾组成，体积非常庞大。因其形似扫帚，故俗称“扫帚星”。古代视为妖（凶）星。

④以彗斗，倒之则胜：《十一家注孙子·计篇》载周武王伐纣，风雨疾雷，鼓旗毁折，王之骖乘惶惧欲死。周公曰：“今时逆太岁，龟灼言凶，卜筮不吉。星凶为灾，请还师。”太公曰：“夫用兵者，顺天道未必吉，逆之未必凶。若失人事，则三军败亡。”倒，逆。指背道而驰。彗星的出现，敌我双方都怀有恐惧心理，若我方镇定自若，抓住敌方恐惧的时机，击之就能战胜敌人。

⑤物：指金、木、水、火、土五种事物。相胜：即相克。

【译文】

过去，吴王夫差兴兵讨伐越国，驻扎在就李。突然狂风大作，日夜不停；车子吹翻了，马匹惊散了，骑兵摔死在地上；大船被风刮上了岸，小船沉没在江底。吴王夫差说：“我小睡了一会，梦见井水上涨漫出井栏，和越王争夺扫帚，被越王夺去横扫过来。我军恐怕不吉利吧？回师怎么样？”这时越国军中突然大声呼号，吴王夫差惧怕越军攻入，十分恐慌。伍子胥说：“大王还是振作精神吧，越军就要失败了！我听说，水井是人们饮水的处所，井水漫溢出来，说明水多得喝不完。越国在南，五行属火；吴国在北，五行属水。水能克火，大王还有什么可担心的呢？大风从北面吹来，这是在帮助吴国啊。从前周武王讨伐殷纣王的时候，天上出现了扫帚星，周军反而取得了胜利，建立了周朝。周武王问姜太公为什么扫帚星出现周军却取得了胜利，姜太公回答说：‘我听说利用敌方对扫帚星出现时的恐惧心理进行攻击，就会取得胜利。’我认为灾异有吉有凶，事物有生有克，扫帚星出现周军却取得胜利就是最好的证明。希望大王赶快命令军队冲上去，我看越国将要遭殃，吴国将要昌盛起来了。”

7.4 子胥至直，不同邪曲。捐躯切谏，亏命为邦；爱君如躯，忧邦如家；是非不讳，直言不休，庶几正君[1]，反以见疏！谗人间之，身且以诛。范蠡闻之，以为不通：“知数不用[2]，知惧不去，岂谓智与？”胥闻，叹曰：“吾背楚荆，挟弓以去，义不止穷。吾前获功，后遇戮，非吾智衰，先遇阖庐，后遭夫差也。胥闻事君犹事父也，爱同也，严等也。太古以来，未尝见人君亏恩为臣报仇也[3]。臣获大誉，功名显著，胥知分数[4]，终于不去。先君之功，且犹难忘，吾愿腐发弊齿[5]，何去之有？蠡见其外，不知吾内。今虽屈冤，犹止死焉！”子贡曰：“胥执忠信，死贵于生；蠡审凶吉，去而有名；种留封侯，不知令终[6]。二贤比德，种独不荣。”范蠡智能同均[7]，于是之谓也。

伍子胥父子奢[8]，为楚王大臣。为世子聘秦女[9]，夫有色[10]，王私悦之，欲自御焉。奢尽忠入谏，守朝不休，欲匡正之。而王拒之谏，策而问之[11]，以奢乃害于君。绝世之臣，听谗邪之辞，系而囚之，待二子而死。尚孝而入，子胥勇而难欺。累世忠信，不遇其时，奢谏于楚，胥死于吴。《诗》云：“谗人罔极，交乱四国[12]。”是之谓也。

【注释】

①庶几：贤者。《三国志·吴书·张承传》：“凡在庶几之流，无不造门。”这里指贤，忠心。

②数：阴阳术数。

③亏恩：言君之恩德当施予众，为一人报仇会使君之形象受损。亏，使……亏。

④分数：天命。

⑤腐发弊齿：指老死。弊，败落，尽。

⑥令终：尽天年，得善终。《吴越春秋》载范蠡行前，曾劝文种离开越国，说："夫越王为人，长颈鸟喙，鹰视狼步。可与共患难，而不可共处乐。可与履危，不可与安。子若不去，将害于子。"可是文种不信，终被害。

⑦范蠡智能同均：乐祖谋校："钱培名《札记》：疑'均'下脱'胥'字。"均，与"同"义同。《论衡·奇怪》："天人同道，好恶均心。"说的是范蠡的智慧能辨吉凶祸福，权轻重利弊，与伍子胥同。

⑧子奢：见《荆平王内传》2.1 注①。

⑨秦女：伯嬴，秦康公之女、平王夫人、昭王之母。

⑩夫："女"之讹。

⑪策：古代占卦用的蓍草。此指占卦。

⑫谗人罔极，交乱四国：语出《诗经·小雅·青蝇》。罔极，无所不用其极。乱，搅乱，破坏。四国，戎、缯、申、吕四国。

【译文】

伍子胥为人正直，不与那些奸邪不正派的人同流合污。为了国家的利益，即便丢掉性命，他也要恳切地直言规劝；他爱惜君王如同爱惜自己，忧心国事如同忧心家事；在大是大非面前不忌讳君王的好恶，他直话直说，不断提出自己的意见，忠心耿耿地想匡正君王的行为，反而被吴王夫差疏远！又遭卑鄙小人的挑拨离间，将要招来杀身之祸。范蠡听说伍子胥的遭遇，认为他不通时务，说："懂得阴阳通变之术却不使用，明知身处危险之境却不离开，难道还说得上是聪明吗？"伍子胥听到了范蠡的话后，长叹一声说："我当年违背楚君的意愿，带着弓箭离开楚国，是因为从道义上说还没有到死的地步。我以前能够建功立业，现在遭遇杀身的处境，不是我的智慧衰竭了，而是我以前遇到的是吴王阖庐，现在碰上了吴王夫差啊。我听说侍奉君王如同侍奉父亲，臣子爱戴君父和君父严格要求臣子是一样的啊。从古到今，还不曾见到过一位君王不顾及自己的声誉而替一位臣子报仇雪恨的。我获得了很高的声誉，功名显耀于世，因此，我虽然知道天道命数，但是终于没有离开，是因为先王对我的恩情难以忘怀，我愿意舍弃自己的生命来报答，为什么要离开呢？范蠡只知道我的外在处境，却不了解我的内心情感。现在我虽然含冤受屈，最多也只是一死而已！”子贡说：“伍子胥坚守忠义之道，他的死要比平淡地活着可贵；范蠡明察吉凶之机，他的离开获得了明知进退的美名；文种留下来想得到封侯拜爵，结果没有得到善终。伍子胥和范蠡具有相等的德行，唯独文种没有获得荣耀。”范蠡的智慧才能跟伍子胥相同，这就是子贡对伍子胥、范蠡的评价。

伍子胥的父亲伍子奢是楚平王的大臣，他奉命替太子建去迎娶秦女。秦女十分漂亮，楚平王暗自喜欢她，想自己娶她为妻。伍子奢尽自己的忠诚劝谏楚平王，并且坚持在朝堂上不停地劝说，想要匡正楚平王的错误行为。但楚平王拒绝接受他的劝告，还用蓍草进行占卜，来探问这件事的利弊，有人说卦象显示伍子奢要对君王不利。这样一个冠绝当代的忠臣，楚平王却听信卑鄙小人的鬼话，把他捆绑起来关在牢里，等抓住他的两个儿子后一同处死。伍子尚因为孝心回到父亲身边，伍子胥勇敢机智不受骗上当。伍家几代忠臣，却都生不逢时。伍子奢在楚国因直言规劝楚平王而被杀害，伍子胥在吴国也因直言劝谏吴王夫差而被处死。《诗经》上说：“进谗之人无所不用其极，会把四方邻国搅得不安宁。”说的就是这类事啊。

7.5 太宰者，官号；嚭者，名也，伯州之孙①。伯州为楚臣，以过诛，嚭以困奔于吴②。是时吴王阖庐伐楚，悉召楚仇而近之。嚭为人览闻辩见，目达耳通③，诸事无所不知。因其时自纳于吴[④]，言伐楚之利。阖庐用之伐楚，令子胥、孙武与嚭将师入郢，有大功。还，吴王以嚭为太宰，位高权盛，专邦之枋[⑤]。未久，阖庐卒，嚭见夫差内无柱石之坚，外无断割之势[⑥]，谀心自纳[⑦]，操独断之利，夫差终以从焉。而忠臣钥口[⑧]，不得一言。嚭知往而不知来，夫差至死，悔不早诛。《传》曰："见清知浊，见曲知直，人君选士，各象其德[⑨]。"夫差浅短，以是与嚭专权，伍胥为之惑[⑩]，是之谓也。

【注释】

①伯州：伯州犁，楚国大夫。

②嚭以困奔于吴：见《本事外传》1.5 注③。

③览闻辩见，目达耳通：辩，辩论，辩解，指口才。《外传记范伯》所说石买"辩口"义同。见，当指见识。据下文"诸事无所不知"，此句可理解为：广闻博见，耳聪目明。"通""达"义同。

④自纳：自荐。有"自荐而使……接纳"义。

⑤枋（bǐng）：同"柄"，权柄。

⑥内无柱石之坚，外无断割之势：指优柔寡断，没有坚定的意志、果断的气度。断割，决断。势，气势，气度。

⑦谀心自纳：以奉承拍马作为自己进身的手段。即以阿谀奉承为能事，来博取吴王对自己的信任。

⑧钥（yuè）口：用作动词，像被锁住了嘴巴一样。钥，锁钥。

⑨"《传》曰"数句：《越绝书》所引"《传》曰"大致是对传的训诂，而非原文。象，相似，相像。

⑩为之惑：被他迷惑。张宗祥注："《吴越春秋》子胥荐伯嚭事，故云为惑。"按，上文言"吴王阖庐伐楚，悉召楚仇而近之"，皆因复仇而起。

【译文】

太宰是官职的名称；伯嚭是姓名，他是伯州犁的孙子。伯州犁是楚国的大臣，因为犯了错误被楚王杀了，伯嚭因为在楚国难以立足便投奔吴国。这时吴王阖庐准备讨伐楚国，便把跟楚国有仇的人都招募到自己身边，商量伐楚之事。伯嚭为人广闻博见，耳聪目明，许多事情他都知道。他趁吴王阖庐准备讨伐楚国之机，主动去见吴王阖庐，大谈伐楚的好处。吴王阖庐便用他的计谋讨伐楚国，命令伍子胥、孙武和伯嚭一起带兵攻打楚国郢都，立了大功。回来后，吴王阖庐任命伯嚭为太宰，职位高权力大，掌握了国家的权柄。不久，吴王阖庐死了，伯嚭看到吴王夫差优柔寡断，没有坚定的意志、果断的气度，他便阿谀奉承以博得夫差的欢心来巩固自己的地位，掌握独断专行的权力，吴王夫差也总是听从他的意见。而忠臣像被锁住了嘴巴一样，没有了向吴王夫差进言的机会。伯嚭熟知过去但不能预知未来，吴王夫差在临死时才后悔没有早把伯嚭除掉。《传》上说："见到品格高洁的人才会知道有品格卑污的人，见到人品不正派的人才会知道有为人正直的人，国君是怎样的品性，那么他选用的亲信大臣也就会跟他的品性相似。"吴王夫差目光短浅，不考虑长远，因此选用伯嚭，让他掌握大权，就连为人正直的伍子胥也被他迷惑了，说的就是这个道理。

7.6 范蠡其始居楚也，生于宛橐[①]，或伍户之虚[②]。其为结僮之时，一痴一醒，时人尽以为狂。然独有圣贤之明，人莫可与语，以内视若盲[③]，反听若聋[④]。大夫种入其县，知有贤者，未睹所在，求邑中，不得其邑人[⑤]；以为狂夫多贤士，众贱有君子，泛求之焉。得蠡而悦，乃从官属，问治之术。蠡修衣冠，有顷而出。进退揖让，君子之容。终日而语，疾陈霸王之道。志合意同，胡越相从[⑥]。俱见霸兆出于东南，捐其官位，相要而往臣[7]。小有所亏，大有所成。捐止于吴[8]。或任子胥，二人以为胥在，无所关其辞[9]。种曰："今将安之？"蠡曰："彼为我[10]，何邦不可乎？"去吴之越，句践贤之。种躬正内，蠡治出外，内浊不烦，外无不得。臣主同心，遂霸越邦。种善图始，蠡能虑终。越承二贤，邦以安宁。始有灾变[11]，蠡专其明，可谓贤焉，能屈能申[12]。

【注释】

①宛橐：地名，春秋楚地，今河南南阳。

②伍户：《史记正义》："《吴越春秋》云：'蠡字少伯，乃楚宛三户人也。'"此云'伍'字疑'三'之误。据今人考证，三户在今河南南阳宛城区黄台岗镇三十里屯村。虚：同"墟"，村落。

③内视：自己看自己。

④反听若聋：我行我素之意。反听，听别人的意见。

⑤不得其邑人：钱培名曰："'邑'字疑衍。"

⑥胡越相从：胡，北方少数民族的统称。此指北方。越，南方民族的统称。此指南方。

⑦相要：相邀。要，邀请。

⑧捐止于吴：离开楚国，到了吴国。捐，去，离开。

⑨关：通达。

⑩彼为我：钱培名《札记》："句有脱误。《越世家·正义》引有'彼为彼，我为我'二句，疑即此文。"

⑪始有灾变：指越王句践欲杀功臣之事。

⑫能屈能申：屈申，屈曲和伸直。申，同"伸"，伸展，伸张。引申为进退、得失、尊卑。此言范蠡能进能退。进能辅主，退能全身。

【译文】

范蠡当初居住在楚国的时候，他出生在宛橐，有人说是生在一个叫伍户的地方。他在少年的时候，常常一会儿痴呆，一会儿清醒，当时的人都把他看作狂人。然而他看问题却见解独到，像圣贤那样明辨事理，一般人根本无法跟他答上话。于是他对自己的行为当作看不见，对别人的批评当作听不见，我行我素。大夫文种来到宛县做县令，他知道县里有贤明的人，但不知道在哪里，在城市中寻找，没有找到贤人。他认为狂夫里面大都有贤人，贫贱的人当中往往有君子，于是扩大了寻找范围。他找到范蠡十分高兴，于是带着属下，去向范蠡请教治理的方法。范蠡整理好衣冠，过了一会出来见客。只见他前进后退很有分寸，作揖让座很讲礼节，一派君子的风范。文种跟他谈了一整天，听他极力陈述有关称王称霸的道理，觉得志同道合，他们发誓不管天南地北永远在一起。他们都看到霸主的征兆出现在东南方向，文种就放弃了县令的职位，邀范蠡到东南方向去谋求发展。这样目前来看虽然有小的损失，但日后必定有大的成就。他们离开楚国，来到吴国。有人说吴王已经任用了伍子胥，两人认为有伍子胥在了，他们就不会有将自己的意思禀告吴王的机会。文种说："现在我们到哪里去呢？"范蠡说："他是他，我们是我们，哪个国家不可以去呢！"于是离开吴国到了越国，越王句践十分尊敬并重用他们。文种主持国内政务，把内部混乱的局面治理得井然有条；范蠡主持对外事务，在军事、外交上取得了前所未有的成就。他们与越王句践同心同德，终于使越国称霸一方。文种擅长在行动前的谋划，而范蠡则善于考虑行动的后果。越国依靠这两位贤臣，国家和人民才得以富足安宁。当开始有了灾变——越王句践欲杀功臣的苗头时，范蠡就对越王的言行有了独到的见解，于是离开越国。可以说范蠡是一位进能辅主、退能全身的贤人。

第七卷

越绝外传记范伯第八

【题解】

本篇记述范蠡的事迹，主要是写范蠡入越时的遭遇，而重点又放在越王句践对范蠡的态度上，是用还是不用，这跟所要表达的主题思想有关。因此行文详述范蠡入越时的遭遇，而略范蠡在越建功立业的事迹。

范蠡与文种相邀进入越国，受到越大夫石买的阻挠，越王句践听信石买，开始没有重用范蠡。范蠡于是“退而不言，游于楚、越之间”。后经文种进言，才留下范蠡。当句践伐吴兵败失众、退守会稽山之后，才开始重用范蠡，用范蠡、文种之策，保存了社稷。又“师二人”，终于灭吴，得以报仇雪耻。这正如子贡所说：“荐一言，得及身；任一贤，得显名。”联系伍子胥之事，说明了得贤兴国、失贤丧邦的道理。

8.1 昔者，范蠡其始居楚，曰范伯。自谓衰贱，未尝世禄，故自菲薄[①]。饮食则甘天下之无味，居则安天下之贱位。复被发佯狂，不与于世。谓大夫种曰：“三王则三皇之苗裔也[②]，五伯乃五帝之末世也[③]。天运历纪，千岁一至；黄帝之元，执辰破巳[④]。霸王之气，见于地户[⑤]。子胥以是挟弓干吴王[⑥]。”于是要大夫种入吴[⑦]。

【注释】

①菲薄：微薄。微食薄衣。指生活简陋。

②三王：禹、汤、文王。三皇：天皇伏羲氏、地皇神农氏、人皇轩辕氏。苗裔：后代子孙。

③五伯：《吕氏春秋·季春纪·先己》："五伯先事而后兵。"高诱注："昆吾、大彭、豕韦、齐桓、晋文。"现在习惯上指春秋时代的五位霸主齐桓公、宋襄公、晋文公、秦穆公和楚庄王。五帝：司马迁著《史记》，首列《五帝本纪》，以黄帝、颛顼、帝喾、尧、舜为五帝。末世：与"苗裔"同。

④天运历纪，千岁一至；黄帝之元，执辰破巳：此句的意思是：天道轮回，从黄帝历纪元开始，到如今已历一千余年。天运历纪，天道轮回。纪，古代历法术语，谓十二年为一纪，周而复始。黄帝之元，元，元年，纪元之始。执辰破巳，古有建除十二神之说，即：建、除、满、平、定、执、破、危、成、收、开、闭，是推算时辰以别吉凶的专用术语，如建在亥（十月为岁首），则辰为执，巳为破；建在子（十一月为岁首）则巳为执，午为破。从"执辰破巳"推知，则黄帝历以建亥（十月）为岁首，与《秦正》同。

⑤地户：地之出入口，与天门相对。地户在地之东南方。《升庵外集》："《河图括地象》曰，东南为地户。"原注："地不满东南是地户。"

⑥干：投奔。

⑦要：邀请。

【译文】

从前，范蠡居住在楚国的时候，人称范伯。他自称家境贫寒、地位卑贱，从未有过世袭的爵禄，所以自己对住的、吃的要求不高。天下最没有味道的食物他吃得很香甜，天下最破残的房子他住得很安耽。又披头散发装作疯子，行为与世俗格格不入。他对大夫文种说："三王是三皇的苗裔，五伯是五帝的后代。天道运行，周而复始；从黄帝历纪元开始，至今已经有一千多年，如今霸王的气运，出现在东南地户的方向。因此伍子胥带着弓箭投奔吴王阖庐。”于是就邀文种一道到了吴国。

8.2 此时冯同相与①，共戒之②：伍子胥在，自与不能关其辞。蠡曰：“吴越二邦，同气共俗，地户之位，非吴则越。”乃入越。越王常与言尽日③。大夫石买④，居国有权，辩口，进曰：“炫女不贞，炫士不信。客历诸侯，渡河津，无因自致，殆非真贤。夫和氏之璧⑤，求者不争贾⑥；骐骥之才，不难阻险之路。□□□□之邦，历诸侯无所售，道听之徒，唯大王察之。”于是范蠡退而不言，游于楚、越之间。大夫种进曰：“昔者市偷自炫于晋，晋用之而胜楚⑦；伊尹负鼎入殷⑧，遂佐汤取天下。有智之士，不在远近取也，谓之帝王求备者亡。易曰：‘有高世之材，必有负俗之累；有至智之明者，必破庶众之议⑨。’成大功者不拘于俗，论大道者不合于众。唯大王察之。”

于是石买益疏。其后使将兵于外，遂为军士所杀。是时句践失众，栖于会稽之山，更用种、蠡之策，得以存。故虞舜曰：“以学乃时而行，此犹良药也。”王曰：“石买知往而不知来，其使寡人弃贤。”后遂师二人，竟以禽吴⑩。

【注释】

①冯同：越臣有扶同，吴臣有逢同，未知为谁。

②戒：提醒。

③常：通“尝”。与言尽日：《史记正义》引《越绝书》作“越王常与言，尽日方去”。此缺“方去”二字。

④石买：越国大夫，其事见《外传记地传》。

⑤和氏之璧：春秋时，楚国人卞和在山中得一璞玉，献给楚厉王。楚王使玉工辨识，说是石头，以欺君罪断卞和左足。后楚武王即位，卞和又献玉，仍以欺君罪断其右足。前689年楚文王即位，卞和抱玉哭于荆山下。文王派人问他，他说："吾非悲刖也，悲夫宝玉而题之以石，贞士而名之以诳。"文王使人剖璞，果得宝玉。因称和氏璧。

⑥贾：同"价"。

⑦昔者市偷自炫于晋，晋用之而胜楚：市偷，小偷。《淮南子·道应训》为齐、楚之间事。此说晋用之而胜楚，是一故事两传。

⑧伊尹：名挚，见《吴内传》4.10注③。负鼎入殷：传说伊尹为奴隶时是厨师，烹调技术很高，商汤娶有莘氏之女为妻，伊尹作为家用奴隶厨师的身份陪嫁。所以说他背着鼎到了商国。

⑨破：疑为"被"之讹。

⑩禽：同"擒"。作灭亡讲。

【译文】

这时冯同跟他们有交往，提醒他们说："吴国已经有伍子胥在，自然就跟吴王阖庐说不上话了。"范蠡说："吴、越两国，有着共同的风俗习惯，地户的位置，不是吴国就是越国。"他们于是来到越国。越王句践曾经跟范蠡讨论问题，谈了一整天方才离去。大夫石买在越国位高权重，又能说会道，他对越王句践进谏说："炫耀美丽的女子不贞洁，夸耀才能的男子不真诚。他们远离本国，跋山涉水历经诸侯各国，无缘无故自己跑来，恐怕不是真正的贤人。譬如和氏之璧，想得到它的人就不会去理会价钱的高低；千里良马，寻找它的人就不会去畏惧艰难险阻的道路。□□□□的国家，又经历了诸侯各国没有把自己推销出去，我看是一些道听途说而无真才实学之辈，希望大王明察。"范蠡于是不声不响地离开，在楚国和越国之间来回游历考察。大夫文种向越王句践进谏说："从前有个小偷在晋君面前炫耀自己的本事，晋君重用他而战胜了楚国；伊尹以陪嫁奴隶厨师的身份到了商，从而辅佐商汤取得了天下。有才能的人，不能以远近作为选取的标准，这是说帝王要找完美无缺的人是没有的。《周易》上说：'一个才华出众的人，一定会有受到世俗讥刺、批评的麻烦；一个智慧极高、看问题深刻的人，一定会因有出格的思想而遭致大众的非议。'成就伟大功业的人不会被世俗所束缚，论述崇高理想的人不会被世众所接受。希望大王明察。"

于是越王句践逐渐疏远石买，后来叫他外出带兵打仗，结果就被军士们杀死了。这时越王句践战败，丢掉了大片国土和民众，只带着几千残兵退守到会稽山上，于是改用文种、范蠡的策略，社稷得以保存。正如虞舜所说："能虚心学习、听取正确意见，而且能随时落实在行动上，这就好比一剂良药啊。"越王句践说："石买这个人只知过去而不知将来，他差一点使我失去了两位贤人。"后来就把文种、范蠡二人当作自己的老师，终于灭亡了吴国。

8.3 子贡曰："荐一言，得及身；任一贤，得显名。"伤贤丧邦，蔽能有殃；负德忘恩，其反形伤。坏人之善毋后世，败人之成天诛行。故冤子胥僇死①，由重谮子胥于吴②，吴虚重之③，无罪而诛④。《传》曰："宁失千金，毋失一人之心。"是之谓也。

【注释】

①僇：通"戮"，杀戮。

②重：多次。谮：进谗言。吴：吴王。

③虚：指虚罪，凭空捏造的罪名。

④无罪而诛：此传语不见所本，疑为训诂之辞。如今之"古人云"之

类。《南齐书·胡谐之列传》:"千金可失,贵在人心。"

【译文】

子贡说过:"做臣子的能献上一句善言,就会对自己有好处;做国君的能任用一位贤人,就会使自己名声显著。"伤害贤臣就会导致亡国,阻挡能臣就会招来祸殃;忘恩负义的人,反过来受到伤害的是他自己。毁坏别人善行的人没有后代,败坏别人成就的人会遭到天谴。所以伍子胥受冤枉被杀害,是由于有人多次向吴王夫差进谗言诋毁他,而吴王夫差又将这些莫须有的罪名强加在伍子胥身上,无罪而把他杀害了。《传》说:"宁可丧失千金,也不要失掉人心。"说的就是这个道理。

越绝内传陈成恒第九

【题解】

本篇记述的是子贡穿梭于齐、吴、越、晋之间的外交活动。与《史记·仲尼弟子列传》《吴越春秋》卷五文字基本相合。而据《德序》和《篇叙》,此篇当编次在《内经九术》篇之后。

陈成恒相齐简公,欲增强权威,独擅朝政,策划了伐鲁事件。这是子贡这次外交活动的起因。子贡受老师孔子的派遣,出使齐、吴、越、晋等国,辗转数千里,充分显示了他的外交才能。大国之间相互抗衡,小国得以保全,即利用吴国制衡齐国,以解鲁国之急;又利用晋国牵制吴国,在客观上帮助了越国,这是其基本的外交方略。为此,他抓住各当事人的心态——陈成恒欲削弱强族专权齐国、吴王夫差欲北上称霸又忌惮越国、越王句践欲立志报仇又惧怕吴国,又设身处地地为他们分析国情,陈述利弊,说得合情合理,使得各当事人心甘情愿地按照他预设的路线走下去:陈成恒陈兵不动,夫差北上称霸,越王出兵助吴,晋君备战争霸。吴、齐艾陵一战,晋、吴黄池一会,完成了大国制衡、鲁国保全的外交使命,同时使弱小的越国赢得了喘息的机会,为日后攻灭吴国、称霸诸侯获得了有利空间。

9.1 昔者,陈成恒相齐简公[①],欲为乱[②],惮齐邦鲍、晏[③],

故徙其兵而伐鲁。鲁君忧也。孔子患之,乃召门人弟子而谓之曰:“诸侯有相伐者,尚耻之。今鲁,父母之邦也,丘墓存焉④,今齐将伐之,可无一出乎?”颜渊辞出⑤,孔子止之;子路辞出⑥,孔子止之;子贡辞出⑦,孔子遣之。

【注释】

①陈成恒:即田常,名常(恒),死后谥成子。前 387 年,其曾孙田和代齐为齐侯,齐国悉归田氏。齐简公:齐悼公子,名壬,前 484—前 481 年在位。

②为乱:谋国篡位。

③鲍、晏:鲍氏、晏氏。时有鲍牧、晏圉(齐相晏婴子)。高、国、鲍、晏四姓,世为齐卿。伐鲁事,当在前 484 年。据《史记·齐太公世家》载,高、国、晏诸族之败在齐晏孺子元年(前 489)。时唯鲍氏盛。

④丘:孔子名丘。此自称。

⑤颜渊(前 521—前 490):名回,字子渊,孔子弟子。辞:请求。

⑥子路(前 542—前 480):仲氏,名由,亦字季路,孔子弟子。

⑦子贡:见《外传本事》1.1 注⑥。

【译文】

过去,陈成恒为齐简公的相国,企图篡位作乱,但害怕国内鲍氏、晏氏等大族,所以派遣军队去讨伐鲁国借以提高自己的威望。鲁哀公十分忧愁。孔子也感到十分忧虑,就召集弟子学生对他们说:“诸侯之间有相互攻伐的事我们尚且感到羞耻,鲁国是我的祖国,我先人的坟墓都在这里,现在齐国将要来攻打鲁国,怎能没有一个人出去为国奔走呢?”听了这话,弟子颜渊挺身而出,请求派他出去,孔子不让他去;弟子子路要求派他出去,孔子也不让他去;弟子子贡请求派他出去,孔子便派子贡出使以救鲁国。

9.2 子贡行之齐，见陈成恒，曰："夫鲁，难伐之邦，而伐之，过矣。"陈成恒曰："鲁之难伐，何也？"子贡曰："其城薄以卑，池狭而浅①；其君愚而不仁，其大臣伪而无用，其士民有恶闻甲兵之心，此不可与战。君不如伐吴。吴城高以厚，池广以深；甲坚以新，士选以饱②；重器精弩在其中，又使明大夫守③，此邦易也。君不如伐吴。"成恒忿然作色曰："子之所难，人之所易也；子之所易，人之所难也！而以教恒，何也？"子贡对曰："臣闻忧在内者攻强，忧在外者攻弱。今君忧内。臣闻君三封而三不成者，大臣有不听者也。今君破鲁以广齐，堕鲁以尊臣④，而君之功不与焉。是君上骄主心，下恣群臣，而求成大事，难矣。且夫上骄则犯⑤，臣骄则争，是君上于主有却⑥，下与大臣交争也。如此，则君立于齐，危于重卵矣。臣故曰不如伐吴。且夫吴明猛以毅而行其令⑦，百姓习于战守，将明于法，齐之愚⑧，为禽必矣⑨。今君悉择四疆之中，出大臣以环之，黔首外死⑩，大臣内空，是君上无强臣之敌，下无黔首之士，孤立制齐者⑪，君也。"陈恒曰："善。虽然，吾兵已在鲁之城下，若去而之吴，大臣将有疑我之心，为之奈何？"子贡曰："君按兵无伐，臣请见吴王，使之救鲁而伐齐，君因以兵迎之。"陈成恒许诺，乃行。

【注释】

①池：护城河。

②选：精选。

③明：精明能干。

④破鲁以广齐，堕鲁以尊臣：堕，同"隳（huī）"，毁坏。广、尊，均为

使动用法。

⑤犯：钱培名札记："'犯'字疑误，《史记》作'恣'。"

⑥却：通"隙"，嫌隙。

⑦吴明猛以毅而行其令：钱培名《札记》："句有脱误，《吴越春秋》作'吴王刚猛以毅'。"按，吴，指吴王。明，疑为"刚"之讹。

⑧愚：通"遇"。

⑨禽：同"擒"。

⑩黔首：黎民。《说文解字》："秦谓民为黔首，谓黑色也。周谓之黎民。"

⑪孤立制齐者：《史记》作"孤主制齐者"，疑"立"为"主"形近之误。

【译文】

子贡出行，首先来到齐国，见到陈成恒，说："鲁国是一个很难攻的国家，但你却偏偏要去攻伐它，太不明智了吧！"陈成恒问道："为什么说鲁国难攻呢？"子贡回答说："鲁国的城墙又薄又低，城河又狭又浅；鲁国的国君愚昧又不讲仁义，大臣们虚伪又没有才能，老百姓一听到打仗就心里厌烦，这样的国家是不能跟它开仗的。您还不如去讨伐吴国。吴国的城墙又高又厚，城河又宽又深；士兵身上的铠甲崭新而且牢固，战士经过精心挑选个个精神焕发；军中武器精良，弓弩强劲，又选派了智勇双全的将领指挥防守，这个国家是很容易攻打的。您不如去讨伐吴国。"陈成恒十分气愤地说："你所说的难攻，正是人家觉得易攻的；而你所说的易攻，却是人家觉得难攻的！用这种难易颠倒的话来教诲我，是何道理？"子贡回答说："我听说，忧患出在国内的就去攻打强国，忧患出自国外的就去攻打弱国。现在您的忧患在国内。我听说您曾经可以获得三次封赏却三次都没有成功，是因为朝中有反对您的大臣。现在您如果攻破了鲁国就会使齐国的土地得到增广，使带兵大臣的威望得到提高，但在其中却显示不出您的功劳。您这样一来，上使得国君更加骄恣，下使得群臣更加放肆，而您自己想成就大事就更加困难了。况且君主骄恣就会暴戾，大臣放肆就会争权，这样您上和君主有了嫌隙，下跟群臣不断纷争。这样一来，您在齐国的处境就危如累卵了。所以我说您不如去讨伐吴国。况且吴王为人刚强坚毅而令出必行，老百姓熟谙战斗，将领精通兵法，齐军跟他们交锋，一定会吃败仗。现在您赶快把国内的青壮百姓都征集起来，派出群臣带着他们去包围攻打吴国，等到战争结束大量百姓死在外面，那些大臣也死的死，伤的伤，失去了往日的强势，这样一来，在朝堂上就没有了与您匹敌的强臣，在朝外也没有了依附于强臣的民众势力，能够孤立齐君控制齐国的就只有您一个人了。”陈成恒说：“说得好！好是好，但是我国的军队已经在鲁国的城外，如果这样离开鲁国到吴国去，大臣们将会对我产生怀疑，怎么办？”子贡说：“您暂且按兵不动，不要攻城，请让我去拜见吴王，说服他以援救鲁国的名义讨伐齐国，您就可以出兵应战。”陈成恒爽快地答应了，子贡于是向吴国奔去。

9.3 子贡南见吴王，谓吴王曰：“臣闻之，王者不绝世，而霸者不强敌；千钧之重，加铢而移[①]。今万乘之齐[②]，私千乘之鲁[③]，而与吴争强，臣切为君恐[④]。且夫救鲁，显名也；而伐齐，大利也。义在存亡鲁，勇在害强齐而威申晋邦者，则王者不疑也。”吴王曰：“虽然，我常与越战[⑤]，栖之会稽。夫越君，贤主也，苦身劳力，以夜接日，内饰其政[⑥]，外事诸侯，必将有报我之心。子待吾伐越而还。”子贡曰：“不可。夫越之强不下鲁[⑦]，而吴之强不过齐，君以伐越而还，即齐也亦私鲁矣。且夫伐小越而畏强齐者不勇，见小利而忘大害者不智，两者臣无为君取焉。且臣闻之，仁人不困厄，以广其德；智者不弃时，以举其功；王者不绝世，以立其义。今君存越勿毁，亲四邻以仁；救暴困齐，威申晋邦以武[⑧]；救鲁，毋绝周室，明诸侯以义。如此，则臣之所见，溢乎负海[⑨]，必率九夷而朝[⑩]，即王业成矣。且大吴畏小越如此，臣请东见越王,使之出锐师以从下吏⑪,是君实空越,而名从诸侯以伐也。”吴王大悦,乃行子贡。

【注释】

①千钧之重,加铢而移:钧,古代重量单位,三十斤为钧。铢,古代重量单位,二十四铢等于旧制一两。此句意思是:齐国之强,若兼并了鲁国,则其势力更强了。

②万乘(shèng):万辆战车。古代四马驾一车为一乘。

③私:私有。动词,以……为私,占为己有。

④切:同“窃”,私下。

⑤常:通“尝”,曾经。

⑥饰:整治,整顿。

⑦越之强不下鲁:《史记》作“越之劲不过鲁”,《吴越春秋》作“夫越之强不过于鲁”。按,联系下句“而吴之强不过齐”,此“下”当是“过”之误。

⑧救暴困齐,威申晋邦以武:按《史记》作“救鲁伐齐,威加晋国”,又其上文有“诛暴齐以服强晋”句,《吴越春秋》作“害暴齐而威强晋”。救,疑为“诛”字之讹。诛,讨伐。

⑨负海:靠海,沿海。

⑩九夷:古称东部民族为夷,有九种。《后汉书·东夷列传》云:“夷有九种,曰畎夷、于夷、方夷、黄夷、白夷、赤夷、玄夷、风夷、阳夷。”泛指沿海各诸侯国。

⑪下吏:属吏。古代一种外交辞令,外臣对所至之国国君的敬称(“你”的敬避词),往往以“下吏”“左右”称呼之。

【译文】

子贡向南行,到吴国见到吴王夫差,对吴王说:“我听说,推行王道的人就不会使诸侯列国世系绝灭,推行霸道的人就不会让匹敌之国势力强大。千钧重物，加上微小的东西就会改变它的分量。现在，有万乘战车的齐国，将要吞并有千乘战车的鲁国，进而跟吴国争霸，我心里正替大王您担心。况且援救鲁国，可以扬名天下；讨伐齐国，可以获得厚利。这种正义的举动在于能够保存面临灭亡的鲁国，这种勇武的精神在于能够削弱强大的齐国，而且威势震慑晋国，这对于推行王道的您来说是不用置疑的。"吴王夫差说："这样做虽然可以名利双收，但是我们曾经跟越国发生过战争，把他们围困在会稽山上。越王句践是个贤明的国君，他节制物欲，身体力行，刻苦磨砺自己，夜以继日，不知疲倦；对内整治国政，对外结交诸侯，必定念念不忘寻机向我报复。您还是等我讨平越国回来再说吧。"子贡说："不能这样做。越国国力最强也没有超过鲁国，吴国的强大也没有超过齐国，如果等您讨平越国回来，那么齐国也就已经兼并了鲁国。况且忍心攻打弱小的越国却害怕攻打强大的齐国，这不是勇敢的行为；只看到眼前的小利而不顾日后的大害，这不是明智的举措。从这两方面来说，我认为您的想法不可取。而且我听说，一个有仁义之心的人会救人于艰难困境，来推广他的恩德；一个具有聪明才智的人会抓住时机，来建立他的功业；一个推行王道的人就不会使诸侯列国世系灭绝，来弘扬他的正义。现在大王您保存越国不去毁灭它，用仁义的行动来亲睦四方邻国；用武力去讨伐强暴的齐国使它陷入窘境，余威可以震慑晋国；拯救鲁国，使得周朝宗室的世系不至于灭绝，让诸侯明白您这是尊奉周室的正义之举。这样的话，我将会看到吴国的威望超越沿海，沿海诸侯一定纷纷前来吴国朝贡，到那时大王您称王天下的事业就成功了。况且强大的吴国何必如此惧怕小小的越国！您如果心里不踏实，不妨让我去见见越王，叫他派出精锐的军队随您一同去讨伐齐国，这样您实际上是使越国国内力量空虚，而名义上却可打着率领诸侯讨伐暴齐的旗子。"吴王夫差听了非常高兴，便让子贡赶快前行。

9.4 子贡东见越王，越王闻之，除道郊迎至县[①]，身御子贡至舍，而问曰：“此乃僻陋之邦，蛮夷之民也。大夫何索，居然而辱②，乃至于此？”子贡曰：“吊君，故来。”越王句践稽首再拜，曰：“孤闻之，祸与福为邻，今大夫吊孤，孤之福也，敢遂闻其说。”子贡曰：“臣今见吴王，告以救鲁而伐齐。其心申③，其志畏越，曰：‘尝与越战，栖于会稽山上。夫越君，贤主也。苦身劳力，以夜接日，内饰其政，外事诸侯，必将有报我之心。子待我伐越而听子。’且夫无报人之心而使人疑之者，拙也；有报人之心而使人知之者，殆也；事未发而闻者，危也。三者，举事之大忌。”越王句践稽首再拜，曰：“昔者，孤不幸少失先人，内不自量，与吴人战，军败身辱，遗先人耻。遁逃出走④，上栖会稽山，下守溟海⑤，唯鱼鳖是见。今大夫不辱而身见之⑥，又出玉声以教孤，孤赖先人之赐，敢不奉教乎！”

【注释】

①县：《周礼·秋官·叙官》郑玄注：“距王城三百里至四百里曰县。”

②辱：辱临鄙邦。谦词，犹屈尊、枉驾。

③申：明白。

④遁：同“遁”，逃。

⑤溟海：大海。

⑥不辱：不以……为耻辱。

【译文】

子贡向东出发来见越王，越王句践听到这个消息，赶忙派人清扫道路，亲自来到郊外迎接，又亲自驾车把子贡送到宾馆，恭敬地问子贡道：“这里是一个偏僻贫穷的国家，人民野蛮落后。先生有什么事要我帮忙，竟然不远千里屈尊来到鄙国？”子贡说：“您将有大祸来临，所以来向您表示慰问。”越王句践赶忙叩头拜谢，说：“我听说祸与福是相互依存的，今天先生来慰问我，是给我带来福气。我斗胆请您把您知道的讲给我听。”子贡说：“我去见过吴王，告诉他救援鲁国、讨伐齐国的利益，请他出兵。吴王内心很明白伐齐的利益，但他又害怕越国偷袭。他说：‘我们曾经跟越国发生过战争，把他们围困在会稽山上。越王句践是个贤明的国君，他节制物欲，身体力行，刻苦磨砺自己，夜以继日，不知疲倦；对内整治国政，对外结交诸侯，必定念念不忘寻机向我报复。先生还是等我讨平越国回来再听从你的意见。’况且没有报复人家的心思，却使人家怀疑你要报复他，那太愚笨了；有报复人家的意图，却让人家知道了，那就危险了；报复的行动还没有实施，消息就已经泄露出去，那就会招致祸殃。这三种情况是办大事所最忌讳的。”越王句践又叩头拜了再拜，说：“以前，我不幸很小就失去了先人的教诲，自不量力，与吴国拼战，仗打败了，自己的人格受到了侮辱，也使先人蒙受了耻辱。突围出来后，逃到会稽山上，居住在深山老林，活动在茫茫大海，成天跟鸟兽鱼鳖打交道。现在先生不怕遭受怠慢而亲自远道赶来看望我，又用金玉良言教导我，我如今仰赖先人的保佑得以保存社稷，怎敢不认真听从您的教诲！”

9.5 子贡曰：“臣闻之，明主任人不失其能，直士举贤不容于世[①]。故临财分利则使仁，涉危拒难则使勇，用众治民则使贤，正天下、定诸侯则使圣人。臣窃练下吏之心[②]，兵强而不并弱[③]，势在其上位而行恶令其下者，其君几乎？臣窃自练可以成功至王者，其唯臣几乎[④]？今夫吴王有伐齐之志，君无惜重器[⑤]，以喜其心；毋恶卑辞，以尊其礼，则伐齐必矣。彼战而不胜，则君之福也；彼战而胜，必以其余兵临晋，臣请北见晋君，令共攻之，弱吴必矣。其骑士、锐兵弊乎齐，重器、羽旄尽乎晋[6]，则君制其敝，此灭吴必矣。”越王句践稽首再拜曰：“昔者吴王分其人民之众[7]，以残伐吾邦，杀败吾民，屠吾百姓，夷吾宗庙，邦为空棘，身为鱼鳖饵。今孤之怨吴王，深于骨髓！而孤之事吴王，如子之畏父，弟之敬兄。此孤之外言也。大夫有赐，故孤敢以疑？请遂言之。孤身不安床席，口不甘厚味，目不视好色，耳不听钟鼓者，已三年矣。焦唇干嗌[8]，苦心劳力；上事群臣，下养百姓。愿一与吴交天下之兵于中原之野，与吴王整襟交臂而奋[9]；吴越之士，继迹连死；士民流离，肝脑涂地，此孤之大愿也！如此不可得也。今内自量吾国，不足以伤吴；外事诸侯不能也。孤欲空邦家，措策力[10]，变容貌，易名姓，执箕箒，养牛马，以臣事之。孤虽要领不属，手足异处，四支布陈，为乡邑笑，孤之意出焉[11]！大夫有赐，是存亡邦而兴死人也，孤赖先人之赐，敢不待命乎？”子贡曰：“夫吴王之为人也，贪功名而不知利害。”越王慥然避位曰[12]：“在子。”子贡曰：“赐为君观夫吴王之为人，贤强以恣下[13]，下不能逆[14]；数战伐，士卒不能忍。太宰嚭为人，智而愚，强而弱[15]；巧言利辞以内其身[16]，善为伪诈以事其君；知前而不知后，顺君之过以安其私，是残国之吏，灭君之臣也。”越王大悦。

子贡去而行，越王送之金百镒、宝剑一、良马二[17]，子贡不受，遂行。

【注释】

①容：容悦，逢迎取媚。

②臣窃练：我私下推断。练，熟悉。此可释为推理。

③并：合。此可释为匡扶。

④唯：独，只有。句意为“舍我其谁”。

⑤重器：指车骑之类。

⑥羽旄：古代军旗的一种。以雉羽、旄牛尾装饰旗杆，故名。

⑦分：疑为“奋”之音讹。有号召、动员的意思。

⑧嗌（yì）：咽喉。

⑨整襟交臂而奋：两人面对面、手与手格斗。整襟，衣襟相碰。奋，格斗。

⑩措策力：措，置，弃置、放弃。策力，谋划与武力。《吴越春秋》卷五作“愿空国，弃群臣”。

⑪“孤虽”数句：按，此数句疑为错简，当置“与吴王整襟交臂而奋”句下。要领不属，头与身不相连属。即身首异处。支，同“肢”。

⑫慥（zào）：仓促，急忙。

⑬贤强以恣下：“贤”字不可解，疑为“坚”字之讹。即与前“刚猛以毅”的“刚猛”同义。

⑭逆：违背。

⑮智而愚，强而弱：外表聪明，实则愚蠢；表面强壮，实则虚弱。即外强中干。

⑯内：同“纳”，纳入，使进入。

⑰镒：古代重量单位，二十两或二十四两。

【译文】

子贡说：“我听说：英明的君主使用人才不会不顾他的专长，正直的人推举能人不会取媚于世俗。所以管理财物分配利益的事就派仁义的人去做；涉足险地抵抗外敌的事就派勇敢的人去做；管理百姓治理国家的事就派贤德的人去做；匡正天下安定诸侯的事就派圣明的人去做。我私下推断您可能会有这种想法：兵力强盛但不去匡扶弱小，却凭着强势对弱势国家或臣下肆意发号施令，那样的君主能成就王霸之业的有多少呢？我也暗自思忖，可以成功地辅佐某位君主称王称霸的，除了我还有几个呢？现在吴王夫差有讨伐齐国的野心，您不要可惜那些宝物，把它们送给吴王以取得他的欢心；不要怕难为情地说些谦恭讨好的话，以便在礼节上尊重、景仰吴王以抬高他的地位，那么吴王就一定会去讨伐齐国。如果吴国战而不胜，就是您的福分；如果吴国打胜了，就一定会带着剩余的军队逼近晋国与晋国争霸，请让我北上去见晋国国君，叫他和您共同攻击吴军，吴国的势力就一定能够削弱了。吴国的骑士、精兵经过与齐国的交战已疲惫不堪，车辆、旌旗在与晋国的交锋中也丧失殆尽，您就可以在吴国陷入困境的时候制伏它，就一定可以灭亡吴国了。”越王句践叩头拜了再拜，说：“过去，吴王夫差动员全国的力量，来残酷地征伐我国，打败我的军队，屠杀我的百姓，平毁我的宗庙，把我们的国家弄得旷无人烟、荆棘遍地，百姓的身体成为鱼鳖的食料。现在我对吴王夫差的仇恨，深入骨髓！但我又不得不小心侍奉吴王，像儿子害怕父亲，弟弟尊敬兄长那样。这当然是我做的表面文章。先生不吝赐教，所以我哪敢怀疑您的来意！请让我把心意表明了吧。我晚上躺在床上睡不上一个安稳觉，最有滋味的东西吃来也不香甜，眼睛没有心思看美人，耳朵没有闲空听音乐，已经有三个年头了。这几年我即便嘴唇发焦、喉咙发干也不顾，刻苦磨练自己的意志，亲自操劳国家大事；在上尊重群臣，认真听取他们的正确意见，在下教养百姓，悉心训练他们的耕战能力。我正希望现在就倾全国的力量跟吴国军队在大平原上干上一仗，与吴王夫差面对面地拼杀。我即使脑袋搬家，手足分离，四肢散满一地，被国人讥笑，我的那口怨气也就可以发泄了。只要看到吴、越两国的勇士，前赴后继，哪怕人民流离失所，肝脑涂地，这就是我最大的心愿！只是这样的机会无法得到。现在我估计我国目前的力量，还不能够对吴国造成伤害；对外联络诸侯各国也还不能做到。我愿意尽我全国的财力物力，暂时放弃我的复仇计划，改变自己的容貌，更换自己的姓名，手拿扫帚簸箕，替人喂牛养马，用臣仆的礼节来侍奉他们。今有先生赐教，是让我们这个快要灭亡的国家得以保存，使我们这些行将死亡的人获得了生机啊。我仰赖先人的保佑得到您这位救星，敢不听从您的吩咐吗？”子贡说：“吴王夫差的为人，只知贪图一时的功名，但不顾日后的安危。”越王句践慌忙离开座位，说：“全靠您了。”子贡说：“我替您观察吴王夫差的为人，他刚愎自用，对臣下恣意妄为，臣下不能有反对意见；又穷兵黩武，士兵们不堪忍受战争之苦。太宰伯嚭为人貌似聪明，实则愚蠢；外表刚强，实则虚弱；用花言巧语作为他进身的手段，善于弄虚作假来欺骗他的君主；只知贪图眼前的利益而不懂得考虑后患，顺从君主的错误来满足自己的私欲，是一个断送国家的奸吏、灭亡君主的佞臣。”越王听了非常高兴。

子贡准备离开越国启程回吴，越王句践送给他黄金百镒、宝剑一把、良马二匹作为答谢，子贡没有接受就走了。

9.6 至吴，报吴王曰：“敬以下吏之言告越王，越王大恐，乃惧曰：‘昔孤不幸，少失先人。内不自量，抵罪于县[①]。军败身辱，遯逃出走，栖于会稽。邦为空棘，身为鱼鳖饵。赖大王之赐，使得奉俎豆而修祭祀[②]。大王之赐，死且不忘，何谋敢虑？’其志甚恐，似将使使者来。”

子贡至五日，越使果至，曰：“东海役臣孤句践使使臣种，敢修下吏问于左右[③]：昔孤不幸，少失先人，内不自量，抵罪于县。军败身辱，遯逃出走，栖于会稽。邦为空棘，身为鱼鳖饵。赖大王之赐，使得奉俎豆而修祭祀。大王之赐，死且不忘。今窃闻大王将兴大义，诛强救弱，困暴齐而抚周室，故使越贱臣种以先人之藏器：甲二十领、屈卢之矛、步光之剑[④]，以贺军吏[⑤]。大王将遂大义，则弊邑虽小，悉择四疆之中，出卒三千，以从下吏；孤请自被坚执锐，以受矢石。”

吴王大悦，乃召子贡而告之曰：“越使果来，请出卒三千，其君又从之，与寡人伐齐，可乎？”子贡曰：“不可。夫空人之邦，悉人之众，又从其君，不仁也。君受其弊⑥，许其师，而辞其君。”吴王许诺。

【注释】

①抵罪于县：按《史记》《吴越春秋》皆作“抵罪于吴”。抵，触犯。县，古时称帝王所居之处，即王畿为县。因称天子为县官。这里尊称吴王。

②奉俎豆而修祭祀：捧着祭品敬献给祖宗。奉，通“捧”。俎豆，古代祭祀、宴享的礼器。修，治办。

③敢修下吏问于左右：意思是冒昧地向您询求。一种外交辞令。敢，自言冒昧之词。修下吏，有“备上礼物修好结交于你”的意思。左右，谦敬词。不直称其人，称左右以示尊敬。

④屈卢之矛、步光之剑：屈卢，《史记·商君列传》：“屈卢、干将，并古良匠造矛戟者名。”此用作良矛的代称。步光，良剑名。

⑤贺：慰劳，犒劳。

⑥弊：通“币”。

【译文】

子贡回到吴国，向吴王夫差报告说：“我严肃地将您的话传达给越王句践，他非常害怕，便战战兢兢地说：‘以前我不幸很小就失去了先人的教诲，自不量力，冒犯了上国。仗打败了，自己也失去了脸面，仓皇逃了出来，栖身在会稽山深山老林里。弄得国家旷无人烟，荆棘遍地，自己也差点成为鱼鳖的食料。仰赖大王的恩赐，使我能够捧着俎豆进行祭祖典礼。对大王的恩典，我到死也不会忘记，哪里还敢有什么非分之想呢？’

看他内心十分恐惧，估计不久将会派使者到来。”

子贡回到吴国的第五天，越国的使臣果然到了吴国。使臣见到吴王说：“东海边替您当差的臣仆句践派了使者文种，冒昧地通使问好并向大王询求：以前我不幸很小就失去了先人的教诲，自不量力，冒犯了上国。仗打败了，自己也失去了脸面，仓皇逃了出来，栖身在会稽山深山老林里。弄得国家旷无人烟，荆棘遍地，自己也差点成为鱼鳖的食料。仰赖大王的恩赐，使我能够捧着俎豆进行祭祖典礼。对大王的恩典，我到死也不会忘记。现在我听说大王将要为天下伸张正义，讨伐强暴，救助弱小，约束强横的齐国，匡扶周朝的宗室，所以派遣越国小臣文种将先人珍藏的器物——铠甲二十副和屈卢大矛、步光宝剑献上，来慰劳将士们。大王将为天下伸张正义，我国即便弱小，也将从国内挑选出三千士兵，跟随您一起出征，并请求让我身穿盔甲、手拿武器跟战士们一道参加战斗。”

吴王非常高兴，便召见子贡并告诉他说：“越国的使者果然来了，还请求出兵三千，他们的国君也一起来，跟我一道讨伐齐国，这样可以吗？”子贡说：“这样不好。把人家的财物掏空了，把人家的士兵全部征用了，又让人家的君主跟随出征，这样做不仁道。您还是接受他们献上的礼物，答应他们派遣军队，但不能答应他们的国君跟随出征的请求。”吴王听从了子贡的建议。

9.7 子贡去之晋，谓晋君曰：“臣闻之，虑不先定，不可以应卒[①]；兵不先辨[②]，不可以胜敌。今齐吴将战，胜则必以其兵临晋。”晋大恐，曰：“为之奈何？”子贡曰：“修兵休卒以待吴，彼战而不胜，越乱之必矣。”晋君许诺。子贡去而之鲁。

吴王果兴九郡之兵[③]，而与齐大战于艾陵，大败齐师，获七将[④]。陈兵不归，果与晋人相遇黄池之上[⑤]。吴、晋争强[⑥]，晋人击之，大败吴师。越王闻之，涉江袭吴，去邦七里而军阵。吴王闻之，去晋从越[7]。越王迎之，战于五湖。三战不胜，城门不守。遂围王宫，杀夫差而僇其相[8]。伐吴三年，东乡而霸[9]。故曰子贡一出，存鲁，乱齐，破吴，强晋，霸越是也。

【注释】

①卒：同“猝”，急促。此指突发事件。

②辨：同“办（辦）”，备办。

③兴九郡之兵：指动员全国的部队。九，言其多。

④“与齐大战”数句：事在公元前 484 年。

⑤与晋人相遇黄池之上：事在公元前 482 年夏。黄池，春秋卫地，后属宋。今河南封丘西南。

⑥争强：争夺盟主之位。

⑦吴王闻之，去晋从越：时吴王夫差率主力在黄池，听到国内关于越国袭击之事，回师南下。从，追逐。

⑧僇：通“戮”。

⑨东乡而霸：成为东方的霸主。乡，通“向”。

【译文】

子贡离开吴国到了晋国，对晋定公说：“我听说，计谋没有预先确定，就不能应付突发的情况；军队没有训练好，就不能战胜敌人。现在齐国和吴国就要打仗了，吴国如果胜利了，就一定会把它的军队移向晋国。”晋定公大为惊恐，说：“怎么办呢？”子贡说：“整顿好武器、休整好军队等待吴国军队的到来。吴国如果打了败仗，那么越国就一定会乘虚袭击吴国。”晋定公听从了子贡的意见。子贡于是离开晋国回到鲁国。

吴王夫差果然动员全国的军队讨伐齐国，与齐国军队在艾陵展开激战，把齐国军队打得大败，俘获了齐国的七位将领。战胜后仍然驻军原地不返回吴国，后来果然在黄池与晋国的军队相遇。吴王夫差与晋定公争夺霸主之位，晋军发起攻击，把吴军打得大败。越王句践听到这个消息，便率领军队渡过钱塘江袭击吴国，在距离吴都城七里的地方摆开阵势。吴王听到越军袭击吴国，就放弃与晋国对敌而回师对付越国。越王句践率军迎了上去，两军激战在太湖边。经过多次鏖战吴军不能取胜，城门也没守住。越军便围住吴王宫殿，杀了吴王夫差，处死了太宰伯嚭。灭吴三年后，越国成为东方霸主。所以说子贡到外面转了一圈，保全了鲁国，搅乱了齐国，破灭了吴国，使得晋国强大，越国称霸。

第八卷

越绝外传记地传第十

【题解】

与《吴地传》一样，这是一篇记述越国历史和地理的地志。

其历史的记述要比《吴地传》详细，它不仅记述了越国贵族的来源——“越之先君无馀，乃禹之世，别封于越，以守禹冢”，“千有余岁而至句践”，对先祖大禹的“忧民救水”“教民鸟田”及其死后薄葬的功绩和精神，作了生动的描述和赞美，而且记述了越国句践时期由兵败臣吴到灭吴雪耻、“霸关东”的历史过程；既有越王的世系，也有秦元王以后秦君的世系；对秦灭六国、秦始皇南巡行程及越地移民情况也作了简单的记述。

其地理的记述与《吴地传》也有较多的不同。一是地理环境的差异，吴地多湖泊，越地多山地，记述有所侧重。二是《吴地传》多城池、宫殿、陵墓、交通等基本设施，而本篇除此以外，更多地记述了生产（农业、畜牧业、手工业）和军事设施，还有疆域的变化情况。透过这些，我们可以发现越王句践在兵败臣吴以后，迫于吴国的压力，在国小民穷的情况下所采取的措施：对外努力臣事吴国——献美女、良材、布帛、山珍；对内努力发展生产，生聚教训，励精图治，富民强国。这是“小越”能够灭亡“大吴”、称霸诸侯的基础。

《记地传》不仅真实地记录了这一地区曾经发生过的历史事件，也传达出这一地区早期开发和曾经辉煌的历史信息，为历来研究者所重视。

10.1 昔者，越之先君无馀[①]，乃禹之世[②]，别封于越[③]，以守禹冢[④]。问："天地之道，万物之纪，莫失其本。神农尝百草水土甘苦[⑤]，黄帝造衣裳[⑥]，后稷产穑[⑦]，制器械，人事备矣。畴粪桑麻[⑧]，播种五谷，必以手足。大越海滨之民，独以鸟田[⑨]，小大有差，进退有行，莫将自使，其故何也？"曰："禹始也，忧民救水，到大越，上茅山，大会计，爵有德，封有功，更名茅山曰会稽[⑩]。及其王也，巡狩大越，见耆老，纳诗书，审铨衡[⑪]，平斗斛[⑫]。因病亡死，葬会稽[⑬]。苇椁桐棺，穿圹七尺；上无漏泄，下无即水；坛高三尺，土阶三等，延袤一亩。尚以为居之者乐，为之者苦，无以报民功，教民鸟田，一盛一衰。当禹之时，舜死苍梧[⑭]，象为民田也[⑮]。禹至此者，亦有因矣，亦覆釜也[⑯]。覆釜者，州土也[⑰]，填德也[⑱]。禹美而告至焉。禹知时晏岁暮，年加申酉[⑲]，求书其下，祠白马禹井。井者，法也[⑳]。以为禹葬以法度[㉑]，不烦人众。"

【注释】

①无馀：禹七世孙，夏后帝少康的儿子。传说他被封于越地，成为越君的先祖。

②世：后裔。

③别：别子，古代天子、诸侯嫡长子以外的儿子。

④禹冢：大禹陵墓。《史记集解》引《皇览》曰："禹冢在山阴县会稽山上。会稽山本名苗山，在县南，去县七里。"

⑤神农：即神农氏。传说中农业和医药的发明者。一说即炎帝。

⑥黄帝造衣裳：传说养蚕、舟车、文字、音律、医学、算数等发明创造都在黄帝时期。

⑦后稷：见《计倪内经》5.2 注㉓。穑：收获谷物。这里指生产谷物。

⑧畴粪：培土施肥。名词作动词。

⑨鸟田：说法不一。传统的说法是鸟耘。愚以为，所谓“象田”“鸟田”，其实可能是井田制以前、或有别于上古中原地区井田制的土地制度。传说者往往从“象”“鸟”字面去阐发，既不能得其实，又难以圆其说。传说禹“东教乎九夷”“教民鸟田”，“教”字包含了夏族征服其他部落之后所实施的法制规范和礼制教化。

⑩“禹始也”数句：《史记·夏本纪》：“或言禹会诸侯江南，计功而崩，因葬焉，命曰会稽。会稽者，会计也。”爵，爵位。此为动词，封爵。

⑪审：详查，细究。有统一、校正的意思。铨衡：衡量轻重的器具。铨，权，俗谓秤砣。衡，秤杆。

⑫平：均等，公平。有统一义。斗斛：衡量食物容量的器具。斗，口大底小的方形量器。先秦10斗为1斛。

⑬葬会稽：今浙江绍兴南会稽山北麓有禹陵，相传为禹的葬地。

⑭舜：见《吴内传》4.5注③。苍梧：今湖南南部。《史记·五帝本纪》：“（舜）践帝位三十九年，南巡狩，崩于苍梧之野。葬于江南九疑，是为零陵。”零陵在今湖南宁远南。

⑮象为民田：其义与“鸟为之耘”同。

⑯覆釜（fǔ）：古水名。古九河之一，形如覆釜而得名。也作山名。《吴越春秋》卷六徐天祜注：“《舆地志》：‘会稽山有石，状如覆鬴，谓之覆鬴山。’‘鬴’亦作‘釜’。”釜，古代一种炊器，敛口，圜底，或有两耳。覆釜，即侧翻的釜。

⑰州土：州，扬州，古九州之一。会稽，《禹贡》属扬州。

⑱填：通“镇”，古称一方的主山为镇。会稽山为南镇。

⑲年加申酉：加，超过。申酉，十二地支的第九、十位。以每支一旬计，则禹当时在九十至一百岁之间。《史记集解》引皇甫谧曰：“年百岁也。”

⑳井者，法也：井是一种法度。估计是上古的户籍制度。井，古制八

家为井，说文："井，八家一井……古者伯益初作井。"井也是一种土地制度，叫"井田制"，相传流行于殷周时期。见《孟子·滕文公上》。

㉑禹葬以法度：从《吴越春秋》所说"葬之后田无改亩"及《淮南子·齐俗训》"禹葬会稽之山，农不易其亩（亩，垄，即田中高处，亦即田埂）"按之，此"法度"除了葬法，还有土地制度。似是禹嘱托群臣，在他死后一定要遵守既定的土地制度。

【译文】

从前，越国的开国君主无馀，是大禹的后代，封在越地为诸侯，来守护其先祖大禹的陵墓。有人问："天地有天地的规律，万物有万物的法则，凡事离不开它的根本。神农遍尝百草和水土的甘苦，黄帝制作衣裳，后稷生产粮食，制造器械，人类生产和生活的事情都完备了。给桑、麻培土施肥，播种五谷，一定是用手和足。可是唯独大越海滨的百姓，有百鸟替他们耘田，大小有等次，进退有秩序，没有谁自行其是，这是什么缘故呢？"回答说："当初大禹忧虑百姓疾苦，奉命治理洪水，来到大越，登上茅山，大会诸侯，论功行赏，给道德高尚的人赏以爵位，给功劳卓著的人封以土地，将茅山更名为会稽山。到他登上王位，又来到大越视察，会见年高有声望的老人，采集诗歌和文献典籍，校正秤砣、秤杆之类的衡器，统一斗、斛之类的量器。因为劳累患病而死，葬在会稽山。下葬时用芦苇作椁，桐木作棺，挖了个七尺深的坑；只求上面不漏水，下面无积水；只筑三尺高的祭坛，墓前也只有三级土筑的台阶，整座墓域只有一亩方圆。这样简陋的葬法，还认为自己葬在里面会很安乐，而为自己修墓的人却很辛苦，无法报答他们的功劳，于是教给他们'鸟田'之法，与时盛衰。正像当年大禹在世时，舜死在苍梧，教给老百姓'象田'之法一样。大禹来到大越也是有原因的，是因为此地也像'覆釜'。覆釜（会稽）是扬州的宝地，覆釜山（会稽山）是一方的神山，大禹喜爱此地并告诉群臣说他死后要葬在这里。大禹知道自己年事已高，来日不多，于是在覆釜山下寻求金简玉字之书，杀一匹白马，用白马血祭祀禹井。井就是一种法度。人们认为大禹是按照当时的法度下葬的，不去麻烦更多的百姓。”

10.2 无馀初封大越，都秦馀望南[①]，千有余岁而至句践。句践徙治山北，引属东海[②]，内、外越别封削焉[③]。句践伐吴，霸关东[④]，从琅琊起观台[⑤]。台周七里，以望东海。死士八千人[⑥]，戈船三百艘[⑦]。居无几，躬求贤圣。孔子从弟子七十人，奉先王雅琴，治礼往奏[⑧]。句践乃身被赐夷之甲[⑨]，带步光之剑，杖物卢之矛[⑩]，出死士三百人，为阵关下。孔子有顷姚稽到越[⑪]。越王曰：“唯唯，夫子何以教之？”孔子对曰：“丘能述五帝三王之道[⑫]，故奉雅琴至大王所[⑬]。”句践喟然叹曰：“夫越性脆而愚[⑭]，水行而山处；以船为车，以楫为马；往若飘风，去则难从[⑮]；锐兵任死[⑯]，越之常性也。夫子异则不可。”于是孔子辞，弟子莫能从乎。

【注释】

①秦馀望：疑为秦望山。《水经·渐江水注》：“山南有嶕岘，岘里有大城，越王无馀之旧都也。”

②引属：延伸。

③内、外越别封削焉：《吴越春秋·句践归国外传》：“吴封地百里于越，东至炭渎，西止周宗，南造于山，北薄于海。”百里之内为越王句践封地，称内越。百里之外的越地为外越，分封给别人。削，分割。

④关东：函谷关或潼关以东地区。亦称山东。

⑤琅琊：《外传本事》作“琅邪”。见 1.3 注⑤。

⑥死士：敢于赴死的勇士。

⑦戈船：战船。《汉书·武帝纪》颜师古注引臣瓒曰：“《伍子胥书》

有'戈船',以载干戈,因谓之戈船也。"

⑧"孔子"数句:孔子死于公元前479年,而越灭吴在前473年,在孔子死六年之后。史不可据。从,使……跟从,带领。雅琴,古琴的一种。《周礼·春官·笙师》:"笙师掌教……应、雅,以教祴乐。"郑玄注引郑司农曰:"雅,状如漆筩而弇口,大二围,长五尺六寸,以羊韦鞔之,有两纽,疏画。"

⑨被:同"披"。赐夷之甲:一种用坚兽皮制成的铠甲。《外传记宝剑》作"肠夷之甲";《吴越春秋·王僚使公子光传》作"棠铁之甲",又《句践伐吴外传》作"唐夷之甲"。

⑩杖:执持。物卢之矛:《内传陈成恒》和《吴越春秋·句践伐吴外传》作"屈卢之矛"。

⑪孔子有顷姚稽到越:《吴越春秋·句践伐吴外传》作"孔子有顷到"。疑"姚稽"为衍文。

⑫五帝三王:见《外传记范伯》8.1注②。

⑬奉:通"捧"。

⑭脆:干脆,直率。

⑮去:通"驱",行进。

⑯锐兵任死:《吴越春秋·句践伐吴外传》作"悦兵敢死"。

【译文】

无馀刚受封到大越的时候,将都城建在秦馀望山的南边,经历一千多年到越王句践以前没有改变。越王句践把都城迁到秦馀望山北面,疆域延伸到东海边,吴王将占领的大越土地分别封赏,形成了内越、外越,越国的疆域缩小了。后来越王句践攻灭了吴国,称霸东方,在琅琊建造了一座高台,高台的周围有七里,可以凭高远眺,观望东海。驻有八千名勇士,三百只战船。过不多久,越王句践亲自张榜寻找贤士圣人。孔子听到这个消息,就带着弟子七十人,捧着先王的雅琴,带着先王的礼乐,准备吹奏给越王听,去感化他。越王句践身上披着用犀牛皮做的铠甲,腰间佩着步光宝剑，手里握着屈卢大矛，派出三百名勇士，到关下摆开阵势迎接孔子一行。孔子一会儿带着弟子来到越国。越王说："哦哦，先生用什么来教诲我呢？"孔子回答说："我能够讲述五帝三王治国安邦的道理，所以捧着先王的雅琴来到大王这里。"越王句践喟然叹息说："我们越国人性格直率，头脑简单，居住在山上，活动在水里；把船当作车子，把桨当作马匹；行驶起来像一阵风，追也追不上；喜欢打仗又不顾生死，这是我们越人的天性。先生与此不同的就没有必要说。"于是孔子告辞而去，众弟子也没有一个能留下来跟从越王。

10.3 越王夫镡以上至无馀①，久远，世不可纪也。夫镡子允常②。允常子句践，大霸称王，徙琅琊，都也。句践子与夷③，时霸。与夷子子翁④，时霸。子翁子不扬⑤，时霸。不扬子无彊⑥，时霸，伐楚，威王灭无彊⑦。无彊子之侯⑧，窃自立为君长。之侯子尊⑨，时君长。尊子亲，失众，楚伐之，走南山⑩。亲以上至句践，凡八君⑪，都琅琊二百二十四岁⑫。无彊以上霸，称王。之侯以下微弱，称君长。

【注释】

①夫镡：春秋晚期越国国君。

②允常（？—前497）：春秋晚期越国国君，越王夫镡之子，句践之父。

③与夷（前465—前459）：越王句践子。《吴越春秋》作"兴夷"，《史记》作"鼫与"，《竹书纪年》作"鹿郢"。

④子翁：按《吴越春秋》子翁为兴夷（与夷）之子，而《史记》则称子翁为鼫与之孙，不寿之子，是越王子翁之前尚有越王不寿（？—前447）。又《索隐》："《纪年》云：'不寿立十年见杀，是为盲姑。次朱句立。'"朱句在位37年。是不寿后为朱句，非子翁也。

⑤不扬:《史记》:“王翁卒,子王翳立。”《竹书纪年》也作“翳”。在位36年。不扬与翳或是同一人。

⑥无彊(?—前333):《史记》:“王翳卒,子王之侯立。王之侯卒,子王无彊立。”《索隐》:“《纪年》云:‘翳三十三年迁于吴,三十六年七月太子诸咎弑其君翳,十月粤杀诸咎粤滑,吴人立子错枝为君。明年,大夫寺区定粤乱,立无馀之。十二年,寺区弟忠弑其君莽安,次无颛立。无颛八年薨,是为菼蠋卯。’故庄子云‘越人三弑其君,子搜患之,逃乎丹穴不肯出,越人薰之以艾,乘以王舆’。乐资云‘号曰无颛’。盖无颛后乃次无彊也,则王之侯即无馀之也。”知无彊之前尚有诸咎粤滑、子错枝、无馀之(莽安)、无颛等越君名目。

⑦威王灭无彊:时在前334年。《史记·越王句践世家》:“楚威王兴兵而伐之,大败越,杀王无彊,尽取故吴地至浙江……越以此散,诸族子争立,或为王,或为君,滨于江南海上,服朝于楚。”

⑧之侯:张觉《吴越春秋校注》认为“王子侯”即“子玉”,为无彊之子。按,据《史记》和《竹书纪年》,之侯即子搜(无颛)。在位12年。

⑨尊:《吴越春秋》:“彊卒,子玉。玉卒,子尊。尊卒,子亲。”尊为无彊之孙,与此异。现将本书所列越王世系与《吴越春秋》《史记》及《竹书纪年》对照列表如下,以备参考:

越绝书	夫镡	允常	句践	与夷		子翁	不扬		无彊	之侯	尊	亲
吴越春秋	夫康	元常	勾践	兴夷	不寿		不扬		无彊	玉	尊	亲
史记		允常	句践	鼫与	不寿	翁	翳	之侯	无彊			
竹书纪年			句践	鹿郢	不寿	朱句	翳	诸咎粤滑 子错枝 无馀之(莽安)	无颛 (子搜) 无彊			

⑩南山:即会稽山地。因在州城之南,故称“南山”。

⑪八君：有误。见前注。

⑫二百二十四年：年数有误。越王句践都琅琊在前473年灭吴之后，至楚威王杀无彊在前334年，凡139年。按《竹书纪年》，越迁都琅琊在周贞定王元年（前468），周安王二十三年（前379），越王翳（不扬）迁都于吴，都琅琊时间为89年。

【译文】

越王夫镡以上直到越王无馀，因为年代久远，世系无法记述清楚。夫镡的儿子允常。允常的儿子句践，大霸称王，迁都琅琊。句践的儿子与夷，当时称霸。与夷的儿子子翁，当时称霸。子翁的儿子不扬，当时称霸。不扬的儿子无彊，当时称霸，他率兵征伐楚国，被楚威王灭掉了。无彊的儿子之侯，私下自立为君长。之侯的儿子尊，当时称为君长。尊的儿子亲，失去了国人的支持，楚国派兵征讨他，他逃到了会稽山。亲以上到句践，共八位君主，建都琅琊八十九年。无彊以上称霸，叫越王；之侯以下国势微弱，称为君长。

10.4 句践小城，山阴城也①。周二里二百二十三步②，陆门四，水门一。今仓库是其宫台处也。周六百二十步，柱长三丈五尺三寸，溜高丈六尺③。宫有百户，高丈二尺五寸。大城周二十里七十二步，不筑北面。而灭吴，徙治姑胥台④。

山阴大城者，范蠡所筑治也，今传谓之蠡城。陆门三，水门三，决西北，亦有事⑤。到始建国时⑥，蠡城尽。

【注释】

①句践小城，山阴城也：小城，越国王城。秦汉后为山阴县治所在地，故称山阴城。

②周二里二百二十三步：《吴越春秋》作“周千一百二十一步”。以

古代三百步为一里计，两书相差近一里。疑首个“二”字为“三”之误，当以《吴越春秋》为是。

③溜：下屋檐。

④徙治姑胥台：与迁都琅琊有矛盾。姑胥台，见《记吴地传》3.2注⑤。

⑤决西北，亦有事：《吴越春秋·句践归国外传》：“外郭筑城而缺西北，示服事吴也，不敢壅塞。内以取吴，故缺西北，而吴不知也。”决，通“缺”。

⑥始建国：西汉末新皇帝王莽年号，公元8—13年。

【译文】

句践小城即今之山阴县城。周长三里二百二十三步，有四座陆门，一座水门。现在的仓库就是当时宫殿的遗址。宫殿周长六百二十步，殿柱长三丈五尺三寸，下屋檐高一丈六尺。宫殿有一百扇门，门高一丈二尺五寸。大城周长二十里七十二步，不修筑北面的城墙。灭掉吴国以后，迁都到原吴国的姑胥台。

山阴大城是范蠡主持修建的，现在人们称它为蠡城。有三座陆门，三座水门，没有修筑西北面的城墙，也是有事因的。到了王莽始建国的时候，山阴大城已经毁圮殆尽。

10.5 稷山者①，句践斋戒台也②。

龟山者③，句践起怪游台也。东南司马门④，因以焰龟⑤。又仰望天气，观天怪也⑥。高四十六丈五尺二寸⑦，周五百三十二步，今东武里。一曰怪山⑧。怪山者，往古一夜自来，民怪之，故谓怪山。

驾台⑨，周六百步，今安城里⑩。

离台⑪，周五百六十步，今淮阳里丘⑫。

美人宫⑬，周五百九十步，陆门二，水门一，今北坛利里丘土城，句践所习教美女西施、郑旦宫台也[14]。女出于苎萝山[15]，欲献于吴，自谓东垂僻陋，恐女朴鄙，故近大道居。去县五里。

乐野者，越之弋猎处，大乐，故谓乐野[16]。其山上石室，句践所休谋也[17]。去县七里。

中指台马丘[18]，周六百步，今高平里丘。

东郭外南小城者，句践冰室[19]，去县三里。

句践之出入也，齐于稷山[20]，往从田里；去从北郭门，炤龟龟山；更驾台，驰于离丘，游于美人宫；兴乐中宿，过历马丘，射于乐野之衢；走犬若耶[21]，休谋石室；食于冰厨[22]，领功铨土[23]。已作昌土台[24]。藏其形，隐其情。一曰：冰室者，所以备膳羞也。

【注释】

①稷山：《太平寰宇记》引《郡国志》："稷山，一名稷山，越王种菜于此。"《万历绍兴府志》："薄父墓，《史记索隐》云：顾氏按，《冢墓记》薄父墓会稽西北禚山上。今又有《兆域正义》云：《括地志》，檝山在会稽西北三里，一名稷山，唐时山阴县也。"

②斋戒：古人在祭祀时沐浴更衣，戒其嗜欲，以示诚敬。

③龟山：一名怪山，亦曰飞来山。为句践时期的占卜场所。按，龟山有二：一在今绍兴城西南约2公里左右南山头村，有一山，其形如龟，俗呼为龟山。又其状如印，称为印山。一在绍兴城内，即今之塔山。

④司马门：王宫的外门，为掌管军政的官员驻地。此所言"东南司马门"，据《水经·渐江水注》，当为句践小城之西门。其位置在龟山之东南。

⑤炤龟：即用龟甲占卜。卜时灼龟甲，视其裂纹以判吉凶。古人每

有军事行动，必预先占卜。炤，同“照”。

⑥观天怪：观察天文星象的变异情况以定吉凶。为古代占星术。

⑦高四十六丈五尺二寸：高度恐有误。以汉制4.5尺折合1.06米计，高达110米，以当时越国的建筑水平，还难达到如此高度。疑“十六”为衍文，实际高度应为“四丈五尺二寸”，折合10.6米，为三层楼。《水经·渐江水注》“越起灵台于山上，又作三层楼以望云物”可证。

⑧怪：奇怪。这是越国后期移民现象的曲折反映。《水经·渐江水注》：“亦云：越王无彊为楚所伐，去琅邪，止东武，人随居山下。”

⑨驾台：句践停放车驾之所。今其址未详。按，置车驾为出入之方便，据下文“更驾台，驰于离丘”，应与离台不远，近大道。

⑩安城里：里名。《吴越春秋》作“驾台在于成丘”。今未详。

⑪离台：句践馆宾客之所。《万历绍兴府志》：“在府城东南二里。”

⑫淮阳里：《吴越春秋》徐天祜注：“《越旧经》：‘淮阳宫在会稽县东南三里。’”《嘉泰会稽志》：“淮阳里，一名淮阳宫……今会稽县北三里甘滂巷北也。”又“衢巷”：“甘露坊，耆旧云：古甘滂巷是。”按，据《万历绍兴府志》，甘露坊在静林坊西南，今西咸欢河北偏。

⑬美人宫：后称西施山。今绍兴城东迪荡新城内。山在建绍兴钢铁厂时已平毁。

⑭西施、郑旦：越国美女。

⑮苎萝山：在浙江诸暨城南。山上今筑有西施殿。

⑯乐野：越王猎苑。《水经注》：“湖北有三小山，谓之鹿野山，在县南六里。按《吴越春秋》，越之麋苑也。”今绍兴越城区稽山街道凌家山村一带，有鹿池山，旧传越王养鹿于此，因俗呼鹿墅山。今称六寺山。

⑰其山上石室，句践所休谋也：休谋，休息。石室，《水经注》：“（乐野）山有石室，言越王所游息处矣。”

⑱中指台：又称中宿台，《吴越春秋》徐天祜注：“《越旧经》：‘中宿台在会稽县东七里。’”《乾隆绍兴府志》：“台在高平里，会稽县东十里。”今绍兴越城区皋埠镇丰光村，原称高平村。村北原有越营山。

⑲冰室：见《记吴地传》3.6 注②。

⑳齐：同“斋”，斋戒。

㉑若耶：地名。在今浙江绍兴平水镇。有若耶山、若耶溪（今称平水江）。

㉒食（sì）于冰厨：食，拿东西给人吃。冰厨，即冰室。意思是献猎物告祭于祖宗灵前，祭毕，分赏给众人。《楚辞》王逸注：“人君为政举事，必告于宗庙，议之于明堂也。”

㉓领功铨土：即论功行赏。领，领取，接受。铨土，衡量功劳大小赏给土地。此“铨土”应是对狩猎“战利品”的赏赐。

㉔昌土台：台名，未详。昌土，歌颂土地长养万物，邦国昌盛美好。

【译文】

稷山是越王句践斋戒台的所在地。

龟山，越王句践在上面建了一座怪游台。龟山的东南是小城的司马门，因此，每有军事行动就会在龟山上用龟甲进行占卜。又在台上仰望天象，观察天文星象的变异情况，来预测吉凶。游台高四丈五尺二寸，周围五百三十二步，就在现在的东武里。也有人叫它怪山。这座怪山，说是远古时候一天夜里从别处飞来，老百姓觉得非常奇怪，所以叫它怪山。

驾台周长六百步，在现在安城里。

离台周长五百六十步，即现在淮阳里土丘地方。

美人宫周围五百九十步，有二座陆门，一座水门，即现在北坛利里小山的土城，是越王句践训练美女西施、郑旦的宫台。两个美女出自诸暨的苎萝山，想要献给吴王夫差，越王句践觉得越国地处偏僻狭隘的东海边，恐怕美女粗俗浅陋，所以叫她们居住在大路边以增长见识。距离山阴县治五里。

乐野是越王句践围猎的地方，围猎时很开心，所以叫做乐野。山上有一间石头垒砌的房子，是越王句践打猎后休息的地方。距离山阴城七里。

中宿台马丘，周围六百步，即现在的高平里土丘。

东郭门外偏南有一座小城，是当年越王句践祭祀祖先时备办祭品的地方。距离山阴城三里。

越王句践的出入行动，往往是先在稷山沐浴斋戒，经过田里，从北郭门出去，到龟山灼龟甲占卜；在驾台更换装束，快马跑向离丘，到美人宫督查歌舞训练；再到中宿台欣赏音乐，然后经过马丘，在乐野的林间小路上射猎；又带着猎狗到若耶溪边围猎，累了到石室休息一会儿；最后将猎物献祭给祖宗，祭祀完毕，按照功劳大小将猎物分赏给群臣。诸事完毕，建了一座昌土台。藏起军事训练的形迹，隐下复仇雪耻的意图。另一种说法，冰室是储备食品的地方。

10.6 浦阳者①，句践军败失众，懑于此。去县五十里。

夫山者②，句践绝粮，困也。其山上大冢，句践庶子冢也③。去县十五里。

句践与吴战于浙江之上，石买为将④。耆老、壮长进谏曰："夫石买，人与为怨，家与为仇，贪而好利，细人也，无长策。王而用之，国必不遂。"王不听，遂遣之。石买发行至浙江上，斩杀无罪，欲专威服军中，动摇将率⑤，独专其权。士众恐惧，人不自聊。兵法曰："视民如婴儿，故可与赴深溪。"士众鱼烂而买不知⑥，尚犹峻法隆刑⑦。子胥独见可夺之证⑧，变为奇谋，或北或南，夜举火击鼓，画陈诈兵⑨。越师溃坠，政令不行，背叛乖离⑩。还报其王，王杀买，谢其师⑪，号声闻吴。吴王恐惧，子胥私喜："越军败矣。胥闻之，狐之将杀，噆唇吸齿⑫。今越句践其已败矣，君王安意，越易兼也。"使人入问之，越师请降，子胥不听。越栖于会稽之山，吴退而围之[13]。句践喟然，用种、蠡计，转死为霸。一人之身，吉凶更至；盛衰存亡，在于用臣；治道万端，要在得贤。

越栖于会稽日，行成于吴，吴引兵而去。句践将降，西至浙江，待诏入吴，故有鸡鸣墟[14]。其入辞曰："亡臣孤句践，故将士众，入为臣虏。民可得使，地可得有。"吴王许之。子胥大怒，目若夜光，声若哮虎："此越未战而服，天以赐吴，其逆天乎？臣唯君王急剬之[15]。"吴王不听，遂许之浙江是也[16]。

【注释】

①浦阳：浦阳江。源于浙江浦江花桥乡高塘村。古浦阳江，自诸暨进入萧山后，向北流经临浦镇，继而东北流入钱塘江。后因江潮涌塞，分流向东折入山阴县钱清镇，再向东南，汇聚兰溪、若耶溪等水，与曹娥江交汇。明代宣德、成化时，修筑临浦坝、麻溪坝，开凿碛堰山，从此浦阳江水从临浦镇折向西北，经闻家堰直接汇入钱塘江，即为今之浦阳江。时越都在诸暨。

②夫山：失考。张宗祥注："以去县十五里正之，此当指会稽山而言。《嘉泰会稽志》：'会稽山在县东南十三里。'《史记》'败之夫椒，越王乃以余兵五千人，保栖于会稽，吴王追而围之'，正此山也，故云绝粮困也。惟会稽山有茅山、衡山、覆釜山、苗山、涂山、防山、镇山、栋山诸异名，无夫山之名。疑有脱误。"

③庶子：指嫡长子以外的儿子。

④石买：见《外传记范伯》8.2 注④。

⑤动摇：任意调动、处置。将率：将领。率，主将，首领。《荀子·富国》："将率不能则兵弱。"

⑥鱼烂：像死鱼一样溃烂。指军心涣散，不可收拾。《史记·秦始皇

本纪》:“河决不可复壅,鱼烂不可复全。”司马贞《索隐》:“宋均曰:‘言如鱼之烂,从内而出。’”

⑦峻法隆刑:严法酷刑。峻,严厉。隆,指程度深,残酷。

⑧证:征象,迹象。

⑨画陈:是说调动军队,变换阵势。画,谋划。陈,同“阵”,军阵。

⑩乖离:不和,分离。亦作“乖戾”。

⑪谢:谢罪。此指做检讨。

⑫噆(cǎn)唇吸齿:咬着嘴唇和牙齿。噆,咬。吸,通“翕”,收缩,收敛。

⑬退:张宗祥曰:“‘退’疑‘追’字之讹。”

⑭鸡鸣墟:地名。今浙江杭州滨江区浦沿街道有鸡鸣山,或曰即鸡鸣墟故址。

⑮唯:希望。剬:《史记·五帝本纪》:“依鬼神以剬义。”张守节《正义》:“剬,古‘制’字。”裁断,决断。

⑯浙江:今之钱塘江。

【译文】

浦阳江,越王句践当年被吴国军队打败失去众心,退到这里时忧愤不已。距离山阴县五十里。

夫山是越王句践被吴国军队围困的地方,导致粮道断绝。山上有一座大墓,是句践小儿子的坟墓。距离山阴县十五里。

越王句践与吴国军队在钱塘江边打仗,任命石买为大将。那些德高望重的老人和有实力的成年人都劝说越王:“石买为人,哪个人跟他接触就跟哪个人结怨,哪家跟他来往就跟哪家有仇,贪婪而嗜利如命,是一个典型的小人,根本没有高明的策略。大王如果任他为将,国家将会毁在他的手里。”越王句践不听劝告,还是派他去统率军队。石买传令军队出发,来到钱塘江畔,滥杀无辜,想用专制手段在军队中树立威势,随意调动、处置将领,独揽大权。广大将士心怀恐惧,人人自危,觉得没有生命保障。兵法上说:“看待民众像看待婴儿那样,民众就会跟你一道赴汤蹈火。”越军上下已军心涣散，不可收拾，但石买却没有察觉，仍然用严厉的军法、残酷的刑罚对待将士们。这时伍子胥看到了可以打败越军夺取胜利的迹象，于是他一改两军对阵的战术，使用出人意料的计谋：调动军队，一会儿出现在北边，一会儿出现在南边，深夜点起火把，擂起战鼓，不断变换阵势，设置疑兵。不久越国军队溃乱败北，军令无人执行，投降的、逃跑的乱作一团。有人把情况报告给越王，越王杀了石买，又向将士们作了检讨，欢呼之声传进吴国的军营。吴王夫差十分恐惧，伍子胥却暗暗高兴：“越国军队已经败了。我听说狐狸将被杀死的时候，就会咬着嘴唇和牙齿发出叽叽的叫声。现在越王句践已经败了，大王请放心，灭亡越国是很容易的了。”派人到越国军营去探问，越国军队请求投降，伍子胥没有理睬。越王句践只得带着残兵栖身在会稽山上，吴国军队驻扎山下把他们团团围住。越王句践喟然叹息，采用了文种、范蠡求和存国的策略，终于从灭亡的边缘转变成为称雄一方的霸主。在同一个人的身上，吉凶交替着来到。说明一个国家的兴衰存亡，就在于使用什么样的大臣；治理国家的道理说一千道一万，关键在于能得到贤臣的辅佐。

越王句践栖身在会稽山的时候，向吴王夫差求和，吴王答应和议，退兵回国。越王句践将要去吴国纳降，西行到钱塘江边，等待进入吴国的诏书，一直等到次日凌晨鸡鸣时分，所以留下了鸡鸣墟的地名。他进入吴国后对吴王夫差说：“亡国贱臣句践，将率领全体臣民，归顺于您，做您的奴仆。百姓凭您使唤，土地归您所有。”吴王接受了句践的投降。可是伍子胥听后大怒，眼睛像暗夜里放射出来的光芒，声音像老虎在咆哮：“越国还没有交锋就投降了，这是老天爷要把越国赏赐给吴国，难道可以违背天意吗？我希望大王快下决心。”吴王不听伍子胥的劝告，答应越王的求和并划定钱塘江为两国的疆界。

10.7 阳城里者[①]，范蠡城也。西至水路，水门一，陆门二。北阳里城[②]，大夫种城也，取土西山以济之[③]。经百九十四步[④]。或为南安[⑤]。

富阳里者，外越赐义也[⑥]。处里门[⑦]，美以练塘田[⑧]。

安城里高库者[⑨]，句践伐吴，禽夫差[⑩]，以为胜兵[⑪]，筑库高阁之。周二百三十步，今安城里。

故禹宗庙，在小城南门外大城内[⑫]。禹稷在庙西[⑬]，今南里[⑭]。

独山大冢者[⑮]，句践自治以为冢。徙琅琊，冢不成。去县九里。

麻林山[⑯]，一名多山。句践欲伐吴，种麻以为弓弦，使齐人守之，越谓齐人"多"，故曰"麻林多"，以防吴[⑰]。以山下田封功臣。去县一十二里。

会稽山上城者[⑱]，句践与吴战，大败，栖其中。因以下为目鱼池[⑲]，其利不租。

会稽山北城者[⑳]，子胥浮兵以守城是也[㉑]。

若耶大冢者，句践所徙葬先君夫镡冢也，去县二十五里。

【注释】

①阳城里：里名。今其址未详。从下文"山阴故水道，出东郭，从郡阳春亭"看，因城"西至水路"，疑在古若耶溪东岸，今绍兴城东。《万历绍兴府志》："山阴阳里城，地名阳城里。"

②北阳里城：今其址未详。阳里城有二：范蠡之城在南，文种之城在北。

③济：成。

④经百九十四步：《嘉泰会稽志》引《越绝》作"径百九十四步"，张宗祥校本亦作"径"。

⑤南安：里名。其地未详。

⑥义：归附的义举。

⑦里门：古制以25家为里，聚族而居，周围筑有围墙，建有里门，定时启闭，所以“里”又称“闾”，设里正或里长一人管理里内事务。

⑧美：赞美，表彰奖励。练塘：地名。今名联塘，属绍兴上虞区东关镇。

⑨安城里：见10.5注⑩。

⑩禽：同“擒”。

⑪胜兵：战胜敌人的兵器，也包括战利品。

⑫故禹宗庙，在小城南门外大城内：禹宗庙，即禹庙。疑即句践宗庙。今禹庙在绍兴城东南6公里会稽山北麓，禹陵在庙旁。

⑬禹稷：越国社坛。今其地不可考。

⑭南里：里名。未详。

⑮独山大冢：疑今绍兴城东南九里村之独山。今称玉山。

⑯麻林山：《万历绍兴府志》：“在府城西南十五里。”《乾隆绍兴府志》引《一统志》：“在山阴县西南十五里。”今未详。大致位置在今绍兴柯桥区兰亭镇（原娄宫）一带。

⑰防吴：即“备吴”。是越国复仇的备战。

⑱会稽山上城：方杰主编《越国文化》以为在绍兴城南20公里，今绍兴柯桥区平水镇平阳村，是句践入吴为质归国之前的越国临时都城。

⑲目鱼池：养鱼池。目，通“牧”。《嘉泰会稽志》称为南池，云：“南池在县东南二十六里。会稽山池有上下二所，旧经云‘范蠡养鱼于此’……今上坡塘村乃上池。”

⑳会稽山北城：《嘉泰会稽志》：“《旧经》：‘吴王城在会稽县东一十里，夫差围句践于会稽山，伍员筑此城以屯兵。’”当在今绍兴越城区皋埠镇。

㉑浮兵：屯兵。指暂时的屯兵。

【译文】

阳城里是当年范蠡城所在地。范蠡城往西通向水路，有一座水门，两座陆门。

北阳里城是大夫文种的城，是取来西山的泥土筑成的。城中的主干道有一百九十四步长。有人称这里为南安里。

富阳里是赏赐给归附的外越人居住的地方。为表彰他们的归义行为，让他们居住在富阳里的门边，还用练塘地方的田赏赐给他们。

安城里有一座造得很高的仓库，当年句践讨伐吴国，捉住了吴王夫差，句践把战争中使用的武器作为胜利的象征，建造了一座仓库珍藏了起来。仓库周围二百三十步，在现在的安城里。

原大禹的神庙在句践小城的南门外、山阴大城之内。社稷坛在庙的西边，现在叫南里。

独山大墓是越王句践为自己修建的陵墓，因为迁都琅琊，墓没有修成。距离山阴县九里。

麻林山一叫多山。越王句践要讨伐吴国，种植苎麻来制作弓弦，派遣迁入越国的齐国人去看守，越人称齐人为“多”，所以叫作“麻林多”。这是讨伐吴国的备战。将山下的田赏赐给有功之臣。距离山阴县十二里。

会稽山上城，是当年越王句践在跟吴国交战中惨败，退守会稽山时栖身的地方。在城边挖了一个养鱼池，收获的鱼类专供城中军队食用，不另收租税。

会稽山北城，是当年伍子胥为围困句践所修筑的临时屯兵的城。

若耶大墓，是当年越王句践从别处迁葬来的祖父夫镡的坟墓。距离山阴县二十五里。

10.8 葛山者[①]，句践罢吴[②]，种葛，使越女织治葛布，献于吴王夫差。去县七里。

姑中山者[③]，越铜官之山也，越人谓之铜姑渎[④]。长二百五十步，去县二十五里。

富中大塘者[⑤]，句践治以为义田[⑥]，为肥饶，谓之富中。去县二十里二十二步。

犬山者[⑦]，句践罢吴，畜犬猎南山白鹿，欲得献吴，神不可得，故曰犬山。其高为犬亭。去县二十五里。

白鹿山[⑧]，在犬山之南，去县二十九里。

鸡山、豕山者[⑨]，句践以畜鸡豕，将伐吴，以食士也。鸡山在锡山南[⑩]，去县五十里。豕山在民山西[⑪]，去县六十三里。洹江以来属越[⑫]，疑豕山在馀暨界中[⑬]。

练塘者[⑭]，句践时采锡山为炭，称"炭聚"，载从炭渎至练塘[⑮]，各因事名之。去县五十里。

【注释】

①葛山：传为句践种葛处。《嘉泰会稽志》云："葛山，去县东一十里。"《吴越春秋》徐天祜注："会稽县东十里有葛山。"《万历绍兴府志》："在府城东十里，射的山北。"今绍兴城东南十里龙舌咀村之葛山头，疑为越之葛山。

②罢吴：罢于吴，即被吴王无罪释放。

③姑中山：越国冶铸场所。今其址未详。据里程估计，当在今绍兴柯桥区平水镇。

④渎：河沟。

⑤富中大塘：《绍兴县志》："在绍兴东部。东界富盛江，南至会稽山麓，西临平水江，北为山阴古水道。面积约 51 平方公里，其中平原耕地面积约 40 平方公里。"塘，堤坝。

⑥义田：公田，即指用于公益的田产。

⑦犬山：俗名狗山，今名吼山，在绍兴城东 12 公里的皋埠镇吼山村。

⑧白鹿山：在吼山南数里。山因产白鹿得名。

⑨鸡山、豕山:《嘉泰会稽志》:“鸡山在县东南五十里,俗称鸡笼山。”与下句“鸡山在锡山南”合。豕山,张宗祥注:“豕山,在余暨界中,《名胜志》:‘与苎萝山相对,《越绝书》鸡山、豕山,句践以畜鸡豕者,俗讹鸡山为金鸡。’宗祥案,今在诸暨县北界。”

⑩锡山:《嘉泰会稽志》:“在县东五十里。旧经云:越王采锡于此。”《万历绍兴府志》:“此山去宝山不远,意宝山之名或取此。”《绍兴县志》:“在县东南攒宫宝山附近。”

⑪民山:其地未详。

⑫洹(huán)江:即沿江。前文有“许之浙江”语,又说“在余暨界中”,此江当为钱塘江。以来:来,当为“东”之讹。

⑬疑豕山在余暨界中:余暨,萧山(今杭州萧山区)。秦时属诸暨,西汉景帝时分诸暨北部为余暨县,亦称下诸暨。按,此句为后人注释语。

⑭练塘:见10.7注⑧。

⑮炭渎:《吴越春秋》:“吴封地百里于越,东至炭渎。”徐天祐注:“《越旧经》:‘炭渎在会稽县东六十里。’《会稽志》作‘炭浦’。”

【译文】

葛山是越王句践被吴王夫差释放回国后,派人种葛的地方。他叫越国妇女们织好葛布,作为礼物送给吴王夫差。距离山阴县七里。

姑中山是越国管理铜业的官署所在地,越国人称它为铜姑渎。沿渎沟长二百五十步。距离山阴县二十五里。

富中大塘是当年越王句践组织人力开辟出来的公田,因为土地肥沃出产丰饶,所以叫富中。距离山阴县二十里二十二步。

犬山,当年越王句践被吴王释放回国后,养犬想猎取南山上的白鹿,献给吴王夫差。但白鹿十分灵敏,无法捕获,所以将养犬的山称为犬山。山上的亭子叫犬亭。距离山阴县二十五里。

白鹿山在犬山的南边,距离山阴县二十九里。

鸡山、猪山，越王句践辟为养鸡、养猪的牧场，准备在讨伐吴国的时候，宰给将士们吃。鸡山在锡山的南边，距离山阴县五十里。猪山在民山的西面，距离山阴县六十三里。沿钱塘江以东属于越国的疆土，所以怀疑猪山在馀暨萧山县境内。

练塘，越王句践时砍伐锡山上的树木烧炭，叫做“炭聚”，用船将炭从炭渎运送到练塘，炭聚、炭渎、练塘都是以所做的事来取名的。距离山阴县五十里。

10.9 木客大冢者[①]，句践父允常冢也。初徙琅琊[②]，使楼船卒二千八百人伐松柏以为桴[③]，故曰木客。去县十五里。一曰句践伐善材[④]，文刻献于吴[⑤]，故曰木客。

官渎者[⑥]，句践工官也。去县十四里。

苦竹城者[⑦]，句践伐吴还，封范蠡子也。其僻居，径六十步。因为民治田，塘长千五百三十三步。其冢名土山。范蠡苦勤功笃，故封其子于是，去县十八里。

北郭外路南溪北城者，句践筑鼓钟宫也[⑧]，去县七里。其邑为龚钱[⑨]。

舟室者[⑩]，句践船宫也，去县五十里。

【注释】

①木客大冢：相传为越王允常的陵墓。木客，今曰“木栅”，兰亭镇里木栅村“印山越国王陵”，或曰即木客大冢。现为全国重点文物保护单位。

②琅琊：见《外传本事》1.3 注⑤。

③楼船卒：水军士兵。桴(fú)：木筏子。

④善材：良材，优质木材。

⑤文刻：绘上图案，刻上花纹。

⑥官渎：越国管理手工业的官署。《嘉泰会稽志》："官渎在县西北一十里。"

⑦苦竹城：《水经·渐江水注》云："山阴县有苦竹里，里有旧城，句践封范蠡子之邑。"《嘉泰会稽志》："在山阴县之西南二十九里。"今兰亭镇古筑村疑即其地。

⑧鼓钟宫：疑即钟鼓楼。《水经注》所说之"雷门"或因鼓钟宫而得名。

⑨龚钱：地名，失传。

⑩舟室：船官，船坞。

【译文】

木客山大墓是句践父亲允常的坟墓。当初迁都琅琊，派出水军士兵两千八百人上山砍伐松柏扎成木筏子，所以把这座山叫做木客山。距离山阴县十五里。另一种说法，是句践派人到山上砍伐优质木材，准备刻上花纹图案献给吴王夫差，所以叫木客山。

官渎是越国手工业管理处。距离山阴县十四里。

苦竹城是越王句践讨伐吴国回来后封给范蠡儿子的地方。他的居所偏处一隅，直径只有六十步。而为老百姓造田，却修筑了一条长一千五百三十三步的堤坝。他的坟墓名叫土山。范蠡劳苦功高，所以把他的儿子封在这里。距离山阴县十八里。

北郭门外道路以南、河以北有一座小城，是越王句践时建造的钟鼓楼。距离山阴县七里。那地方现在叫龚钱里。

舟室是越王句践的船坞。距离山阴县五十里。

10.10 民西大冢者，句践客秦伊善炤龟者冢也，因名冢为秦伊山①。

射浦者②，句践教习兵处也。今射浦去县五里。射卒陈音死，葬民西，故曰陈音山③。

种山者[4]，句践所葬大夫种也。楼船卒二千人，钧足羡，葬之三蓬下[5]。种将死，自策[6]："后有贤者，百年而至，置我三蓬，自章后世[7]。"句践葬之，食传三贤[8]。

巫里[9]，句践所徙巫为一里，去县二十五里。其亭祠今为和公群社稷墟[10]。

巫山者[11]，越魑[12]，神巫之官也，死葬其上，去县十三里许。

六山者[13]，句践铸铜，铸铜不烁[14]，埋之东阪。其上马棰[15]，句践遣使者取于南社[16]，徙种六山，饰治为马棰，献之吴。去县三十五里。

江东中巫葬者[17]，越神巫无杜子孙也。死，句践于中江而葬之。巫神，欲使覆祸吴人船。去县三十里。

【注释】

①"民西大冢"数句：民西大冢，方士秦伊墓。《嘉泰会稽志》："灼龟公冢，越绝曰：'句践客秦伊善灼龟者。'疑此是。而其冢曰秦伊山，未详。案《十道志》，当在龟山下。"今绍兴城西南约 2 公里左右南山头村有一山，其形如龟，俗呼为龟山。又其状如印，称为"印山"。疑即秦伊墓所在。

②射浦：一名射渎。《万历绍兴府志》："在府城南五里。"今其地失考。

③"射卒陈音"数句：陈音，楚国人，善于骑射，为越国骑射教练。陈音山，陈音葬处。《吴越春秋》："陈音死，越王伤之，葬于国西，号其葬所曰陈音山。"《万历绍兴府志》："陈音山，在府城西南四里许。"按：据"民西"地名，应与秦伊墓邻近。在今绍兴鉴湖镇南山头村一带。

④种山：相传为越大夫文种葬所，因以为名。或曰即卧龙山（府山），

山北有文种墓。

⑤“楼船卒”数句：楼船卒，见10.9注③。钧足羡，《吴越春秋》：“越王葬种于国之西山，楼船之卒三千余人，造鼎足之羡，或入三峰之下。”钧足即鼎足。羡，墓道。三蓬，地名。一说三座山峰。

⑥策：用蓍草占卜。

⑦章：表彰，显扬。

⑧食：俸禄，此指祭祀。传：传布，流传。《礼记・祭统》：“有善而弗知，不明也；知而弗传，不仁也。”三贤：疑即范蠡、文种、计倪。

⑨巫里：地名。巫里与巫山当相去不远，疑在今越城区斗门镇境内。

⑩和公群社稷墟：和公群，今未详。疑“和公”为“公和”二字倒，“公和”二字或为“会稽”二字之讹，“群”为“郡”之讹。社稷墟，社坛遗址。

⑪巫山：一名梅山，即今绍兴城北郊的梅山。海拔79.6米。为越国巫觋活动及死葬之处。

⑫越魑（piān）：越国掌巫之官。

⑬六山：《万历绍兴府志》：“在府城东北二十里。高广寻丈，垒列泽中……唐天宝六年，改为句践山。今上有六山铺。”

⑭句践铸铜，铸铜不烁：按，《嘉泰会稽志》卷九“六山”条引《越绝书》作“句践铸剑，铜不铄”，从文义看，应以《会稽志》所引为是。烁，通“铄”，熔化金属。

⑮马箠（chuí）：马鞭。箠，鞭子。

⑯南社：社，土地神，此指祀土地神之所。其址未详。《云门志略・古迹》：“盘古社木，在云门古刹坊之前，有木数株，其大数围，枝叶蒙茸，遮蔽天日，意是晋唐间物也。其下为盘古皇社地，坛而不屋。”疑为南社遗址。

⑰江东中：江，指浦阳江（钱清江），后文“中江”可释为两江（钱清江和曹娥江）之间。神巫无杜葬所疑在今斗门镇三江村一带。

【译文】

民西大墓是越王句践请来的擅长占卜的阴阳先生秦伊的坟墓，后人便称它为秦伊山。

射浦是越王句践训练士兵骑射的地方。现在的射浦距离山阴县五里。骑射教练陈音死后，埋葬在民西，人们因此称其为陈音山。

种山是越王句践埋葬大夫文种的地方。当时动用了水军士兵二千人，挖了像鼎足似的三条墓道，把文种葬在三蓬下面。文种将死时，自己卜了一卦，说："今后一百年，有贤人到来；把我葬在三蓬下，自然会扬名后世。"越王句践果然把他葬在此地，并把他作为三位贤臣之一，按时祭祀，宣扬其功绩。

巫里，是越王句践把巫觋集中迁到一个地方居住，形成的一个村落。距离山阴县二十五里。那里原来的亭台祠庙现在是会稽郡社稷坛遗址。

巫山是越国管理巫觋的官员死后所葬之山。距离山阴县十三里左右。

六山是越王句践铸剑的地方，有些铜块没有熔化，工匠们就把这些没有熔化的铜块埋在东山坡。山上出产竹制马鞭，是句践派人把竹子从南社移种到六山的，把竹子做成马鞭，献给吴王夫差。距离山阴县三十五里。

浦阳江以东、曹娥江以西的中间地带，有一块巫师的葬地，所葬的是越国大巫师无杜的子孙。无杜子孙死后，句践把他们葬在两江的中间。巫师神通广大，句践把他们葬在这里是想让他们颠覆吴国军队的船只。距离山阴县三十里。

10.11 石塘者[①]，越所害军船也[②]。塘广六十五步，长三百五十三步。去县四十里。

防坞者[③]，越所以遏吴军也[④]。去县四十里。

杭坞者[⑤]，句践杭也。二百石长[⑥]，买卒七士人[⑦]。度之会夷[8]。去县四十里。

涂山者[9]，禹所取妻之山也，去县五十里。

朱馀者[10]，越盐官也。越人谓盐曰“馀”。去县三十五里。

句践已灭吴，使吴人筑吴塘[11]，东西千步，名辟首。后因以为名曰塘。

独妇山者[12]，句践将伐吴，徙寡妇致独山上，以为死士示[13]，得专一也。去县四十里。后说之者，盖句践所以游军士也。

马嗥者[14]，吴伐越，道逢大风，车败马失，骑士堕死，匹马啼嗥，事见吴矣[15]。

浙江南路西城者，范蠡敦兵城也[16]。其陵固可守，故谓之固陵[17]。所以然者，以其大船军所置也。

【注释】

①石塘：石块砌筑的堤坝。

②害：通“辖”，管辖，管理。

③防坞：越国水上军事设施，如栅栏、木桩之类。

④遏：阻挡。

⑤杭坞：为句践军船出入的港湾。杭，同“航”。坞，泊船的港湾，即今之船坞。

⑥二百石：“石”疑为“步”之讹。

⑦买卒：疑为“舟卒”(前称“楼船卒”)。七士人：疑为“七十人”之讹。

⑧度：通“渡”。之：到。会夷：见3.4注⑳。

⑨涂山：传为禹娶妻处。涂，亦作“涂”“嵞”。《吴越春秋》徐天祜注：“《会稽志》：‘涂山在山阴县西北四十五里。’”或说城西北四十五

里安昌镇之西扆山即涂山。按,《万历绍兴府志》,涂山、西馀山(即西扆山)为两座山。

⑩朱馀:越国盐务所在地。今绍兴城北35里有朱储村,疑即越国滨海盐场。陈桥驿认为"朱储"即《越绝书》的"朱馀",为於越盐官所在。

⑪吴塘:为一土筑拦蓄堤坝。在今绍兴柯桥镇湖塘。

⑫独妇山:《嘉泰会稽志》:"蜀阜山,在县北三十五里……《十道志》云:句践以寡妇居此,令军人游焉,一名独妇山。"《万历绍兴府志》:"在府城西北四十五里。"

⑬死士:见10.2注⑥。

⑭马嗥:张宗祥注:"《名胜志》:马嗥城在海盐县治东南三百步。"

⑮事见吴矣:钱培名曰:"'事见吴史','史'原误'矣',依《汉魏丛书》《逸史》本改。"乐祖谋校:"'矣',吴本作'史'。"

⑯敦:通"屯",屯驻,驻扎。

⑰固陵:后作"西陵"。今杭州萧山区西兴镇西北铁岭关即固陵城遗址。

【译文】

石塘是越国停泊军船的港湾。宽六十五步,长三百五十三步。距离山阴县四十里。

防坞是越国用来遏止吴国军船前进的设施。距离山阴县四十里。

杭坞是越国军船出入的航道。航道长二百步,派了七十个水兵管理。这条航道一直通向杭州湾。距离山阴县四十里。

涂山是大禹娶妻之山。距离山阴县五十里。

朱馀是越国管理盐务的官衙所在地。越国人把盐叫做"馀"。距离山阴县三十五里。

句践灭亡吴国以后,派吴国人修筑吴塘,坝从东到西长一千步,初名叫辟首。因为是吴国人所筑,所以后人还是叫它吴塘。

独妇山,是越王句践将要讨伐吴国的时候,把寡妇们集中迁到一座孤山上居住，使勇士们看了放心，能专心一意地去打仗。距离山阴县四十里。后来有人说，这是越王句践在战前让军士们游玩享受的地方。

马嗥的来历：当年吴王夫差讨伐越国，行进的时候遇上狂风，车子被掀翻，马匹跑散，骑士坠马而死，有一匹马在高处昂头哀嚎。事见前面对吴国史事的叙述。

钱塘江以南、大路以西有一座城，是范蠡当年屯兵的城。沿山筑城，坚固而便于防守，因此叫固陵。之所以坚固而便于防守，是因为那里还布防大量的军船和士兵。

10.12 山阴古故陆道，出东郭，随直渎阳春亭①。山阴故水道，出东郭，从郡阳春亭。去县五十里。

语儿乡，故越界，名曰就李②。吴强越地以为战地③，至于柴辟亭④。

女阳亭者⑤，句践入官于吴⑥，夫人从，道产女此亭，养于李乡⑦。句践胜吴，更名女阳，更就李为语儿乡。

吴王夫差伐越，有其邦，句践服为臣。三年，吴王复还封句践于越，东西百里，北乡臣事吴⑧，东为右，西为左。大越故界，浙江至就李，南姑末、写干⑨。觐乡北有武原⑩。武原，今海盐⑪。姑末，今大末。写干，今属豫章⑫。

自无馀初封于越以来，传闻越王子孙，在丹阳皋乡⑬，更姓梅，梅里是也。

【注释】

①直渎：山阴（今浙江绍兴）古陆道和古水道的起点。在绍兴城东，具体位置失考。疑即今之直落江。疑若邪溪古道至此直北出斗门，

故称直渎。阳春亭：失考。或与阳城里、阳里城、淮阳里地名有关。

②“语儿乡”数句：语儿乡、就李：见3.5注②。张宗祥注：“语儿乡即就李，《公羊传》作醉李；《史记》作檇李。杜预曰：‘今吴郡嘉兴县南有檇李城，即其地也。’《弘治嘉兴志》：‘在相乡濮院西。’濮院即古檇李墟也，其地有范蠡坞。”

③强：强占，侵占。

④柴辟亭：见3.5注②。张宗祥注：“吴越相争，吴筑石门以拒敌，在今崇德县北二十里。此柴辟亭，当在崇德县界。”按，崇德县，今浙江桐乡西南崇德镇。

⑤女阳亭：张宗祥注：“《秀水县志》：学绣堰，在县西九里，河塘上有塔，塔东有女阳亭，后改为种玉亭。”按，秀水县，今浙江嘉兴。

⑥入官于吴：即“入宦于吴”。

⑦李乡：即就李乡。

⑧北乡：北向。乡，通“向”。此指城池坐南朝北。

⑨姑末：一作“姑蔑”“姑妹”。今浙江龙游北。写干：今江西余干。

⑩鄞乡：鄞，今作“鄞”。今浙江宁波。

⑪海盐：今浙江海盐。

⑫豫章：今江西南昌。

⑬丹阳：丹阳郡，治宛陵（今安徽宣州）。皋乡：今安徽六安。相传为皋陶所居，现县境有皋陶墓及祠。

【译文】

山阴县古代原来的陆路通道，从东郭门出来，经直渎阳春亭。山阴县原来的水路通道，也从东郭门出来，经过会稽郡的阳春亭。距离山阴县五十里。

语儿乡是原来越国的北疆，名叫就李。吴国侵占越国的土地作为战场，一直到柴辟亭。

女阳亭，当年越王句践去吴国服劳役，夫人跟从，走到这座亭子时生下了一个女儿，寄养在就李乡。句践灭亡吴国以后，就把亭名改为女阳亭，把就李乡改为语儿乡。

吴王夫差讨伐越国，占领了越国的土地，越王句践作为奴仆到吴宫服役。三年后，吴王夫差再把句践封回越国，给了他从东到西一百里土地，北向称臣侍奉吴国，以东为右，以西为左。大越原来的疆界，西至钱塘江一直到就李，南到姑末、写干，东至䣖乡，北到武原乡。武原乡就是现在的海盐县。姑末就是现在的大末县。写干现在属于豫章郡。

自从无馀初封越地以来，传说越王的子孙，有迁居丹阳郡皋乡的，后来改姓梅，皋乡的梅里就是因此命名的。

10.13 自秦以来，至秦元王不绝年[①]。元王立二十年[②]；平王立二十三年[③]；惠文王立二十七年[④]；武王立四年[⑤]；昭襄王亦立五十六年[⑥]，而灭周赧王，周绝于此[⑦]；孝文王立一年[⑧]；庄襄王更号太上皇帝[⑨]，立三年；秦始皇帝立三十七年[⑩]，号曰赵政[⑪]，政，赵外孙；胡亥立二年[⑫]；子婴立六月[⑬]。秦元王至子婴，凡十王，百七十岁[⑭]。汉高帝灭之。治咸阳[⑮]，壹天下[⑯]。

【注释】

①自秦以来，至秦元王不绝年：秦元王，秦自嬴驷（惠文王）始称王，此元王或是秦称王之后追谥。绝，乐祖谋校："钱培名《札记》疑'绝'当作'纪'。"按，据《史记》记载，秦自襄公救周，周始命为诸侯，至秦孝公，历二十七君，世系清楚。

②元王立二十年：按《史记·秦本纪》，元王当为秦献公（名师隰，前384—前362年在位）。立，在位。

③平王立二十三年：按《史记·秦本纪》，平王当为秦孝公（名渠梁，

前 361—前 338 年在位)。

④惠文王:名驷,前 337—前 311 年在位。

⑤武王:名荡,前 310—前 307 年在位。

⑥昭襄王:名稷,武王弟,前 306—前 251 年在位。

⑦灭周赧王,周绝于此:秦昭襄王五十一年(前 256)灭周,此后史家遂以秦王纪年。周赧王,名延,周朝末代天子,前 314—前 256 年在位。绝,亡。指世系断绝。

⑧孝文王:名柱,继位一年(前 250)即去世。

⑨庄襄王:名子楚,前 249—前 247 年在位。《史记·秦始皇本纪》:"庄襄王为秦质子于赵,见吕不韦姬,悦而取之,生始皇。"

⑩秦始皇帝:见《记吴地传》3.3 注⑦。

⑪号曰赵政:《史记·秦始皇本纪》:"以秦昭王四十八年正月生于邯郸。及生,名为政,姓赵氏。"秦始皇帝母为赵国豪家女,因称赵姬。始皇初随母姓。

⑫胡亥:秦二世皇帝。于前 210 年 7 月继位,前 207 年 8 月被赵高杀害。

⑬子婴:赵高杀二世,立二世兄子子婴,贬号为秦王。前 207 年 10 月刘邦至霸上,秦王子婴投降,秦亡。

⑭百七十岁:实 178 年。

⑮咸阳:秦都城。今陕西咸阳。

⑯壹:统一。

【译文】

秦从立国以来到秦元王,世系延续不绝。元王在位二十年;平王在位二十三年;惠文王在位二十七年;武王在位四年;昭襄王在位五十六年,灭掉了周赧王,周王朝统治从此结束;秦孝文王在位一年;庄襄王在位三年改称太上皇;秦始皇帝在位三十七年,他的名字叫赵政,因为他是赵国人的外孙;胡亥在位二年;子婴在位六个月。从秦元王到秦王子婴,共十位王，历一百七十年。汉高帝灭掉了秦朝。建都在咸阳，天下归于一统。

10.14 政使将魏舍、内史教攻韩，得韩王安[1]。政使将王贲攻魏，得魏王歇[2]。政使将王涉攻赵，得赵王尚[3]。政使将王贲攻楚，得楚王成[4]。政使将史敖攻燕，得燕王喜[5]。政使将王涉攻齐，得齐王建[6]。政更号为秦始皇帝[7]，以其三十七年，东游之会稽[8]。道度牛渚[9]，奏东安（东安，今富春[10]），丹阳[11]，溧阳[12]，鄣故[13]，馀杭轲亭南[14]。东奏檇头[15]，道度诸暨、大越[16]。以正月甲戌到大越，留舍都亭[17]。取钱塘浙江"岑石"[18]。石长丈四尺，南北面广六尺，东面广四尺，西面广尺六寸，刻丈六于越东山上[19]，其道九曲，去县二十一里。是时，徙大越民置余杭、伊、攻□、故鄣[20]。因徙天下有罪適吏民[21]，置海南故大越处，以备东海外越[22]。乃更名大越曰山阴。已去，奏诸暨、钱塘，因奏吴[23]。上姑苏台，则治射防于宅亭、贾亭北[24]。年至灵[25]，不射，去，奏曲阿、句容[26]，度牛渚，西到咸阳，崩。

【注释】

①政使将魏舍、内史教攻韩，得韩王安：事在秦王政十七年（前230）。《史记·秦始皇本纪》："十七年，内史腾攻韩，得韩王安，尽纳其地，以其地为郡，命曰颍川。"内史教"《史记》作"内史腾"，无魏舍。

②政使将王贲攻魏，得魏王歇：事在秦王政二十二年（前225）。魏王歇，《史记》作"魏王假"。王贲，战国末年秦将，频阳（陕西富平东北）人。秦将王翦子。封通武侯。

③政使将王涉攻赵，得赵王尚：事在秦王政十九年(前228)。“王涉”《史记》作“王翦”；“赵王尚”《史记索隐》作“赵王迁”。王翦，战国末秦将，王贲父。封武城侯。

④政使将王贲攻楚，得楚王成：事在秦王政二十四年(前223)。“王贲”《史记》作“王翦”。楚亡有二说：一说为前224年，秦将王翦、蒙武破楚军，虏楚王负刍，楚亡。一说为前223年，王翦、蒙武破楚军，昌平君死，楚亡。今从后说。“楚王成”或为“昌平君”。

⑤政使将史敖攻燕，得燕王喜：事在秦王政二十五年(前222)。“史敖”《史记》作“王贲”。

⑥政使将王涉攻齐，得齐王建：事在秦始皇帝二十六年(前221)。“王涉”《史记》作“王贲”。

⑦政更号为秦始皇帝：二十六年(前221)始，由“秦王政”纪年改为“秦始皇帝”纪年。

⑧三十七年，东游之会稽：《史记·秦始皇本纪》：“三十七年十月癸丑，始皇出游……十一月，行至云梦，望祀虞舜于九疑山。浮江下，观籍柯，渡海渚。过丹阳，至钱唐。临浙江，水波恶，乃西百二十里从狭中渡。上会稽，祭大禹，望于南海，而立石刻颂秦德。”

⑨牛渚：今安徽马鞍山西南采石矶。

⑩富春：今浙江富阳。三国吴黄武五年在富阳县设东安郡，七年废。今富阳西有东安镇。

⑪丹阳：见10.12注⑬。

⑫溧阳：今江苏溧阳西北旧县村市。

⑬鄣故：当为“故鄣”。见3.19注①。

⑭馀杭：秦置县，治所在今杭州馀杭区西南南苕溪南岸。轲亭：今未详。

⑮槿头：地名，今失考。以秦始皇所行路线看，当在钱塘江西岸富阳与杭州之间。

⑯诸暨、大越：即今浙江诸暨、绍兴越城区和柯桥区。

⑰都亭：秦汉时，乡村每十里设一亭，置亭长以掌治安、民事及客旅往来。城内及城厢也设有此职，称“都亭”。绍兴城内原有都亭桥（今鲁迅中路与新建南路交汇处），《嘉泰会稽志》：“《越绝》云，秦始皇……舍都亭。都亭之名始此。”

⑱钱塘浙江“岑石”：见3.18注④⑩。

⑲刻丈六于越东山上：钱培名曰：“原本‘文’‘立’二字作‘丈六’，‘栋’作‘东’，并误。《书钞》作‘刻立于大越栋山上’，疑《书钞》脱‘文’字，此脱‘大’字，或此‘文’字即‘大’字之讹，又错简在‘立’字上耳。《水经·浙江水注》：会稽山又曰栋山，《越绝》云：栋，犹镇也。今本《越绝》无此句，疑当在此。‘栋’字与《书钞》合，作‘东’非也。今并据改。”按，检之宝庆《会稽续志》卷七《杂纪》“秦刻岑石”条作“刻文立于越东山上”。钱校不误。又按，栋山，《嘉泰会稽志》、宝庆《会稽续志》皆误作“东山”，疑为从音误。会稽山有“南山”之称，而无“东山”之名。以“栋”为是。《水经注》引《越绝》云“栋，犹镇也”，说明《越绝》本作“栋”。栋山，即会稽山。为扬州之镇山。今绍兴会稽山北麓有南镇庙遗址。

⑳置：安置。伊、攻□：查史籍无伊、攻□地名。《记吴地传》：“乌程、馀杭、黝、歙、无湖、石城县以南，皆故大越徙民也。”疑“伊”即“黝（黟）”，今安徽黟县；“攻□”或即“攻吴”，乌程（今浙江湖州）春秋属吴，疑即“攻□”。

㉑有罪適（zhé）吏民：有罪而该被遣戍的官吏和平民。適，通“谪”。

㉒东海外越：此外越当指今浙江沿海岛屿上的越民。

㉓吴：今江苏苏州。

㉔治射防于宅亭、贾亭北：在宅亭、贾亭以北修筑射箭用的靶场。防，堤防。此指筑堤以作屏障。

㉕年至灵：年底到灵，即在灵过年。灵，地名，疑即今江苏苏州西南灵岩山。山上有吴馆娃宫遗址。

㉖曲阿：今江苏丹阳。句容：今江苏句容。

【译文】

秦王政派大将魏舍、内史教攻灭韩国，俘获了韩王安。秦王政派大将王贲攻灭魏国，俘获了魏王歇。秦王政派大将王涉攻灭赵国，俘获了赵王尚。秦王政派大将王贲攻灭楚国，俘获了楚王成。秦王政派大将史敖攻灭燕国，俘获了燕王喜。秦王政派大将王涉攻灭齐国，俘获了齐王建。灭亡六国后秦王政改称号为秦始皇帝。秦始皇帝三十七年，东巡来到会稽。他渡过长江到牛渚，经过东安（东安，现在叫富春）、丹阳、溧阳、故鄣，从馀杭轲亭南边转东进入槿头，渡过钱塘江来到诸暨、大越。在正月甲戌日到达大越，留宿在都亭。他派人从钱塘江边取来一块高而大的石料，石料长一丈四尺，南面、北面均宽六尺，东面宽四尺，西面宽一尺六寸，刻上文字立于大越的会稽山上。上山的道路曲曲折折，距离山阴县二十一里。当时还把大越的百姓分别迁徙到馀杭、伊、攻□、故鄣等地，而把天下有罪要发配的官吏和百姓迁徙到钱塘江以南原大越的地方，用来防备东海外越人的反抗，并把大越改名为山阴。事情完毕后离开大越，经诸暨县、钱塘县，来到吴县，登上姑苏台，在宅亭、贾亭的北端修建了一个射台。在灵岩山过了年后，没有去射箭就离开了。经曲阿、句容，从牛渚渡江，一路向西到咸阳，便去世了。

第九卷

越绝外传计倪第十一

【题解】

现存《越绝书》的十九篇文章，集中写计倪的就有两篇，可见计倪其人在越国复兴过程中的地位和作用。《计倪内经》和本篇所述各有侧重。《计倪内经》是计倪向越王献上如何发展经济、富民强国之策，是经济问题；本篇讲的则是治国用人之策，涉及的是政治问题。计倪从治国安邦的理念出发，提出用人的原则、选人的标准、方法等见解，批评越王“置臣而不尊，使贤而不用”的错误做法，并劝导越王做出表率，“抑威权势”，谦逊地对待别人。“谨选左右”“明主用人，不由所从，不问其先，说取一焉”的用人观，仍然具有深刻的现实意义。

最后的三段文字，似与本篇无关，疑为错简，或另有篇目失题。

11.1 昔者，越王句践近侵于强吴，远媿于诸侯①，兵革散空②，国且灭亡③，乃胁诸臣而与之盟④：“吾欲伐吴，奈何有功？”群臣默然而无对。王曰：“夫主忧臣辱，主辱臣死，何大夫易见而难使也⑤？”

计倪官卑年少，其居在后，举首而起，曰：“殆哉！非大夫易见难使，是大王不能使臣也。”王曰：“何谓也？”计倪对曰："夫官位财币，王之所轻；死者，是士之所重也。王爱所轻，责士所重[6]，岂不艰哉？"

王自揖，进计倪而问焉。

【注释】

①媿：惭愧。

②兵革：兵器衣甲。革，皮制的铠甲。

③且：将要。

④胁：汇集，汇合。盟：盟誓，这里当指合谋、商量。

⑤见：同"现"。

⑥责：责求，要求。

【译文】

从前，越王句践被强邻吴国所侵略，使他在诸侯面前丢尽了脸面，武器装备损失殆尽，国家到了灭亡的边缘。于是他召集群臣跟他们一起商量道："我想讨伐吴国，怎样才能获得成功呢？"群臣静默无语。越王句践说："君主有了忧患，做臣子的就应该感到耻辱；君主受到了屈辱，做臣子的就应该勇于献身。众大夫为什么平时表现自己这么容易，临到差遣办事时却如此艰难呢？"

计倪当时官位低，年纪小，座位也在最后面，他见大家都不说话便抬起头且站了起来，说："恐怕不对吧！并非众大夫平时表现自己容易、临到差遣办事时却艰难，而是大王不懂得怎样任用大家啊。"越王句践说："这怎么说呢？"计倪回答说："官位和财帛在大王那里是很轻贱的东西，而生命却是人们最为宝贵的东西。大王爱惜那些轻贱的东西，却要求大家把最为宝贵的生命奉献出来，这岂不是太难了吗？"

越王句践连忙作揖道谢，叫计倪坐到前面去向他讨教。

11.2 计倪对曰："夫仁义者，治之门；士民者，君之根本也。闿门固根，莫如正身；正身之道，谨选左右。左右选，则孔主日益上；不选，则孔主日益下[①]。二者贵质浸之渐也。愿君王公选于众，精炼左右，非君子至诚之士，无与居家，使邪僻之气无渐以生。仁义之行有阶，人知其能，官知其治。爵赏刑罚，一由君出，则臣下不敢毁誉以言，无功者不敢干治[②]。故明主用人，不由所从，不问其先，说取一焉[③]。是故周文、齐桓，躬于任贤；太公、管仲，明于知人。今则不然，臣故曰殆哉。"越王勃然曰："孤闻齐威淫泆[④]，九合诸侯，一匡天下，盖管仲之力也。寡人虽愚，唯在大夫。"计倪对曰："齐威除管仲罪，大责任之，至易[⑤]。此故南阳苍句[⑥]。太公九十而不伐[⑦]，磻溪之饿人也[⑧]。圣主不计其辱，以为贤者。一乎仲，二乎仲[⑨]，斯可致王，但霸何足道[⑩]！桓称仲父[⑪]，文称太公[⑫]，计此二人，曾无跬步之劳、大呼之功[⑬]，乃忘弓矢之怨，授以上卿[⑭]。《传》曰：'直能三公[⑮]。'今置臣而不尊，使贤而不用，譬如门户像设[⑯]，倚而相欺[⑰]，盖智士所耻，贤者所羞。君王察之。"

【注释】

①"左右选"数句：孔，大。主，思想道德境界。上，提高。下，降低。

②干治：干预治国之事。干，事，任事。

③说：同"悦"，喜欢。

④齐威：当为齐桓。乐祖谋校：吴本、汉魏本"威"作"桓"。淫泆：纵欲放荡。

⑤至易："以至易治"的简省。

⑥此故南阳苍句：乐祖谋校："张宗祥案：'此句未详。'案，南阳苍句当为人称谓，下必有脱文，以对'太公九十'句。"按，疑为错简。应放在"圣主不计其辱，以为贤者"句之下。南阳，今河南南阳。姜太公望出南阳。管仲也曾与鲍叔牙一同在南阳经商。苍句，即苍驹，苍龙，青色的大马。此指千里马。此言太公、管仲都是千里马（良才）。

⑦不伐：没有功劳。

⑧磻溪：一名璜河。在今陕西宝鸡东南。

⑨一乎仲，二乎仲：《吕氏春秋·审分览·任数》："有司请事于齐桓公。桓公曰：'以告仲父。'有司又请，公曰：'告仲父。'若是三。习者曰：'一则仲父，二则仲父，易哉为君！'桓公曰：'吾未得仲父则难，已得仲父之后，曷为其不易也？'桓公得管子，事犹大易，又况于得道术乎？"

⑩但：只，仅仅。

⑪桓：齐桓公。

⑫文：周文王。

⑬跬（kuǐ）步：半步。跬，古时称人行走，举足一次为跬，举足两次为步。

⑭乃忘弓矢之怨，授以上卿：事见《吴内传》4.6原文。怨，仇。

⑮直能三公：德比三公。直，古代的道德规范，意谓公正、正直、正派。三公，周初三公，即周公旦、召公奭、毕公高，向为人臣之楷模。

⑯像：画像，门神之类。

⑰倚：依仗。

【译文】

计倪对越王句践说："仁义是治国的门路，人民则是君王立国的根本。要使门路畅通，根基牢固，莫过于提高自己的道德修养；提高道德修养的方法，在于谨慎地选择身边的人。身边的人选择得当，自己的思想境界就会日益提高;选择不当,自己的思想境界则日益下降。如同原来本质的东西经过浸染逐渐改变其性状一样,人的思想道德、精神境界也会因身边人的影响而逐渐改变。希望君王在士民大众当中公开选拔,精心挑选身边大臣,不是正人君子和最忠心耿耿的人就不要跟他居住在一起,使得歪风邪气无法产生。仁义的施行是有阶段性的,通过一定阶段的实践就能知道某个人的能力,了解某个官员的政绩。这样一来,对某人是封赏还是处罚,全凭您来做出决定,做臣子的就不敢任意对您诋毁或褒誉,做事不力没有功劳的人更不敢随便干预治国的大事。所以圣明的君主选用人才,不因为他是谁的亲信,不管他是谁的子孙,喜欢不喜欢、用与不用,标准应该是一样的。过去周文王、齐桓公在任用贤臣方面十分谦恭,姜太公、管仲在了解人方面十分明智。现在却不是这样,所以我说您说得不对。”越王句践非常生气地说:“我听说齐桓公骄奢淫逸,他九次会合诸侯,使天下的一切得到匡正,都是管仲的功劳。我虽然愚昧,但是只要有您在,越国就有希望。”计倪对越王说:“齐桓公免去了管仲的罪,把治理国家的重任交给管仲,管仲轻易地把齐国治理得井井有条。姜太公到九十岁了还没有建功立业,只不过是一个垂钓磻溪受冻挨饿的老头,周文王不计较他对自己的不恭,认为他是个治国能人。姜太公和管仲确实是出自南阳的‘千里马’。齐桓公一而再、再而三地称管仲为仲父,这种敬贤精神完全可以成就王业,仅仅完成霸业有什么值得称道的呢!齐桓公称管仲为仲父,周文王称姜尚为太公,这两个人原来也不曾有过半点奔走呼号的功劳,齐桓公还不去计较管仲用箭射中他的怨恨,拜他们为上卿。正如《传》上所说:‘其道德才能比得上三公。’现在您身边放着这么多贤臣和智士却不尊重他们,也不重用他们,好像门窗上贴画像,希望得到庇佑却并不尊重它。这会使智士感到耻辱,贤臣感到羞赧。希望大王认真思考这个问题。”

11.3 越王曰:“诚者不能匿其辞,大夫既在,何须言哉！”计倪对曰：“臣闻智者不妄言，以成其劳；贤者始于难动，终于有成。《传》曰：‘《易》之谦①，逊对过问②，抑威权势③，利器不可示人④。’言赏罚由君，此之谓也。故贤君用臣，略责于绝⑤，施之职而成其功⑥：远使，以效其诚⑦；内告以匿，以知其信；与之讲事，以观其智；饮之以酒，以观其态。选士以备，不肖者无所置。”

【注释】

①谦：《周易·谦》卦。

②逊：谦逊。过问：过分地责问。

③权：平衡。

④利器：权力。《老子》：“国之利器，不可以示人。”此指刑赏的权力。

⑤绝：殊，特殊的事。

⑥施：施与，赋予。

⑦效：考验，检验。

【译文】

越王句践说：“诚实的人不会隐瞒他的心里话。你既然在此，还有什么必须说的你就说吧！”计倪回答说：“我听说有智慧的人不说空话，会以实际行动来成就他的事业；有贤德的人开始的时候难以发动，最终却能够成就他的功业。《传》上说：‘《周易》的《谦》卦，说的是要谦虚地对待别人过分的责问，尽量抑制住威严的气势，做到心平气和，刑赏的权力是不可以用来向人们炫耀的。’说的是对群臣的赏赐或处罚由君主决定，但不能滥用权力，就是这个道理。所以贤明的君主使用臣子，先可以稍微安排他们做些特殊的工作，给他们职权，使他们能够凭借自己的能力完成任务：比如派往远方，来考验他的忠诚；把心中的秘密告诉他，来了解他是否守信用；跟他一起讨论事情，来观察他有否聪明才智；请他喝酒，来观察他酒后的仪态。用全面考察的方法选择人才，就能使无德无才的人在朝堂上没有容身之地。”

11.4 越王大媿[①]，乃坏池填堑，开仓谷，贷贫乏；乃使群臣身问疾病，躬视死丧；不厄穷僻，尊有德[②]；与民同苦乐，激河泉井，示不独食[③]。行之六年，士民一心，不谋同辞，不呼自来，皆欲伐吴。遂有大功而霸诸侯。孔子曰：“宽则得众[④]。”此之谓也。

【注释】

①媿：惭愧。

②不厄穷僻，尊有德：句序应为：尊有德，不厄穷僻。厄，使……困穷。

③激河泉井，示不独食：相传句践在出兵攻吴之前，将酒倾倒在河里，和士兵一起共饮，以激励士气。激，使……激。泉，使……如泉喷涌。

④宽则得众：语出《论语·阳货》。

【译文】

越王听了非常惭愧，于是毁坏城池填平沟壕，打开粮仓，赈济穷苦缺粮的百姓；派出群臣亲自深入民间慰问生病的，吊唁死丧的；尊敬那些年高有德行的人，不使他们在穷乡僻壤遭受困穷；与百姓同甘共苦，使河水湍急、井水泉涌，表示不独自享用。这样的仁政推行了六年，万众一心，他们不经商量就说出相同的话，不用招呼就自动集合起来，一致要求讨伐吴国。越国终于灭掉吴国并称霸于诸侯。孔子说：“为政宽大仁厚就能得到大众的拥护。”说的就是这个道理。

11.5 夫有勇见于外，必有仁于内。子胥战于就李，阖庐伤焉，军败而还[①]。是时死伤者不可称数，所以然者，罢顿不得已[②]。子胥内忧："为人臣，上不能令主[③]，下令百姓被兵刃之咎[④]。"自责内伤，莫能知者。故身操死持伤及被兵者，莫不悉于子胥之手，垂涕啼哭，欲伐而死。三年自咎，不亲妻子，饥不饱食，寒不重彩[⑤]，结心于越，欲复其仇。师事越公[⑥]，录其述。印天之兆[⑦]，牵牛南斗[⑧]。赫赫斯怒，与天俱起。发令告民，归如父母[⑨]。当胥之言，唯恐为后。师众同心，得天之中[⑩]。

【注释】

①"子胥战"数句：见《吴内传》4.3注①。

②罢：同"疲"，疲惫。顿：困顿，劳顿。

③令主：疑"主"下有脱文"胜"或"安"。令，使。

④被：遭，受。咎：灾祸，灾殃。

⑤重：多。彩：有色彩的衣服。

⑥越公：其名不详。《外传记吴王占梦》12.2原文部分有"东掖门亭长、越公弟子公孙圣"语，则知伍员与公孙圣同拜越公为师。

⑦印：符合，印证。

⑧牵牛：即二十八宿中的牛宿。牛为吴地分野。南斗：即二十八宿中的斗宿。斗为越地分野。

⑨归如父母：即归之如归父母。

⑩得：适合，符合。中：心，意志。

【译文】

一个人在行动上表现出勇敢的气质，那么在思想上就一定会有仁爱之心。当年伍子胥在就李跟越国交战，吴王阖庐中箭，伤重而死，吴国军队大败而还。那时死伤的士兵不可胜数，其中的原因，是吴军疲惫劳累没有办法。伍子胥内心十分痛苦："为人臣子，上不能使主上保全性命，下使百姓遭受兵刃的灾祸。"伤心自责，没有人能够知道他内心的痛苦。他唯一能做的是亲自安葬战死的士兵，治疗伤残人员，这些死伤战士全部都是经过伍子胥的手安排的。他想起恩主阖庐，面对伤残的战士，常常痛哭流涕，恨不能自己战死疆场。一连三年深深地责备自己，连妻子儿女也不去亲近，肚子饿了顾不上吃饱饭，天气冷了也不多加衣服，把心思全部集中在如何对付越国上，就是想报仇雪恨。他拜越公为师，把越公的教诲全部认真地记录下来。当天上牵牛、南斗之间出现霸兆时，便勃然震怒，顺应天意起兵复仇。他发布命令告示百姓，百姓如同听从父母召唤一样听从他的号令，认为伍子胥的号召来得及时，都争先恐后集合到他的身边。这体现了吴国军队和百姓同心同德，合乎上天的意志。

11.6 越乃兴师，与战西江[①]。二国争强，未知存亡。子胥知时变，为诈兵，为两翼，夜火相应。句践大恐，振旅服降[②]。进兵围越会稽填山[③]。子胥微策可谓神，守战数年[④]，句践行成。子胥争谏，以是不容。宰嚭许之，引兵而还。夫差听嚭，不杀仇人。兴师十万，与不敌同。圣人讥之，是以《春秋》不差其文[⑤]。故《传》曰："子胥贤者，尚有就李之耻。"此之谓也。

哀哉！夫差不信伍子胥，而任太宰嚭，乃此祸晋之骊姬[⑥]，亡周之褒姒[⑦]，尽妖妍于图画，极凶悖于人理。倾城倾国[⑧]，思昭示于后王；丽质冶容，宜求监于前史。古人云："苦药利病，苦言利行。"伏念居安思危，日谨一日。《易》曰："知进而不知退，知存而不知亡，知得而不知丧。"又曰："进退存亡不失其正者，唯圣人乎[⑨]！"由此而言，进有退之义，存有亡之几[10]，得有丧之理。爱之如父母，仰之如日月，敬之如神明，畏之如雷霆，此其可以卜祚遐长[11]，而祸乱不作也。

【注释】

①与战西江：《左传·哀公元年》："吴王夫差败越于夫椒，报槜李也。"夫椒，地名，一说在太湖，一说在今绍兴北。今从后说。西江或即今钱塘江。

②振旅服降：整顿军队顺服投降。联系下文，应理解为收兵退却之意。

③会稽填山：填，疑为"之"字音讹。

④数年：当为"数月"。《左传·哀公元年》："三月，越及吴平。"

⑤差：编列。此为"记录"意。《左传·哀公元年》："吴入越，不书。吴不告庆，越不告败也。"

⑥骊姬：春秋时骊戎之女。见《吴内传》4.4注②。

⑦褒姒：周幽王宠妃，褒国(今陕西勉县东)人，姒姓，周幽王三年(前779)褒国将她进献给幽王，得宠，立为后，其子伯服被立为太子。申侯引西戎、缯人、犬戎攻杀幽王于骊山下，虏褒姒。"烽火戏诸侯"即出此。

⑧倾城倾国：语出《汉书·外戚传》："北方有佳人，绝世而独立，一顾倾人城，再顾倾人国。"后用"倾城倾国"形容绝色女子。

⑨"《易》曰"数句：是《文言传》(传为孔子与弟子的问答记录)对《周易·乾》卦爻辞"上九，亢龙有悔"的解释："亢之为言也，知进而不知退，知存而不知亡，知得而不知丧。其唯圣人乎！知进退存亡而不失其正者，唯圣人乎！"亢，过分，极点。丧，失。正，正道，指正确处理进退关系的原则。意思是要守正处恒，把握分寸。

⑩几：隐微。多指事物的迹象、先兆。

⑪卜：赐予。祚：国统，国运。遐：久。

【译文】

越国于是兴兵讨伐吴国，与吴军在西江摆开阵势。当时吴、越两国争胜斗强，还不知道谁存谁亡。伍子胥善于审时度势随机应变，他在越军左右两侧设置疑兵，叫士兵带上火把，在夜间突然举火呐喊，四下呼应。越王句践见此情景十分害怕，赶忙整顿军队向南退却。伍子胥率兵急追，把越军围困在会稽山上。伍子胥的用兵策略可以说是出神入化，围困几个月后，越王句践求和。伍子胥竭力劝谏吴王不要答应越国的求和，因此得不到吴王夫差的好感。太宰伯嚭劝吴王答应了越国的求和，于是吴退兵回国。吴王夫差听信伯嚭，没有杀掉仇人；动用十万之众伐越报仇，结果跟没有打仗一个样。孔子讥诮这件事，所以《春秋》里没有把这件事写进去。所以《传》上说："伍子胥虽然是一个贤能之人，尚且还有兵败就李的耻辱。"说的就是这个事。

悲哀啊！吴王夫差不信任伍子胥，而听从太宰伯嚭的话。从中我们可以得到这样的启示：正如祸害晋国的骊姬，灭亡西周的褒姒，从外表看来确实十分妖冶艳丽，而内心却是极其凶残，违背做人的良知，伯嚭就是这样的人。因此，当你看到倾城倾国的美貌女子的时候，就要考虑提醒后来的君王，当心祸国殃民；当你接触到沉鱼落雁的艳丽女子的时候，就应该以史为鉴，吸取惨痛的教训。古人说过："良药苦口利于病，忠言逆耳利于行。"我以为作为君主，应该居安思危，时刻都要保持小心谨慎。《周易》上说："上九爻辞中的'亢'，意思是说只知道前进而不知道后退，只知道生存而不知道灭亡，只知道获得而不知道丧失。"又说："知道进退存亡的道理，又能够在行动上把握分寸，大概只有圣人才能做到吧！"由此说来，前进中存在着后退的因素，生存中包含着灭亡的征兆，得到时有着丧失的危险。作为君主，要做到使人民大众爱戴他像爱戴自己的父母，敬仰他像敬仰天上的日月，恭敬他像恭敬世间的神明，畏惧他像畏惧空中的雷霆，这样才能够国运绵长，而且祸乱也不会发生了。

第十卷

越绝外传记吴王占梦第十二

【题解】

本篇记述的是吴伐齐之前的一次占梦事件。梦本属生理现象，但以为梦就是生命活动的某种预兆和警示，则属虚妄。喜吉厌凶，这是人们的普遍心理。如果一味地信以为真，就是愚昧的表现。就如本篇所记公孙圣的解梦，虽然后来一一得到了证实，但这其实并不在“梦”的本身（“梦”本身是杜撰的），而是在揭示一个客观事实——吴国正如所设计的梦那样，由盛而衰，内外交困，一步步走向灭亡。所以，记吴王占梦，并不在梦本身所预示的运势，而在于吴王夫差处理占梦事件的荒唐态度：吴王表面上对伯嚭和公孙圣说“吉则言吉，凶则言凶，无谀寡人之心所从”，其实他“大悦”伯嚭的谀言而“忿”公孙圣的直言；伯嚭谀言获得赏赐，公孙圣直言而被刑戮，吴王性格上的缺陷是导致吴国灭亡悲剧产生的深层原因。吴国不乏敢言直谏、忠心爱国之臣，如公孙圣、伍子胥，奈何吴王昏聩愚顽，不听忠言，擅杀忠良。吴国灭亡的主要责任在吴王。另外，公孙圣和伯嚭两人一善一恶德性的对比，表明了作者明确的褒贬态度。

本篇与其他各篇不同，作者没有安排议论性的话，但我们可以从字里行间深味其中的道理：一、要居安思危；二、要“亲贤臣，远小人”；三、忠言逆耳利于行。为君者能做到这几点，就能国泰民安，否则会国亡身死。这是《越绝书》里反复申述的道理。

12.1 昔者，吴王夫差之时，其民殷众，禾稼登熟，兵革坚利，其民习于斗战。阖庐□剬子胥之教，行有日，发有时[①]。道于姑胥之门[②]，昼卧姑胥之台[③]。觉寤而起，其心惆怅，如有所悔。即召太宰而占之，曰："向者昼卧，梦入章明之宫[④]。入门，见两鬲炊而不蒸[⑤]；见两黑犬嗥以北，嗥以南；见两锸倚吾宫堂；见流水汤汤，越吾宫墙；见前园横索生树桐；见后房锻者扶挟鼓小震[⑥]。子为寡人精占之，吉则言吉，凶则言凶，无谀寡人之心所从。"太宰嚭对曰："善哉！大王兴师伐齐。夫章明者，伐齐克，天下显明也。见两鬲炊而不蒸者，大王圣气有余也。见两黑犬嗥以北，嗥以南，四夷已服，朝诸侯也。两锸倚吾宫堂，夹田夫也[⑦]。见流水汤汤，越吾宫墙，献物已至，则有余也。见前园横索生树桐，乐府吹巧也[⑧]。见后房锻者扶挟鼓小震者，宫女鼓乐也。"吴王大悦，而赐太宰嚭杂缯四十匹。

【注释】

①"昔者"数句：此数句疑有脱漏和错简。"吴王夫差"当为"吴王阖庐"。全句语序应调整为："昔者，阖庐□剬子胥之教，行有日，发有时。其民殷众，禾稼登熟，兵革坚利，其民习于斗战。"将"吴王夫差之时"移至"道于姑胥之门"句前，文义较顺。并疑有脱文。按下文义，当有谋伐齐之事。殷众，富裕而且多。登，成熟。剬，同"制"，法式。动词，以……为法式。

②姑胥之门：胥门。

③姑胥之台：姑胥台。

④章明：吴宫台名。

⑤钘：同“鬲”，鼎属，圆口，三空心袋足。

⑥锻者扶挟鼓小震：匠人鼓橐发出轻轻之声。扶挟，拿，持。鼓，橐囊，皮制的鼓风器。《吴越春秋》作“后房鼓震箧箧有锻工”。

⑦夹田夫：农夫耦耕，即两人并排耕作。

⑧吹巧：即吹奏之声美妙动听。古者梧桐多作乐器，故此太宰嚭即由梧桐而解“乐府吹巧”。

【译文】

从前，吴王阖庐的时候，以伍子胥的教诲为治国的法则，但凡军事行动都会根据季节时令而不误农事，所以吴国人口繁多，生活富裕，庄稼连获丰收。兵器锐利，甲衣坚固，老百姓都经过军事训练。到了吴王夫差的时候，有一天，吴王夫差经过姑胥门，来到姑胥台，中午在姑胥台睡了一觉。他醒来后，觉得十分懊恼，似乎感到有大祸要降临。于是召太宰伯嚭来占梦，说：“刚才我躺在床上做了个梦，梦见进入章明宫。入门后，便看到有两口锅在烧东西但不冒热气；看见有两只黑狗向北吼叫，又向南吼叫；又看见有两把铁锹靠在宫堂的墙边；看到流水浩浩荡荡，漫过宫墙；又看见前面园子里横着长出一株梧桐树；还看到后房有铁匠在拉风箱发出‘噗噗’的响声。你替我把这个梦解说一下，是吉就说吉，是凶就说凶，不要为了迎合我的心思而专门拣好听的说。”太宰伯嚭回答说：“多好的梦啊！这是大王伐齐取胜的好兆头。您梦见进入章明宫，章明就是大王讨伐齐国获得大胜而名扬天下；看见两只锅在烧东西而不冒热气，说明大王您的神气不会用光；看到两只黑狗一会儿向北吼叫，一会儿向南吼叫，预示着四方臣服，诸侯前来朝拜；两把铁锹靠在宫堂的墙上，是说明两个农夫在并排耕作，预示风调雨顺，庄稼丰收；看到流水浩浩荡荡漫过宫墙，这是诸侯的贡品将要献来，财物多得用不完；看到前面园子里横生一株梧桐树，这是宫廷乐工们在吹奏乐器；看到后房铁匠在拉风箱而发出噗噗声，这是宫女们在弹奏。”吴王夫差听了很高兴，赏给太宰伯嚭各种颜色的丝织品四十匹。

12.2 王心不已，召王孙骆而告之[①]。对曰："臣智浅能薄，无方术之事[②]，不能占大王梦。臣知有东掖门亭长、越公弟子公孙圣[③]，为人幼而好学，长而憙游，博闻强识，通于方来之事[④]，可占大王所梦。臣请召之。"吴王曰："诺。"王孙骆移记[⑤]，曰："今日壬午，左校司马王孙骆，受教告东掖门亭长公孙圣：吴王昼卧，觉寤而心中惆怅也，如有悔。记到，车驰诣姑胥之台。"

圣得记，发而读之，伏地而泣，有顷不起。其妻大君从旁接而起之，曰："何若子性之大也！希见人主，卒得急记[⑥]，流涕不止。"公孙圣仰天叹曰："呜呼，悲哉！此固非子之所能知也。今日壬午，时加南方[⑦]，命属苍天，不可逃亡。伏地而泣者，不能自惜，但吴王[⑧]。谀心而言，师道不明[⑨]；正言直谏，身死无功。"大君曰："汝强食自爱，慎勿相忘。"伏地而书，既成篇，即与妻把臂而决，涕泣如雨。上车不顾，遂至姑胥之台，谒见吴王。

【注释】

①王孙骆：吴臣，任左校司马。见6.6注③。

②方术：道教所信奉的方仙之术，包括天文、医巫、占卜、命相、堪舆、炼丹等。这里指占梦术。

③东掖门：宫门东边门。亭长：官名。公孙圣：名圣，复姓公孙。

④方来：将来。

⑤移记：即移文，此指行发公文。记，古代一种公文。

⑥卒（cù）：同"猝"，突然。

⑦时加南方：时辰又在南方。南方即午时。古人将十二支与四面八

方相配，南方配午时，相当于现在的十一时到十三时。古人以午时为凶时，并习惯在午时三刻处决犯人，原因大概也在这里。

⑧但吴王："但"下疑有脱文"伤"或"悲"。《吴越春秋》作"非但自哀，诚伤吴王"。

⑨师道不明：师道，师所授之道。不明，得不到彰明。意谓会辜负老师正直做人的教诲。

【译文】

吴王夫差的心里还是不踏实，就召来王孙骆，告诉他自己做梦的事。王孙骆对吴王说："我智能浅陋，不懂占梦一类的事，所以不能解大王的梦。我知道东掖门亭长、越公弟子公孙圣，他年轻时好学上进，成年后喜欢游览四方，见多识广，记性又好，又精通方术，能预测未来的事情，他能够解大王的梦。让我把他叫来见您。"吴王说："好的。"王孙骆派人送给公孙圣一封公函，公函上说："今天是壬午日，左校司马王孙骆告知东掖门亭长公孙圣：吴王白天睡觉，醒来后心中烦恼，似乎有不祥之事。看到公函后，即刻驱车到姑胥台见吴王。"

公孙圣接到来函，打开一看，便伏在地上不停哭泣，过了好一会也不起来。他妻子大君从旁边把他拉了起来，说："有谁像你这般高兴的！希望见到君主，突然接到吴王召见急函，就兴奋得痛哭流涕。"公孙圣仰天叹息，说："啊，可悲啊！这当然不是你们妇人能懂得的事情。今天是壬午日，时辰又是午时，命运是老天爷安排好的，碰到凶日凶时，看来死是无法逃避了。我伏在地上哭泣，并不是可惜自己，而是为吴王感到悲哀。见到吴王后如果说些阿谀奉承的话，就是给老师越公的脸上抹黑；如果实话实说，直言劝告，自己也是白白送死。"大君劝他说："你还是尽量多吃些东西，爱惜自己的身体，千万不要忘记这个家。"公孙圣伏在地上急速地写起来，写完后交与妻子，抓住妻子的双臂与她诀别，泪下如雨。然后登上车，头也不回，直奔姑胥台去见吴王。

12.3 吴王劳曰："越弟子公孙圣也①。寡人昼卧姑胥之台，梦入章明之宫。入门，见两鬲炊而不蒸；见两黑犬嗥以北，嗥以南；见两铧倚吾宫堂；见流水汤汤，越吾宫墙；见前园横索生树桐；见后房锻者扶挟鼓小震。子为寡人精占之，吉则言吉，凶则言凶，无谀寡人心所从。"公孙圣伏地，有顷而起，仰天叹曰："悲哉！夫好船者溺，好骑者堕，君子各以所好为祸。谀谗申者，师道不明。正言切谏，身死无功。伏地而泣者，非自惜，因悲大王。夫章者，战不胜，走偉偉②；明者，去昭昭，就冥冥③。见两鬲炊而不蒸者，王且不得火食④。见两黑犬嗥以北，嗥以南者，大王身死，魂魄惑也。见两铧倚吾宫堂者，越人入吴邦，伐宗庙，掘社稷也⑤。见流水汤汤，越吾宫墙者，大王宫堂虚也。前园横索生树桐者，桐不为器用，但为甬⑥，当与人俱葬。后房锻者鼓小震者，大息也⑦。王毋自行，使臣下可矣。"太宰嚭、王孙骆惶怖，解冠帻，肉袒而谢⑧。吴王忿圣言不祥，乃使其身自受其殃。王乃使力士石番，以铁杖击圣，中断之为两头。圣仰天叹曰："苍天知冤乎！直言正谏，身死无功。令吾家无葬我，提我山中，后世为声响。"吴王使人提于秦馀杭之山⑨："虎狼食其肉，野火烧其骨，东风至，飞扬汝灰，汝更能为声哉！"太宰嚭前再拜，曰："逆言已灭，谗谀已亡，因酌行觞⑩，时可以行矣。"吴王曰："诺。"

【注释】

①越弟子：当作"越公弟子"。

②走偉偉（zhāng）：张皇失措貌。《吴越春秋》作“走偉偟也”。

③去昭昭，就冥冥：昭昭，光明，指阳间—生。冥冥，亦作“溟溟”，昏暗，指阴间—死。

④火食：熟食。

⑤伐宗庙，掘社稷：伐，毁坏。宗庙，帝王、诸侯或大夫、士祭祀祖宗的处所。社稷，帝王祭祀土地神和谷神的处所。古代以宗庙和社稷指代国家，宗庙和社稷毁了，国家也就灭亡了。

⑥甬：通“俑”，古代陪葬用的偶人。

⑦大息：太息。即叹息。

⑧谢：请罪。

⑨秦馀杭之山：见3.6注⑭。

⑩行觞：依次斟酒而饮。觞，古代盛酒器。

【译文】

吴王连忙表示问候，说：“你就是越公弟子公孙圣啊，辛苦了！我白天在姑胥台睡觉，梦见自己进入章明宫，一进门，就看到有两只锅在烧东西却不冒热气；看到两只黑狗一会儿向北吼叫，一会儿向南吼叫；看到两把铁锹靠在宫堂的墙上；看见流水浩浩荡荡漫过宫墙；看见前面园子里横生一株梧桐树；又见后房有匠人在拉风箱发出‘噗噗’的声响。你替我详细地解说一下，是吉就说吉，是凶就说凶，不要为迎合我的心思而说些奉承的话。”公孙圣伏在地上小声抽泣，好一会儿才起来，仰天叹息，说：“悲伤啊！喜爱弄船的常常被水淹死，爱好骑马的往往坠马而亡，人们总是以他们所喜好的遭致祸殃。我如果说些奉承讨好的话，就会对不起我老师的谆谆教诲；如果实话实说，直言劝告，自己也是白白送死。我伏在地上哭泣，并不是可惜自己的生命，而是因为大王而悲伤。梦入章明之宫，‘章’是预示您打仗失败，张皇失措地逃跑；‘明’是预示您离开光明的人间，去到黑暗的地狱。您看到两只锅在烧东西而不冒热气，是预示着大王您将有吃不到熟食的一天；您看到两只黑狗一会儿向北吼叫，一会儿向南吼叫，是预示大王您死后魂魄居无定所；您看到两把铁锹靠在宫堂的墙上，是预示着越国军队攻入吴国，毁我宗庙，掘我社稷啊；您看见流水浩浩汤汤漫过宫墙，是预示着大王宫堂将空荡荡无一人一物；您看见前面园子里横生一株梧桐树，这是说梧桐树是不能做生活器具的，只能用来做木俑与人一起埋葬；您看见后房匠人在拉风箱发出噗噗的声响，这可是将要遭遇不幸的叹息声。讨伐齐国时，我请求大王不要亲自带兵前去，只派遣臣下替您统军就可以了。”太宰伯嚭和王孙骆听了公孙圣的话，惶恐不安，连忙取下帽子，解开头巾，脱去上衣，叩头向吴王请罪。吴王夫差恨公孙圣出言不逊，便要让他自己先受到出言不逊的报应。吴王于是叫大力士石番，用铁棍痛打公孙圣，把公孙圣拦腰打成两截。公孙圣仰天叹息说：“苍天啊，你知道我多么冤枉吗！我直言规劝，反而招来杀身之祸。我死后就叫我家人不要埋葬我，把我的尸体抛到山上，将来变成回声以明我冤情。”吴王派人把他抛到秦馀杭山上，狠狠地说：“就让虎狼吃了你的肉，野火烧尽你的骨，东风吹来，吹散你的骨灰，看你还能变成回声！”太宰伯嚭上前向吴王叩头行礼，说：“悖逆的言论已经清除，说坏话的人已经处死，请让我们倒满酒畅饮一番，讨伐齐国的时机已到，大军可以出发了。”吴王夫差说：“就照你说的办吧。”

12.4 王孙骆为左校司马，太宰嚭为右校司马，王从骑三千，旌旗羽盖[①]，自处中军。伐齐，大剋[②]。师兵三月不去，过伐晋[③]。晋知其兵革之罢倦，粮食尽索，兴师击之，大败吴师[④]。涉江，流血浮尸者，不可胜数。吴王不忍，率其余兵，相将至秦馀杭之山。饥饿，足行乏粮，视瞻不明。据地饮水[⑤]，持笼稻而飡之[⑥]。顾谓左右曰：“此何名？”群臣对曰：“是笼稻也。”吴王曰：“悲哉！此公孙圣所言，王且不得火食。”太宰嚭曰：“秦馀杭山西坂闲燕[⑦]，可以休息，大王亟飡而去，尚有十数里耳。”吴王曰：“吾尝戮公孙圣于斯山，子试为寡人前呼之，即尚在耶，当有声响。”太宰嚭即上山三呼，圣三应。吴王大怖，足行属腐，面如死灰色，曰：“公孙圣令寡人得邦，诚世世相事[8]。”言未毕，越王追至。兵三围吴，大夫种处中。范蠡数吴王曰：“王有过者五，宁知之乎？杀忠臣伍子胥、公孙圣。胥为人先知、忠信，中断之入江；圣正言直谏，身死无功。此非大过者二乎？夫齐无罪，空复伐之[9]，使鬼神不血食[10]，社稷废芜，父子离散，兄弟异居。此非大过者三乎？夫越王句践，虽东僻，亦得系于天皇之位，无罪，而王恒使其刍茎秩马[11]，比于奴虏。此非大过者四乎？太宰嚭谗谀佞谄，断绝王世，听而用之。此非大过者五乎？”吴王曰：“今日闻命矣。”

【注释】

①羽盖：用鸟羽装饰的伞形车篷。

②剋（kè）：战胜。

③师兵三月不去，过伐晋：据《左传》，哀公十一年夏吴、齐艾陵之役，至哀公十三年夏吴、晋黄池之会，前后为三年，而非三月。又黄池之会为吴晋争强，是会盟时的争长，虽陈兵对峙，未有“伐晋”之事。且黄池在卫，非晋地。此“过伐晋”事不足据。

④“晋知其”数句：史未闻有晋败吴师之事。晋，当为“越”。兵革，借指军队。罢倦，疲倦。罢，同“疲”。索，完，尽。

⑤据：蹲或坐。

⑥笼稻：指蒸而未熟的米饭。飡：同“餐”。

⑦闲燕：僻静安全。闲，同“间”，僻静。燕，安宁。

⑧事：祭祀之事。

⑨空复伐之：找借口多次攻伐它（齐国）。空，找借口。

⑩血食：受祭祀。古代杀牲以祭，所以称血食。

⑪刍茎秩马：《外传本事》作“刍莝养马”。秩马，养马。

【译文】

王孙骆为左校司马，太宰伯嚭为右校司马，吴王率领三千精锐骑兵，旌旗招展，羽盖辉煌，自己率领中军。讨伐齐国，大获全胜。军队逗留齐地三个月不愿离开，又进兵讨伐晋国。这时越王句践知道吴国军队已疲惫不堪，粮草匮乏，便兴兵攻伐吴国，大败吴军。吴军退入江中，负伤流血的、淹死江中的不计其数。吴王夫差十分伤心，便率领残兵败将，相互搀扶着来到秦馀杭山。这时他饿着肚子走路，身边又没有粮食，饿得眼睛昏花，看不清东西。只好蹲在地上喝溪沟里的流水，拿过尚未蒸熟的米饭生嚼硬吞起来。他回头问身边的人说：“这是什么啊？”群臣回答说：“这是未蒸熟的米饭。”吴王夫差说：“可悲啊！这就是公孙圣所预言的‘大王有一天将吃不到熟食’。”太宰伯嚭对吴王说：“秦馀杭山西坡偏僻安静，在那里可以休息，大王赶紧吃了离开这里，还有十多里路要走呢！”吴王夫差说：“我曾经把公孙圣处死丢在这座山上，你代我上前喊几声试试，如果他的魂魄还在，应该会有回声。”太宰伯嚭就走上前去叫了三声：“公孙圣！”对面山上果然应了三声。吴王听到回声吓坏了，走起路来双脚像踩在腐烂的东西上面发怵打软，脸色也像死灰一样难看，口中念念有词：“公孙圣啊，如果能让我重新振兴国家，我一定会为您立庙，让子孙后代永远祭祀您！”话还没有说完，越王句践已经追到。越王命令部队将吴王团团围住，大夫文种站在中间，范蠡上前指着吴王，列举他的罪状：“大王有五条大罪，难道你还不知道吗？杀了忠臣伍子胥、公孙圣，伍子胥为人有先见之明，又忠诚守信，你却使他身首异处，把他抛入江中；公孙圣为人敢于讲真话，直言不讳，你却不明不白地把他杀了。这不是两桩大罪吗？齐国并没有得罪你，而你却找借口多次攻伐它，斩杀了那么多齐国将士，使得他们的祖先无人祭扫，那里的土地庙也变成了废墟，父子兄弟阴阳相隔。这不是第三桩大罪吗？越王句践虽然立国在偏僻的东海边上，但也是一国之君，又没有犯大罪，而你却常常让他割草喂马，像使唤奴隶一样地使唤他。这不是第四桩大罪吗？太宰伯嚭是一个逢迎拍马、暗中使坏的小人，是他断送了吴国，而你却对他言听计从，重用他。这不是第五桩大罪吗？”吴王夫差哀叹说：“我今天就听从你的安排了。”

12.5 越王抚步光之剑，杖屈卢之矛，瞋目谓范蠡曰：“子何不早图之乎？”范蠡曰：“臣不敢杀主。臣存主若亡，今日逊敬，天报微功。”越王谓吴王曰：“世无千岁之人，死一耳。”范蠡左手持鼓，右手操枹而鼓之，曰：“上天苍苍，若存若亡①。何须军士，断子之颈，挫子之骸。不亦缪乎②？”吴王曰：“闻命矣。以三寸之帛，冥吾两目③，使死者有知，吾惭见伍子胥、公孙圣；以为无知，吾耻生。”越王则解绶以冥其目，遂伏剑而死④。越王杀太宰嚭⑤，戮其妻子，以其不忠信，断绝吴之世。

【注释】

①上天苍苍，若存若亡：意思是：苍天在上，生死由它决定。若存若亡，即或存或亡。偏重于“亡”。

②不亦缪乎：亦，句中语助词。缪(jiū)，通“樛”。《汉书·外戚传下》：“即自缪死。”颜师古注：“缪，绞也。”意思是：何不自己了断呢。

③冥：蒙住双眼。

④遂伏剑而死：《左传·哀公二十二年》：“冬十一月丁卯，越灭吴，请使吴王居甬东。辞曰：‘孤老矣，焉能事君？’乃缢。”缢，上吊而死。

《吴越春秋》作“乃引剑而伏之死”。

⑤杀太宰嚭：见6.7注⑨。

【译文】

越王句践一手把着步光宝剑，一手握着屈卢大矛，瞪着眼睛对范蠡说：“你怎么还不赶快下手？”范蠡回答说：“我作为臣子不敢杀一位国君。我即便保存了吴王的性命，他也如死人一样，我今天退让以示恭敬，上天将会报偿我这微薄的功德。”越王句践便对吴王夫差说：“世上从来没有活上一千岁的人，早死晚死还不是一个样！”范蠡左手抱着大鼓，右手拿着鼓槌，一边击鼓一边说：“苍天在上，谁存谁亡都是天意。何必要等士兵来砍掉你的头颅，折断你的胫骨。何不自己了断呢？”吴王夫差说：“我听从你的指教了。请给我一块布条，蒙住我的眼睛，假使死了的人还有知觉，我也就没有脸去见伍子胥、公孙圣；如果死后没有知觉，我宁愿一死也不想羞耻地活着。”越王句践就解下绶带叫人蒙住夫差的眼睛，吴王夫差便拿起剑来自杀了。越王句践又杀了太宰伯嚭和他的妻子儿女，因为他的不忠诚断送了吴国的基业。

第十一卷

越绝外传记宝剑第十三

【题解】

商和西周时期，青铜器物以食器、礼器为主，到了春秋战国，列国征伐，青铜兵器渐多，且铸造工艺也渐趋精良。本篇所述越、吴、楚三国，从史籍记载和考古发现的矿冶遗址看，当时的青铜兵器生产很发达，特别是越国，铸造的宝剑独步天下。传世的铸剑名师有欧冶子、干将和莫邪。1965年在湖北江陵的楚国郢都纪南城遗址望山一号墓出土的"越王句践自作用剑"，深埋地下两千四百多年，不仅毫无锈蚀，而且寒光逼人。试剑时，将二十余层纸一划而破。据复旦大学、上海科学院等单位经质子x荧光非真空分析，此剑由铜、锡、铅、铁、硫、砷等元素采用复合金属工艺铸造而成，可以说盖世无双。只可惜这种工艺久已失传。

也正因为失传（篇中所谓"龙藏"），所以后世对于越国宝剑的猜想和崇拜是很自然的了。本篇通过薛烛和风胡子的口，道出了宝剑和干将、欧冶子铸剑的神奇。在冷兵器时代，武器的精良与否，对于战争的胜负也起到相当大的作用，所以安排专章予以阐述，用以说明越国最后能够取胜的因素，除了任贤使能等以外，还有无可匹敌的武器。写宝剑的精良是实，而写宝剑的神奇威力则是虚——夸张得有些荒诞。

另外，近代西方学者提出的旧石器时代、新石器时代、青铜时代、铁器时代的远古时代划分，在我国两千年前的汉代就有了此概念，已是一个奇迹。作者在此提出的铁器时代，则是普遍使用铁器的汉代的写照。

13.1 昔者，越王句践有宝剑五，闻于天下。客有能相剑者，名薛烛。王召而问之，曰："吾有宝剑五，请以示之。"薛烛对曰："愚理不足以言，大王请，不得已。"乃召掌者，王使取毫曹。薛烛对曰："毫曹，非宝剑也。夫宝剑，五色并见，莫能相胜。毫曹已擅名矣，非宝剑也。"王曰："取巨阙。"薛烛曰："非宝剑也。宝剑者，金锡和铜而不离。今巨阙已离矣，非宝剑也。"王曰："然巨阙初成之时，吾坐于露坛之上，宫人有四驾白鹿而过者，车奔鹿惊，吾引剑而指之，四驾上飞扬，不知其绝也。穿铜釜，绝铁锄，胥中决如粢米[①]，故曰巨阙。"王取纯钧，薛烛闻之，忽如败[②]。有顷，惧如悟。下阶而深惟[③]，简衣而坐望之[④]。手振拂扬[⑤]，其华捽如芙蓉始出[⑥]。观其釽[⑦]，烂如列星之行[⑧]；观其光，浑浑如水之溢于塘；观其断[⑨]，岩岩如琐石[⑩]；观其才[⑪]，焕焕如冰释[⑫]。"此所谓纯钧耶？"王曰："是也。客有直之者，有市之乡二，骏马千匹，千户之都二，可乎？"薛烛对曰："不可。当造此剑之时，赤堇之山[⑬]，破而出锡；若耶之溪[⑭]，涸而出铜；雨师扫洒，雷公击橐；蛟龙捧炉，天帝装炭；太一下观，天精下之。欧冶乃因天之精神[⑮]，悉其伎巧，造为大刑三、小刑二：一曰湛卢，二曰纯钧，三曰胜邪，四曰鱼肠，五曰巨阙。吴王阖庐之时，得其胜邪、鱼肠、湛卢[⑯]。阖庐无道，子女死，杀生以送之[⑰]，湛卢之剑，去之如水，行秦过楚[⑱]，楚王卧而寤，得吴王湛卢之剑，将首魁漂而存焉[⑲]。秦王闻而求，不得，兴师击楚，曰：'与我湛卢之剑，还师去汝。'楚王不与。时阖庐又以鱼肠之剑刺吴王僚，使披肠夷之甲三事[20]。阖庐使专诸为奏炙鱼者，引剑而刺之，遂弑王僚。此其小试于敌邦，未见其大用于天下也。今赤堇之山已合，若耶溪深而不测。群神不下，欧冶子即死[21]。虽复倾城量金，珠玉竭河[22]，犹不能得此一物，有市之乡二、骏马千匹、千户之都二，何足言哉！"

【注释】

①胥：察看。中：剑刃着物之处。决：通"缺"。粢（zī）米：粟米。

②败：摧残。因摧残而委顿。

③惟：思考。

④简：约束。

⑤振拂扬：三种动作。振，振动。拂，甩动。扬，举。

⑥捽（zuó）：光彩鲜明貌。

⑦釽（pì）：良剑身上的文采。

⑧烂：据下文"浑浑""岩岩""焕焕"，亦当为"烂烂"。

⑨断：剑锋。

⑩岩岩如琐（suǒ）石：形容剑刃的峻峭锋利。岩岩，险峻峭拔貌。琐石，细小的岩石。琐，小。

⑪才：通"材"，材料质地。

⑫焕焕如冰释：如冰雪消融时那样鲜明光亮。比喻剑的质地莹润纯洁。焕焕，鲜明光亮貌。

⑬赤堇之山：一名铸浦山，在今绍兴平水镇，有村名铸浦岙。

⑭若耶之溪：即今绍兴平水江。

⑮欧冶：欧冶子，传为越国铸剑名师。

⑯吴王阖庐之时，得其胜邪、鱼肠、湛卢：《吴越春秋》作："一曰鱼肠，

二曰磐郢，三曰湛卢。"胜邪，疑与磐郢为同一枚剑。鱼肠，见《记吴地传》3.6 注⑧。

⑰子女死，杀生以送之：见《外传记吴地传》3.6 注⑪。

⑱去之如水，行秦过楚：钱培名曰："《吴郡志》'如'作'入'。'过'作'凑'。"按，《文选·七命》李善注引《越绝书》作"阖庐无道，湛卢之剑去之入水，行凑楚"。按文义，"如"当为"入"。"秦"与地理不合，当为"凑"字之误。"过"字衍。

⑲首魁：首领。此指剑把。

⑳阖庐又以鱼肠之剑刺吴王僚，使披肠夷之甲三事：事在周敬王五年（前 515）四月，吴公子光使武士专诸杀吴王僚自立，是为吴王阖庐。王僚，吴王僚，吴王余昧子。前 526—前 515 年在位。使披肠夷之甲三事，《吴越春秋》载：吴王僚得母后提醒，"乃被棠铁之甲三重"。疑"使"前有缺文。肠夷之甲，见《记地传》10.2 注⑨。事，从《吴越春秋》当作"重"。

㉑即：疑为"既"之讹。已经。

㉒倾城量金，珠玉竭河：装满全城的黄金，满塞河流的珠玉。量，计量多少的器具。用作动词，计量。竭，使干涸。

【译文】

从前，越王句践有五把宝剑，天下闻名。一天，来了一位善于鉴赏宝剑的人，名叫薛烛。越王句践召见他，询问他对这些宝剑的评价，说："我有五把宝剑，拿来请你帮我看一看。"薛烛回答说："我只知道一些粗浅的道理，本不值得一说，既然大王请我来，我也不好推托。"越王于是召来掌管宝剑的人，叫他先把豪曹宝剑拿来。薛烛看了之后说："豪曹并不是宝剑。宝剑要求青、黄、赤、白、黑五种色光同时显现，没有哪一种色光能够盖住其他的色光。豪曹虽然已经闻名了，但色光有缺陷，算不上宝剑。"越王说："把巨阙宝剑拿来。"薛烛看后说："这把也不算宝剑。宝剑要求金、锡与铜融和而不相互分离。现在巨阙的金、锡与铜不能完全融和，不算宝剑。”越王说：“巨阙刚刚炼成的时候，我拿着它坐在露坛之上，有个宫人驾着四匹白鹿拉的车子从台下经过，白鹿惊得拉着车狂奔起来，我拿起剑向前一挥，四匹白鹿向上飞了起来，也不知道怎么把它们杀死的。拿着它刺铜釜，砍铁镬，察看剑身仅仅只有粟米大小的缺口，所以叫巨阙。”越王吩咐拿来纯钧宝剑。薛烛听到“纯钧”二字，突然像精神受到刺激一样，惊惧不安。过了好一会，才从惊惧中清醒过来。他走下台阶，整理好衣服，坐在放剑的台子旁，凝视着纯钧宝剑，久久地思考着。然后他拿起宝剑用手指轻轻一弹，再用力一挥，又高高举起，只见它的光华如盛开的芙蓉那样鲜艳明丽。看那宝剑身上的文采，灿烂如天上的星星在闪烁；看那宝剑的光芒，如大水漫过池塘般流光溢彩；看那宝剑的锋刃，如峭立的岩石般挺拔险峻；看那宝剑的质地，如冰雪消融时那样莹润纯洁。薛烛观察良久，问越王句践说：“这就是你说的纯钧宝剑吗？”越王回答说：“是啊。有人对它出过价，说用两个乡加上一千匹骏马、两个有一千人的小城来交换这把剑，可以给他吗？”薛烛回答说：“不可以。在铸造这把宝剑时，赤堇山突然崩裂出现了锡，若耶溪突然干涸出现了铜，雨师洒下细雨清除尘土，雷公打起阵雷鼓动风箱，蛟龙捧着洪炉，天帝装上木炭，尊神太一下来看守，天上的精灵都下凡来帮助。欧冶子于是借助天神的神灵和精气，施展他全部的智慧和技能，铸造出大型宝剑三把，小型宝剑两把：一叫湛卢，二叫纯钧，三叫胜邪，四叫鱼肠，五叫巨阙。吴王阖庐的时候，得到了胜邪、鱼肠、湛卢三把宝剑。阖庐残暴不讲人道，他的女儿死的时候，让千万老百姓活活为她陪葬，湛卢宝剑便离开吴国，从水路到了楚国，楚王一觉醒来，得到了湛卢宝剑，于是将剑洗干净保存了起来。秦王听到消息便派人来索取，没有要到手，便兴兵攻打楚国，说：‘如果把湛卢宝剑给了我，我就退兵离开。’楚王还是不肯把湛卢剑给他。那时吴王阖庐又用鱼肠剑去行刺吴王僚。吴王僚身穿三层用坚兽皮制成的铠甲坐在朝堂上，阖庐派专诸装扮成献烤鱼的宫厨，把鱼肠剑藏在鱼肚里面，上前进献时即抽出鱼肠剑刺向吴王僚，把他杀死了。这些剑只是在敌国小试锋芒，还没有在全天下派上大用场。现在赤堇山的裂缝已经闭合，若耶溪水深不可测，天上众神再不肯下来，欧冶子也已经死了，所以即使有装满全城的黄金、使河水断流的珍珠宝玉，尚且不能换得这样一件宝物，有人用两个乡加上一千匹骏马、两个有一千人的小城来交换这把剑，还值得说吗？”

13.2 楚王召风胡子而问之曰：“寡人闻吴有干将①，越有欧冶子，此二人甲世而生②，天下未尝有。精诚上通天，下为烈士③。寡人愿赍邦之重宝④，皆以奉子⑤，因吴王请此二人作铁剑，可乎？”风胡子曰：“善。”于是乃令风胡子之吴，见欧冶子、干将，使之作铁剑。欧冶子、干将凿茨山⑥，洩其溪，取铁英⑦，作为铁剑三枚：一曰龙渊，二曰泰阿，三曰工布。毕成，风胡子奏之楚王。楚王见此三剑之精神，大悦，见风胡子⑧，问之曰：“此三剑何物所象？其名为何？”风胡子对曰：“一曰龙渊，二曰泰阿，三曰工布。”楚王曰：“何谓龙渊、泰阿、工布？”风胡子对曰：“欲知龙渊，观其状，如登高山，临深渊；欲知泰阿，观其釽，巍巍翼翼⑨，如流水之波；欲知工布，釽从文起，至脊而止，如珠不可衽⑩，文若流水不绝。”

【注释】

①干将：见《记吴地传》3.5 注⑥。

②甲世：冠绝当世。

③烈士：刚烈之士。亦指有志于建功立业的人。烈，正直，刚毅。

④赍：抱着，怀着。

⑤奉：给予，赠予。

⑥茨山：在今安徽泾县北。

⑦铁英：铁矿石中的精华。

⑧大悦，见风胡子：钱培名曰："'大悦'下《御览》有'见'字，是。"今据补。

⑨巍巍：高大貌。翼翼：飞动貌。此用起伏涌动的流水之波形容剑身的文采光华。

⑩袵：缉，贯穿连缀。

【译文】

楚王召见风胡子，问他道："我听说铸剑名师吴国有干将，越国有欧冶子，这两个人冠绝当世，普天下找不出这样才艺精湛的人才。他们的至诚之心与天相通，都是正直刚毅有志于建功立业的人。我愿意把楚国的珍宝都交给你，托你通过吴王聘请这两个人到楚国来替我铸剑，怎么样？"风胡子说："好啊！"于是就派风胡子去吴国，拜见欧冶子、干将，请他们到楚国去铸造铁剑。欧冶子、干将挖开茨山，排干溪水，取出铁矿石中的精华，铸造了三枚铁剑：一叫龙渊，二叫泰阿，三叫工布。剑铸成后，风胡子拿去献给楚王。楚王看到这三枚铁剑的神采，非常高兴，召见风胡子，问他道："这三枚宝剑神采异常，象征何种事物呢？都叫什么名称呢？"风胡子回答说："它们一叫龙渊，二叫泰阿，三叫工布。"楚王问道："为什么叫龙渊、泰阿、工布呢？"风胡子回答说："想知道为什么叫龙渊，您就看它的形状，就如攀登千仞高山，俯视万丈深渊；想知道为什么叫泰阿，您就看它的纹彩，其跃动的光华如起伏涌动的流水之波；想知道为什么叫工布，您就看它的纹彩从有花纹起，直到剑脊为止，像滚动闪烁的珠子一样而不能串联，但又像滔滔流水一样没有断绝。"

13.3 晋郑王闻而求之，不得，兴师围楚之城，三年不解①。仓谷粟索，库无兵革。左右群臣、贤士，莫能禁止。于是楚王闻之，引泰阿之剑，登城而麾之，三军破败②，士卒迷惑，流血千里，猛兽欧瞻③，江水折扬④，晋郑之头毕白⑤。楚王于是大悦，曰："此剑威耶？寡人力耶？"风胡子对曰："剑之威也，因大王之神。"楚王曰："夫剑，铁耳，固能有精神若此乎？"风胡子对曰："时各有使然。轩辕、神农、赫胥之时[6]，以石为兵，断树木，为宫室，死而龙臧[7]。夫神，圣主使然。至黄帝之时，以玉为兵，以伐树木，为宫室，凿地。夫玉，亦神物也，又遇圣主使然，死而龙臧。禹穴之时[8]，以铜为兵，以凿伊阙[9]，通龙门，决江导河，东注于东海。天下通平，治为宫室，岂非圣主之力哉？当此之时，作铁兵，威服三军。天下闻之，莫敢不服。此亦铁兵之神，大王有圣德。"楚王曰："寡人闻命矣。"

【注释】

①"晋郑王"数句：晋郑王：史无晋郑王名，也无此事。《艺文类聚》卷六十、李善注《文选·七命》引《越绝书》皆作"晋郑闻而求之"，无"王"字。

②三军：春秋时大国多设三军，或中军、左军、右军为三军，或中军、上军、下军为三军。

③欧瞻：欧，通"讴"，叫。瞻，向前或向上望。意思是望着天空发出呜呜的叫声。

④折扬：倒流奔涌。

⑤晋郑之头毕白：《文选·七命》："指郑则三军白首，麾晋则千里流血。"

⑥轩辕、神农、赫胥之时：即传说中的远古三皇时代。轩辕，轩辕氏（黄帝部族）；神农，神农氏（炎帝部族）；赫胥，即伏羲氏。联系下文，应为炎黄之前的原始部族。

⑦龙臧：如龙一样潜藏。臧，同"藏"。

⑧禹穴之时：即禹之时。

⑨伊阙：山名。因两山相对如阙，伊水流经其间，故名。在河南洛阳南。又名龙门。

【译文】

晋国、郑国听到楚王铸造了三枚宝剑，便来索取，楚王不给，他们就兴兵包围楚国的都城，一连三年不退兵。楚国都城内粮仓里的粮食都吃空了，兵库内的武器甲衣也用完了。左右大臣、贤能之士，都想不出良策来阻止这场灾难。这时楚王知道了城内的困迫情况，就举着泰阿宝剑，登上城楼向敌军挥去，只见敌军望剑披靡，士兵晕头转向，血染原野；惊得猛兽朝天吼叫，江水倒流奔腾；晋、郑将士的头发都变白了。楚王于是非常高兴，问风胡子说："这是剑的威力呢，还是我的神武呢？"风胡子回答说："这是剑的威力，又通过大王的神武发挥出来。"楚王说："剑只是一块铁而已，难道本来就有如此神异吗？"风胡子回答说："不同时代兵器就各有不同精神。轩辕、神农、伏羲的时候，用石头做成兵器，砍伐树木，建造宫室，他们死后，这些兵器就像蛟龙一样潜藏了起来，其神异是因为是圣明的君主使用它们才会这样的。到了黄帝的时候，用玉石作兵器，来砍伐树木，建造宫室，开垦土地，那些玉石做的兵器也是神物，又遇到圣明的君主就发挥出神威，黄帝死后就像蛟龙一样潜藏了起来。大禹的时候，用铜做成兵器，来凿开伊阙，打通龙门，疏浚长江水道，导引黄河水流，使它们向东流入大海。天下太平之后，又用这些兵器来伐木建造宫室，难道不是圣明君主的神武使这些兵器发挥出神异的力量吗？到了现在，铸造出铁制兵器，其威力使敌军慑服。天下诸侯知道了，谁敢不服从您的号令？这也是铁剑的神威，加上大王有仁德。"楚王说："我多谢您的指教了。"

第十二卷

越绝内经九术第十四

【题解】

越王句践在臣吴返国以后，为了达到雪耻复国的政治目的，不时地向群臣问计。本篇所记，是句践问计于大夫文种，文种向越王句践献“伐吴九术”之事。

文种所献“伐吴九术”，在吴国来说是阴谋，但对越国来说却是实实在在的行动计划。在当时，吴、越两国力量对比悬殊，越王句践若要完成雪耻复国大业，一方面需要富国强兵，另一方面则要千方百计地削弱吴国。所以九术之中，三术治内，六术谋吴。治内三术贯穿于“生聚教训”富国强兵的基本国策当中。谋吴六术，归结起来，就是腐蚀吴国君臣的意志，离间吴国君臣的关系，消耗吴国的国力。美人计、离间计、借刀杀人计环环相扣，从而影响了两国战略态势的变化，越国由弱转强，赢得了主动权。但说到底，谋吴六术的成功则需要有一个基本条件：吴王愚昧昏庸。这叫做“外因通过内因而起作用”。在家天下的君主制时代，君主的明智与否，关系到国家的兴衰存亡。夫差的愚昧昏庸导致吴国的灭亡，教训是十分惨痛的。

据《吴越春秋》，越王败吴之后，听信谗言，怀疑文种有篡国图谋，赐文种以属镂之剑自杀，其理由是“九术之策，今用三已破强吴，其六尚在子所，愿幸以余术为孤前王于地下谋吴之前人”。三策指本篇所述两策加《请籴内传》的"请籴"一策。其实在谋吴过程中，是九术连用，并无彼此，只是此三术对于劝导为君者加强自身修养、关心国计民生具有深刻的现实意义。

14.1 昔者，越王句践问大夫种曰："吾欲伐吴，奈何能有功乎？"大夫种对曰："伐吴有九术。"王曰："何谓九术？"对曰："一曰尊天地，事鬼神[①]；二曰重财币[②]，以遗其君[③]；三曰贵籴粟槁[④]，以空其邦；四曰遗之好美[⑤]，以为劳其志[⑥]；五曰遗之巧匠，使起宫室高台，尽其财，疲其力；六曰遗其谀臣，使之易伐[⑦]；七曰强其谏臣[⑧]，使之自杀；八曰邦家富而备器[⑨]；九曰坚厉甲兵[⑩]，以承其弊。故曰九者勿患[⑪]，戒口勿传[⑫]，以取天下不难，况于吴乎？"越王曰："善。"

【注释】

①事：侍奉，服侍。此指用丰洁的供品祭祀。鬼神：祖宗和神灵。

②重：厚。

③遗（wèi）：赠予，致送。

④贵籴粟槁：指用重金收购吴国的粮食。

⑤好美：美貌女子。

⑥劳：过分而损。

⑦易：简慢，轻慢。伐：自矜，自我夸耀。

⑧强：使……强。

⑨器：利器，兵器。此指军队。《吴越春秋》："八曰君王国富，而备利器。"

⑩坚厉甲兵：即坚甲厉兵。使铠甲坚固，使武器锋利。

⑪患：忧虑。

⑫戒口：慎言。

【译文】

从前，越王句践问大夫文种说："我想讨伐吴国，怎么做才能取得成功呢？"大夫文种回答说："讨伐吴国有九种策略。"越王问："什么叫做九种策略？"文种回答说："一是敬事天地，祭祀鬼神；二是把财币当作厚礼，送给吴王，使其利令智昏；三是用重金购买吴国的粮食，使其粮库空虚；四是送给吴王玩好和美女，使其沉湎酒色，玩物丧志；五是送给吴王能工巧匠，使其大兴土木，建宫殿，造高台，耗尽他的财力，竭尽他的民力；六是贿赂他身边的佞臣，使他在佞臣的拍马奉承中轻慢而自傲；七是设法让他身边的谏臣直规强谏，激怒吴王使吴王自己把他们杀掉；八是使国家民众富裕起来并不断加强军事力量；九是修好铠甲，磨砺武器，做好战争物资的储备，待吴国疲困的时候乘机攻伐它。所以说有这九种计策就不必担忧，只要严守秘密不泄露出去，用这九种计策来取天下也不是难事，何况对付一个吴国呢？"越王句践说："太好了！"

14.2 于是作为策楯①，婴以白璧②，镂以黄金③，类龙蛇而行者。乃使大夫种献之于吴，曰："东海役臣孤句践，使者臣种，敢修下吏，问于左右④。赖有天下之力，窃为小殿，有余财，再拜献之大王。"吴王大悦。申胥谏曰⑤："不可。王勿受。昔桀起灵门，纣起鹿台⑥，阴阳不和，五谷不时，天与之灾，邦国空虚，遂以之亡。大王受之，是后必有灾。"吴王不听，遂受之而起姑胥台⑦。三年聚材，五年乃成，高见二百里。行路之人，道死尸哭⑧。

【注释】

①策楯（shǔn）：《水经注》作"荣楯"。楯，阑干的横木。

②婴：绕。指用白璧环绕。
③镂：镂刻，雕刻。此指雕刻处用黄金镶嵌。
④敢修下吏，问于左右：一种外交辞令。见《内传陈成恒》9.3 注⑪。
⑤申胥：伍子胥。
⑥桀起灵门，纣起鹿台：桀，见《吴内传》4.10 注①。纣，见《吴内传》4.10 注⑩。灵门、鹿台，宫台名。
⑦姑胥台：见《记吴地传》3.2 注⑤。为吴王阖庐所造，夫差时作修崇。
⑧道死尸哭：《吴越春秋》作“道死巷哭”。尸，疑为“巷”之讹。

【译文】

越王句践于是派人上山伐木做成栏杆，雕刻上花纹图案，镶上白玉，嵌上黄金，简直像龙蛇在游动。做成后就派大夫文种献给吴王夫差，说：“东海边臣仆句践派了使者文种，斗胆备下薄礼，向大王致以问候。我依靠老百姓的力量，私自造了一座小宫殿，剩下一些木料，献给大王。”吴王听了非常高兴。伍子胥连忙劝阻说：“大王不可接受。从前夏桀建灵门，殷纣造鹿台，使得阴阳不调和，五谷不成熟，上天降下灾祸，国库空虚，国家也就随之灭亡了。大王如果接受了，日后一定会有灾祸。”吴王不听伍子胥的劝告，接受了这份礼物，并修造了姑胥台。花了三年时间搜罗各种奇材异石，又花五年时间建造完成，站在高高的姑胥台上，二百里以内山川风物尽收眼底。可是弄得满路都是累死的民工，到处都是悲哀的哭声。

14.3 越乃饰美女西施、郑旦[①]，使大夫种献之于吴王，曰：“昔者，越王句践窃有天之遗西施、郑旦，越邦洿下贫穷[②]，不敢当，使下臣种再拜献之大王。”吴王大悦。申胥谏曰：“不可，王勿受。臣闻五色令人目不明，五音令人耳不聪。桀易汤而灭，纣易周文而亡[③]。大王受之，后必有殃。胥闻越王句践昼书不倦，晦诵竟旦，聚死臣数万，是人不死，必得其愿。胥闻越王句践服诚行仁，听谏，进贤士，是人不死，必得其名。胥闻越王句践冬披毛裘，夏披絺绤[④]，是人不死，必为利害。胥闻贤士，邦之宝也；美女，邦之咎也。夏亡于末喜[⑤]，殷亡于妲己[⑥]，周亡于褒姒[⑦]。”吴王不听，遂受其女，以申胥为不忠而杀之。

越乃兴师伐吴，大败之于秦馀杭山[⑧]，灭吴，禽夫差[⑨]，而戮太宰嚭与其妻子[⑩]。

【注释】

①西施、郑旦：越国美女。见《记地传》10.5 注⑭。

②洿（wū）下：地凹陷低湿。

③易：轻视。周文：即周文王。

④越王句践冬披毛裘，夏披絺绤：《吴越春秋》作“越王夏被毛裘，冬御絺绤”。当以《吴越春秋》为是。毛裘，用动物的毛皮做成的衣服。絺（chī）绤（xì），葛布。《诗经·周南·葛覃》：“为絺为绤。”《毛传》：“精曰絺，粗曰绤。”

⑤末喜：一作妹喜、妹嬉、末嬉。有施氏女，夏后桀宠妃。汤灭夏，与桀奔南巢（安徽巢湖西南）而死。

⑥妲己：有苏氏女，己姓，商纣王宠妃。周武王灭商时被杀。

⑦褒姒：见《外传计倪》11.6 注⑦。

⑧秦馀杭山：今苏州西之阳山。

⑨禽：同“擒”。

⑩戮太宰嚭与其妻子：见《请籴内传》6.7 注⑨。

【译文】

越王句践又把美女西施、郑旦训练好，派大夫文种献给吴王，说：“越王句践有上天馈送的两个女人西施、郑旦，越国土地低下潮湿又贫穷，不敢留下她们，派下臣文种送来献给大王。”吴王听了高兴极了。伍子胥又劝阻说：“大王不可接受。我听说五色会使人的眼睛迷乱，五音会使人的耳朵昏聩。夏桀因惑于声色而轻视商汤的力量，被商汤灭亡；商纣也因惑于声色而轻视周文王的力量，被周文王灭亡。大王如果接受了越国美女，日后也一定会遭致祸殃。我听说越王句践白天作文不知疲倦，晚上读书通宵达旦，他聚集了数万敢于为他赴死的勇士，这个人如果不死，一定会实现他复仇的心愿；我听说越王句践取信于民推行仁政，招纳贤才志士，善于听取意见，这个人如果不死，一定会得到称霸天下的美名；我听说越王句践夏天披着毛皮大衣，冬天还穿葛衣单衫，这个人如果不死，一定会给吴国带来祸害。我听说贤人是国家的宝贝，美女是国家的祸祟。夏朝就亡在末喜的身上，商朝就亡在妲己的身上，西周就亡在褒姒的身上。”吴王不听伍子胥的劝告，还是接受了越王送来的美女，甚至认为伍子胥不忠于自己而把他杀了。

越王句践于是兴兵讨伐吴国，在秦馀杭山大败吴国的军队，灭掉了吴国，俘获了吴王夫差，杀了太宰伯嚭和他的妻子儿女。

越绝外传记军气第十五

【题解】

本篇记伍子胥的"相气取敌"之术。气，本是一种自然物质，是构成世界万物的本原。王充《论衡·自然》曰："天地合气，万物自生。"在古代，这种自然之气与人事结合起来，所形成的术数、堪舆、医学等理论，带有浓厚的神秘色彩。即如本篇根据五色"气"的变化，预测军情，决定胜负，又根据时日、方向以占卜吉凶，是缺乏科学道理的。作为军事谋略家，战争的胜负，在敌我双方势均力敌或敌强我弱的情况下，关键在于战略决策和战术的机动灵活。孙子曰："知己知彼，百战不殆。"战前的战略决策很重要，而决策则来自对敌我双方力量的了解。行动前要"算于庙堂，以知强弱"，要了解是否得"天时、地利、人和"；两军对垒时则要尽量获取敌方的军事情报，实质上就是谋略上的知己知彼。

最后所记的州国列宿的分野，承接"举兵无击太岁上物"，讲的是兴兵打仗还要注意时日、方向，即值年太岁的方位，譬犹民间忌讳"太岁头上动土"。占星术用于军事行动，当然不可信。

按《德序》和《篇叙》，《九术》之后有《兵法》篇，属"内经"或"内传"，已佚。《张家山汉墓竹简》中的《盖庐》篇，曹锦炎认为即《汉书·艺文志》著录的《伍子胥》，具有浓厚的兵阴阳家色彩（论《张家山汉简盖庐》，《东南文化》2002年第9期），与本篇"相气取敌"之术类似，或即所佚之《兵法》篇。

15.1 夫圣人行兵,上与天合德,下与地合明,中与人合心[①],义合乃动,见可乃取[②]。小人则不然,以强厌弱[③],取利于危,不知逆顺,快心于非[④]。故圣人独知气变之情[⑤],以明胜负之道。

【注释】

①“夫圣人”数句:即天时、地利、人和。德,天意,指是天时节气。明,指气候及地形。总的意思是指利于兴兵打仗的节气、气候乃至当时的政治形势等等。

②义合乃动,见可乃取:指时机和道义上的合宜。可,可以。

③厌:通“压”。

④快心于非:此指不合道义的行为。快心,感到满足或畅快。非,不对,错误。

⑤气变之情:气变化的情况。气,天地自然之气,如云气。方家望气预测吉凶,有气运、命数之说。

【译文】

圣人带兵征讨,一定是上顺从天意,下明察地利,中符合民心,合乎道义才可以出兵,看到能攻的时候才可以攻取。小人就不是这样,凭借自己的强大而欺负弱小,乘人之危谋取利益,不顾天道的顺逆,总是快意于做些违反仁义道德的事。所以也只有圣人知道军气变化的情况,明白战争胜败的道理。

15.2 凡气有五色:青、黄、赤、白、黑。色因有五变[①],人气变[②]。军上有气,五色相连,与天相抵,此天应,不可攻,攻之无后[③]。其气盛者,攻之不胜。

军上有赤色气者,径抵天,军有应于天,攻者其诛乃身[④]。

军上有青气盛明，从□，其本广末锐而来者，此逆兵气也，为未可攻[5]，衰去乃可攻。青气在上，其谋未定；青气在右，将弱兵多；青气在后，将勇谷少，先大后小[6]；青气在左，将少卒多，兵少军罢[7]；青气在前，将暴，其军必来。

赤气在军上，将谋未定。其气本广末锐而来者，为逆兵气，衰去乃可攻。赤气在右，将军勇而兵少，卒强，必以杀降；赤气在后，将弱，卒强，敌少，攻之杀将[8]，其军可降；赤气在右[9]，将勇，敌多，兵卒强；赤气在前，将勇兵少，谷多卒少，谋不来。

黄气在军上，将谋未定。其本广末锐而来者，为逆兵气，衰去乃可攻。黄气在右，将智而明，兵多卒强，谷足而不可降；黄气在后，将智而勇，卒强兵少，谷少；黄气在左，将弱卒少，兵少谷亡[10]，攻之必伤；黄气在前，将勇智，卒多强，谷足而有多为[11]，不可攻也。

白气在军上，将贤智而明，卒威勇而强。其气本广末锐而来者，为逆兵气，衰去乃可攻。白气在右，将勇而卒强，兵多谷亡；白气在后，将仁而明，卒少，兵多谷少，军伤；白气在左，将勇而强，卒多谷少，可降；白气在前，将弱卒亡，谷少，攻之可降。

黑气在军上，将谋未定。其气本广末锐而来者，为逆兵，去乃可攻[12]。黑气在右，将弱卒少，兵亡谷尽，军伤，可不攻自降；黑气在后，将勇卒强，兵少谷亡，攻之杀将，军亡；黑气在左，将智而勇，卒少兵少，攻之杀将，其军自降；黑气在前，将智而明，卒少谷尽，可不攻自降。

故明将知气变之形，气在军上，其谋未定；其在右而低者，欲为右伏兵之谋；其气在前而低者，欲为前伏阵也；其气在后而低者，欲为走兵阵也；其气阳者[13]，欲为去兵；其气在左而低者，欲为左阵；其气间其军[14]，欲有入邑[15]。

【注释】

①五变：即下文所指气的上、左、右、前、后五种变化。

②人气：军心士气。

③无后：意谓全军覆灭。后，后继者。

④“军上”数句：按，此句言“赤气”，当与下文“赤气在军上”节连文。疑为错简。

⑤“本广末锐”数句：主体广大末端尖锐。逆，与“顺”相对，在敌为顺，在我为逆，所以说“不可攻”。《十一家注孙子》张预曰：“气者，战之所恃也……故敌人新来而气锐，则且以不战挫之，伺其衰倦而后击，故彼之锐气可以夺也。”“善用兵者，避其锐气，击其惰归，此治气者也”（《孙子·军争篇》）。如《曹刿论战》中所说：“一鼓作气，再而衰，三而竭。”指的就是避其锐气。

⑥先大后小：指先强后弱。

⑦将少卒多，兵少军罢：罢，通“疲”，困顿，疲惫。在篇中，“军”“将”“谷”“卒”“兵”五个词语，“军”指军队，“将”指将领，“谷”指粮食，“卒”指下级校尉。《孙子》曰：“全卒为上，破卒次之。”注：“曹公曰：‘一旅以下，至一百人也。’杜佑曰：‘一校下至百人。’李筌曰：‘百人以上为卒。’”“兵”可释为士兵，在篇中还可释为兵力、战斗力，可根据上下文灵活理解。

⑧“将弱”数句：孙子曰：“卒强吏弱，曰弛。”杜牧注：“言卒伍豪强，将帅懦弱，不能驱率，故弛坼坏散也。”所以说“攻之杀将”。

⑨赤气在右：同样句子有二句，根据“青气”等所述格局，此处“右”

当为“左”。

⑩谷亡：军粮不济。下文“将弱卒亡”的“亡”应理解为缺乏，“兵亡谷尽”的“亡”为逃亡，“军亡”的“亡”指消灭。

⑪有多为：有充分的准备。

⑫去乃可攻：按前例，句前当有“衰”字。

⑬阳：通“扬”，上扬。

⑭间其军：在军阵之间。间，间隔。

⑮有入邑：有分兵攻打城池的预谋。

【译文】

气共有五种颜色：青、黄、赤、白、黑。每种颜色因为方位不同又有五种变化情况，而反映出军队士气的变化情况。敌方军阵上面有五种气相连成一片，直达云天，这叫做应顺天意，是不可去攻击的，硬攻就会导致全军覆没。气虽然没有直抵云天但很盛，也不可攻击，攻击的话就不会取胜。

敌军阵营上方有赤色气，一直抵达云天，说明敌军此时得到上天的关照，去攻击的人会招来杀身之祸。

敌军阵营上方有青色气旺盛而且鲜明，从□，主体广大尾端尖锐并渐渐向我方移动，这是敌方锐气殷盛，是不可攻击的，必须等待这股锐气衰退才可以去攻击。青气浮在敌军阵营的上方，说明敌方的作战方略还没有确定；青气在右方，说明主将能力弱，但士兵众多；青气在后方，说明主将勇猛，但粮食不足，开始很强大，而后来逐渐无战斗力；青气在左方，说明敌方将领少而下级校尉多，士兵少，军队已经疲惫；青气在前方，说明敌方主将很暴躁，敌军将会来偷袭。

赤气浮在敌军阵营的上方，说明敌方的作战方略尚未确定。赤气主体广大尾端尖锐而且渐渐向我方逼近，这是敌方锐气殷盛，必须等待这股锐气衰退才可以去攻击。赤气在右方，说明敌方将军勇敢但士兵少，下级校尉强横而不服指挥，一定会把主将杀了来归降；赤气在后方，说明敌方将军能力弱，下级校尉强横，士兵少，攻击它就可以杀了它的主将，可以降服其军队；赤气在左方，说明敌方将军英勇，兵员充足，而且士卒久经沙场；赤气在前方，说明敌方将军英勇而士兵不多，粮食充足但下级校尉少，其谋略一定是采取守势，不会来进攻。

黄气浮在敌军阵营的上方，说明敌方的作战方略尚未确定。黄气主体广大尾端尖锐并渐渐向我方逼近，这是敌方锐气殷盛，必须等待这股锐气衰退才可以去攻击。黄气在右方，说明敌方将领机智英明，士兵多，下级校尉作战能力强，粮食充足，不可能使他们投降；黄气在后方，说明敌方将领机智勇敢，下级校尉作战能力强，士兵和粮食都不足；黄气在左方，说明敌方将领能力弱，下级校尉不多，士兵少，粮食匮乏，攻击它一定可以挫败它；黄气在前方，说明敌方将领机智勇敢，下级校尉多而且作战能力强，粮食充足而又有充分的准备，是不可以去攻击它的。

白气浮在敌军阵营的上方，说明敌方将领机智而且贤明，手下校尉勇猛而作战能力强。白气主体广大尾端尖锐并渐渐向我方逼近，这是敌方锐气殷盛，必须等待这股锐气衰退才可以去攻击。白气在右方，说明敌方将领英勇，下级校尉作战能力强，士兵多而粮食匮乏；白气在后方，说明敌方将领有仁德而且英明，但下级校尉少而士兵众多，粮食不足军队士气受挫；白气在左方，说明敌方将领勇猛刚强，下级校尉多，粮食不足，可利诱他们投降；白气在前方，说明敌方将领懦弱，缺少下级校尉，粮食不足，发动攻击他们就会投降。

黑气浮在敌军阵营的上方，说明敌方的作战方略尚未确定。黑气主体广大尾端尖锐并渐渐向我方逼近，这是敌方锐气殷盛，必须等待这股锐气衰退才可以去攻击。黑气在右方，说明敌方将领懦弱，下级校尉也不多，士兵逃亡严重，粮食吃光，军队严重受挫，不用攻击他们自己也会投降；黑气在后方，说明敌军将领勇猛，下级校尉强横，士兵已不多，粮食吃尽，攻击它可以杀了它的将领，消灭它的部队；黑气在左方，说明敌军将领机智勇敢，但下级校尉和士兵都已不多，攻击它就可以杀了它的将领，其军队就会自动投降；黑气在前方，说明敌军将领机智而贤明，但下级校尉已不多，粮食也已吃尽，可以不用攻击就会自动投降。

所以明智的将领懂得气变化的各种形态。气浮在敌军阵营的上方，说明他们的作战方略尚未确定；气在敌阵的右方而且低下，这是敌方想在右边设置伏兵；气在前方而且低下，这是想在前边设置伏兵；气在后方而且低下，这是打算逃走的阵势；气向上扬起，这是计划撤离的阵势；气在左方而且低下，这是想在左边设置伏兵；气在敌军阵营之间游动，这是攻打城池的计谋。

15.3 右子胥相气取敌大数①，其法如是。军无气，算于庙堂②，以知强弱。一、五、九，西向吉，东向败亡，无东③；二、六、十，南向吉，北向败亡，无北；三、七、十一，东向吉，西向败亡，无西；四、八、十二，北向吉，南向败亡，无南。此其用兵月日数，吉凶所避也。举兵无击太岁上物，卯也④。始出各利，以其四时制日⑤，是之谓也。

【注释】

①右：古代书籍的书写格式是直行从右至左，跟现代所说的“上述”“前述”意思相同。相：观察。大数：大致原理。

②庙堂：太庙的明堂，古代帝王祭祀、议事的地方。

③无东：不要考虑向东用兵。下文“无北”“无西”“无南”意思同。

④举兵无击太岁上物，卯也：太岁上物，太岁所在之分（地）。卯，东。其他如午为南、酉为西、子为北。见《外传记吴王占梦》12.2 注⑦。《孙子》杜牧注：“阴阳者，五行、刑德、向背之类是也……《准星经》曰：‘岁星所在之分，不可攻，攻之反受其殃也。’”

⑤四时制日：时令和吉日的配合方法。兵法所说的时制，是出兵的

最佳时机。《孙子》曰:“天者,阴阳、寒暑、时制也。”曹公注曰:“顺天行诛,因阴阳四时之制。故《司马法》曰:‘冬夏不兴师,所以兼爱民也。’”孟氏曰:“兵者,法天运也……天有寒暑,兵有生杀。天则应杀而制物,兵则应机而制形。”王皙曰:“时制,因时利害而制宜也。”

【译文】

以上是伍子胥观察敌军气象克敌制胜的大致原理,他的兵法就是这样。如果敌阵上方看不出气变的情况,就要在庙堂上策划,分析敌我双方的强弱,制定克敌制胜的谋略。还要根据时日的吉凶来决定趋避,每逢一月、五月、九月,西向为吉日,东向败亡,所以不要考虑向东用兵;每逢二月、六月、十月,南向是吉日,北向败亡,所以不要考虑向北用兵;每逢三月、七月、十一月,东向为吉日,西向则败亡,所以不要考虑向西用兵;每逢四月、八月、十二月,北向为吉日,南向则败亡,所以不要考虑向南用兵。这就是用兵打仗选择月份日子以定方向的基本原理,目的是为了趋吉避凶。兴兵千万不要攻击太岁所在的月份和方向,比如说太岁在卯不可攻。伍子胥当初出兵打仗无往不胜,因为他掌握了时令和吉日的配合方法,说的就是这种道理。

15.4 韩故治,今京兆郡①,角、亢也②。

郑故治③,角、亢也。

燕故治④,今上渔阳、右北平、辽东、莫郡⑤,尾、箕也。

越故治,今大越山阴⑥,南斗也。

吴故治西江⑦,都牛、须女也。

齐故治临菑⑧,今济北、平原、北海郡、菑川、辽东、城阳⑨,虚、危也。

卫故治濮阳⑩,今广阳、韩郡⑪,营室、壁也。

鲁故治太山、东温、周固水[12]，今魏东，奎、娄也。

梁故治[13]，今济阴、山阳、济北、东郡[14]，毕也。

晋故治[15]，今代郡、常山、中山、河间、广平郡[16]，觜也。

秦故治雍[17]，今内史也[18]，巴郡、汉中、陇西、定襄、太原、安邑[19]，东井也。

周故治雒[20]，今河南郡[21]，柳、七星、张也。

楚故治郢[22]，今南郡、南阳、汝南、淮阳、六安、九江、庐江、豫章、长沙[23]，翼、轸也。

赵故治邯郸[24]，今辽东、陇西、北地、上郡、雁门、北郡、清河[25]，参也。

【注释】

①韩故治，今京兆郡：于史有误。京兆郡，三国魏以京兆尹改置，治长安县（今陕西西安西北），战国为秦地。韩，周威烈王二十三年（前403），晋大夫韩虔、魏斯、赵籍三家分晋，得周威烈王承认，各自立为诸侯。韩都阳翟（今河南禹州），前230年灭于秦。

②角、亢：与下“尾”“箕”“虚”“危”等均为二十八宿名。某故治与天上某区域的星宿对应，是战国以后的“分野”概念。其对应关系因由人为规定，故历代各家有参差出入。

③郑：古国，姬姓。都新郑（今河南新郑）。前375年为韩所灭。

④燕：古国，姬姓。都蓟（今北京西南）。前222年灭于秦。

⑤上渔阳：钱培名曰：“‘上’下当脱‘谷’字。”是。上谷，郡治沮阳县（今河北怀来东南）。渔阳，郡治渔阳县（今北京密云西南）。右北平：治所无终（今天津蓟州），东汉迁土垠（今河北唐山丰润区东）。辽东：郡治襄平（今辽宁辽阳）。莫郡：莫，本作“鄚”，战国赵地，后属燕，历史上未见置郡；汉置县，唐开元十三年（725）改

为“莫州”，治所在今河北任丘北鄚州镇。

⑥大越山阴：今浙江绍兴。秦汉属会稽郡。

⑦吴故治西江：吴故治即今之江苏苏州，别名姑苏。西江，盖指吴江（一称松江、苏州河）西段，即今吴淞江。源出太湖瓜泾口。

⑧临菑：一作“临淄”“临甾”，今山东淄博临淄区北。

⑨济北：郡治博阳（今山东泰安东南）。平原：今山东平原西南。北海郡：治所营陵（今山东昌乐东南）。菑川：西汉置菑川国，治所剧（今山东寿光南）。辽东：应为胶东，西汉置国，治即墨（今山东平度东南）。城阳：西汉置国，治莒（今山东莒县）。

⑩卫：古国，姬姓，都朝歌（今河南淇县），后迁楚丘（今河南滑县），又迁帝丘（今河南濮阳）。前209年灭于秦。秦灭卫后，置东郡，治濮阳。

⑪广阳：广阳国，治蓟县（今天津蓟州区）。按，此离卫地远，疑“广阳”为“广平”，汉置广平郡，治广平县（今河北鸡泽东南）。韩郡：秦汉及三国时期无韩郡名，疑为两汉时的魏郡，治邺（今河北临漳西南）。

⑫鲁：古国，见《外传本事》1.1注③。太山：即泰山，郡治奉高（今山东泰安东）。东温：温，《汉书·地理志·河内郡》：“温，故国，己姓，苏忿生所封也。”今河南温县。东温疑为东海郡，治郯（今山东郯城北）。郯，周封国，己姓，传为少昊氏后裔。故是书有“东温”之说。周固水：不详。

⑬梁：即魏，前361年魏惠王迁都大梁（今河南开封），从此魏亦称为梁，魏惠王也称为梁惠王。前225年亡于秦。

⑭济阴：郡治定陶（今山东定陶西北）。山阳：郡治昌邑（今山东金乡西北）。济北：与前齐“济北”重复，疑此济北为东汉时分泰山郡所置，治卢县（今山东济南长清区南）。东郡：治濮阳（今河南濮阳南）。

⑮晋：见《外传本事》1.1注⑧。

⑯代郡：郡治代（今河北蔚县东北）。常山：治元氏（今河北元氏西北）。中山：中山国，治卢奴（今河北定州）。河间：河间国，治乐成

（今河北献县东南）。广平郡：治广平（今河北鸡泽东南）。晋因三分，其分野与赵、魏、韩交叉。

⑰秦故治雍：见《外传记地传》10.14 注①。

⑱内史：古政区名，秦时京畿附近由内史治理，不设郡，治咸阳（今陕西咸阳东北），辖境当今之关中平原。汉景帝时分左、右内史和主爵都尉，合称三辅。武帝时改为京兆尹、左冯翊和右扶风。

⑲巴郡：郡治江州（今四川重庆江北）。汉中：郡治秦时在南郑（今陕西汉中），汉时在西城（今陕西安康西北）。陇西：郡治狄道（今甘肃临洮）。定襄：郡治成乐（今内蒙古和林格尔西北）。太原：郡治晋阳（今山西太原西南）。安邑：曾为魏都，今山西夏县西北禹王城。

⑳雒：一作“洛”，即今河南洛阳，东周都城。

㉑河南郡：治雒阳（今河南洛阳东）。

㉒郢：今湖北江陵西北的纪南城，春秋楚文王定都于此，昭王后凡五迁，所至皆称郢。

㉓南郡：治江陵（今湖北江陵）。南阳：治宛（今河南南阳）。汝南：治平舆（今河南平舆北）。淮阳：淮阳国，治陈（今河南淮阳）。六安：六安国，治六（今安徽六安）。九江：治寿春（今安徽寿县）。庐江：治舒（今安徽庐江西南）。豫章：治南昌（今江西南昌）。长沙：长沙国，治临湘（今湖南长沙）。

㉔赵：古国名。公元前 403 年晋大夫赵籍与韩、魏三家分晋，列于诸侯，建都晋阳（今山西太原西南），前 386 年迁都邯郸（今属河北）。前 222 年灭于秦。

㉕辽东：见注⑤。当为燕地。陇西：见注⑫，当为秦地。北地：治义渠（今甘肃宁县西北），赵势力未及，当为秦地。上郡：治肤施（今陕西榆林南）。雁门：治善无（今山西右玉西）。北郡：史无北郡名。疑为云中或九原郡（今内蒙古河套地区）。清河：治清阳（今河北清河东南）。

【译文】

韩国从前的管辖区域，即现在的京兆郡，属于二十八宿中角、亢的分野。

郑国从前的管辖区域，也是角、亢的分野。

燕国从前的管辖区域，即现在的上渔阳郡、右北平郡、辽东郡、莫郡，属于尾、箕的分野。

越国从前的都城，即现在的大越山阴县，属于南斗的分野。

吴国从前的管辖区域，即现在的西江流域，属于都牛、须女的分野。

齐国从前的都城临淄，辖治范围包括现在的济北郡、平原郡、北海郡、菑川国、辽东国、城阳国，属于虚、危的分野。

卫国从前的都城濮阳，辖治现在的广阳郡、韩郡，属于营室、壁的分野。

鲁国从前的管辖区域是泰山郡、东温郡、周固水，即现在的魏东，属于奎、娄的分野。

魏国从前的管辖区域是现在的济阴郡、山阳郡、济北郡、东郡，属于毕的分野。

晋国从前的管辖区域，即现在的代郡、常山郡、中山国、河间国、广平郡，属于觜的分野。

秦国从前的都城雍，即现在的内史咸阳，巴郡、汉中郡、陇西郡、定襄郡、太原郡、安邑是它的管辖范围，属于东井的分野。

东周王室从前的都城洛阳，辖治现在的河南郡，属于柳、七星、张的分野。

楚国古都郢，辖治现在的南郡、南阳郡、汝南郡、淮阳国、六安国、九江郡、庐江郡、豫章郡、长沙国，属于翼、轸的分野。

赵国古都邯郸，辖治现在的辽东郡、陇西郡、北地郡、上郡、雁门郡、北郡、清河郡，属于参的分野。

第十三卷

越绝外传枕中第十六

【题解】

本篇记述越王句践与范蠡的三次谈话，分别用“昔者”“越五日”和“已胜吴三日”为标记。内容有详有略。第一次谈话内容丰富，涉及道与术、末（名）与实、保谷、阴阳五行、天道人事、执中和等问题，第二次和第三次内容简略，只涉及“天地之图”和“预见之术”。乍一看讨论的问题多而且杂，实际上却是从“富邦强兵”出发，紧扣一个主题：粮食与民生。“广天下，尊万乘之主，使百姓安其居、乐其业者，唯兵。兵之要在于人，人之要在于谷。故民众则主安，谷多则兵强。”既体现了民以食为天、国以民为本的民本思想，又符合越王句践强兵的心理，与《计倪内经》异曲同工。

范蠡认为，“圣主之治，左道右术，去末取实”，一切要从实际出发；若要“保人之身”，必须“保谷”；若要“保谷”，必须“执中和”；中和之道，在于循天道，和阴阳，顺四时，而不乱民工；讲究王德，不行奢侈，宽政纾民，百姓才能亲附。只有这样，才能富国强兵。

文中除了“执中致和”的儒家思想外，还有道家思想。更多的是方士之术，在靠天吃饭的初级农业阶段，对气象、年景的预测采用方术迷信的手段，是可以理解的。

另外，本篇存在严重错简和脱漏，阅读时当注意。

16.1 昔者，越王句践问范子曰："古之贤主、圣王之治，何左何右[①]？何去何取？"范子对曰："臣闻圣主之治，左道右术，去末取实。"越王曰："何谓道？何谓术？何谓末？何谓实？"范子对曰："道者，天地先生，不知老；曲成万物，不名巧，故谓之道[②]。道生气，气生阴，阴生阳，阳生天地。天地立，然后有寒暑、燥湿、日月、星辰、四时，而万物备。术者[③]，天意也。盛夏之时，万物遂长。圣人缘天心，助天喜，乐万物之长。故舜弹五弦之琴，歌《南风》之诗[④]，而天下治。言其乐与天下同也。当是之时，颂声作。所谓末者，名也[⑤]。故名过实，则百姓不附亲，贤士不为用，而外□诸侯[⑥]，圣主不为也。所谓实者，谷□也[⑦]，得人心，任贤士也。凡此四者[⑧]，邦之宝也。"

【注释】

①左：次要的。右：主要的。古人尊右。

②道：道家认为是宇宙万物的本原、本体。《老子》曰："有物混成，先天地生……吾不知其名，字之曰道。"既然道是先天地而存在，是万物化生的本原，是不以人们的意志为转移的，把握的，只要懂得其道理就可以了，与治国无碍，所以范蠡说是次要的。

③术：天文和历算。古人将天看作是有意志的，天体运行、星象变化、阴阳灾异都是其意志的表现，人们根据天象的变化情况来推测人间的吉凶祸福，以趋吉避凶。既然天是有意志的，人们应该秉承天的意志行事，和顺天意，和谐万物。所以范蠡说"术"是主要的。

④《南风》：诗歌名。南风，夏天的风。即以"盛夏之时，万物遂长"为快乐而歌咏之。

⑤名：名声。与后文“实”（事功）相对。范蠡从治国的理念出发，认为名实要相当，名要以实为基础，即先实而后名，使名副其实；有名而无实，还不如舍弃这空名。

⑥外□诸侯：乐祖谋校：“各本均缺一字，唯陈本作‘外王’、王谟刊汉魏本作‘外入’。”按，疑为“傲”字。《晏子春秋》：“景公外傲诸侯，内轻百姓，好勇力，崇乐以从嗜欲，诸侯不说，百姓不亲。”傲，轻慢。

⑦谷□也：疑缺处为“帛”字。

⑧凡此四者：即指谷、帛、人心、贤士。

【译文】

从前，越王句践问范蠡说：“古代贤能的君主和圣明的天子治理国家天下，什么方法是次要的？什么方法是主要的？哪些是应该放弃的？哪些是应该重视的？”范蠡回答说：“我听说圣明的君主治理国家，把道放在次要的位置，把术放在主要的位置，轻视末而重视实。”越王句践说：“什么是道？什么是术？什么是末？什么是实？”范蠡回答说：“道是天地的本原，在天地形成之前就存在了，所以也不会在天地之前衰亡；道又是万物化生的本原，它曲尽变化之妙生成万物，但从不夸耀自己的技巧，所以称作道。道产生气，气产生阴，阴产生阳，阳产生天地。天地确立了，然后才有了严寒、酷暑、干燥、潮湿、太阳、月亮、星星、早晚、春夏秋冬，于是万物也就都齐全了。术是对上天意志的顺应。盛夏的时候，万物顺利地生长。圣人于是遵循上天的意愿，帮助上天做好它高兴做的事，以万物蓬勃生长为快乐。所以舜弹着五弦之琴，唱着《南风》的诗歌，就达到天下大治。这是说舜的欢乐就是天下老百姓的欢乐。那时，赞美虞舜仁政的诗歌很兴盛。所谓末，就是名声。如果名声超过事功，那么老百姓就不会亲近你，贤人志士就不愿为你效力，而对外也会轻慢诸侯，圣明的君主决不会这样做。所谓实，指的是粮食、布帛，得民心，任用贤士。这四种，就是国家最为珍贵的东西。

16.2 越王曰："寡人躬行节俭，下士求贤，不使名过实，此寡人所能行也。多贮谷，富百姓，此乃天时水旱，宁在一人耶？何以备之？"范子曰："百里之神，千里之君①。汤执其中和②，举伊尹③，收天下雄隽之士，练卒兵，率诸侯兵伐桀④，为天下除残去贼⑤，万民皆歌而归之。是所谓执其中和者。"越王曰："善哉，中和所致也！寡人虽不及贤主、圣王，欲执其中和而行之。今诸侯之地，或多或少，强弱不相当。兵革暴起⑥，何以应之？"范子曰："知保人之身者，可以王天下；不知保人之身，失天下者也。"越王曰："何谓保人之身？"范子曰："天生万物而教之而生。人得谷即不死，谷能生人，能杀人。故谓人身⑦。"

【注释】

①百里之神，千里之君："钱培名《札记》：'此下错简，当接后"千里之神，万里之君"至"务执"三百八字。'"按，此文实错简严重。此"范子曰：'百里之神，千里之君……兵革暴起，何以应之？'"根据内容应放至16.4"越王问范子曰：'何执而昌？……'"段。

②汤：见《吴内传》4.10注①。执：掌握，保持。中和：宽猛适当，刚柔相济。《荀子·王制》："中和者，听之绳也。"杨倞注："中和，谓宽猛得中也。"亦即儒家所谓的守中正之道，不偏不倚，无过与不及。

③伊尹：见《吴内传》4.10注③。

④桀：夏朝末代君主，以残暴著称。见《吴内传》4.10注①。

⑤除残去贼：除掉不行仁义、残暴虐民的人。《孟子·梁惠王下》："贼仁者谓之贼，贼义者谓之残。"

⑥兵革暴起：战争突然发生。兵革，兵器和衣甲。此指战争、军事。

⑦故谓人身：是说粮食是人的生命所系。

【译文】

越王句践说："我亲自奉行勤俭节约，尊重礼遇贤人志士，不去追求名声而踏踏实实地做事，这些我都能够做到。但要多积贮粮食，让老百姓富裕起来，这要根据时令节候的变化，不时会有水灾、旱灾的降临，难道凭我一个人的能力能够办到吗？用什么办法来防备灾害、贮备粮食呢？"范蠡回答说："懂得如何保障人民的生命安全，就可以称王天下；不懂得如何保障人民的生命安全，就会失去天下人民的拥护。"越王句践问道："什么叫保障人民的生命安全？"范蠡回答说："上天生成万物并教导下民如何利用万物获得生存。人只要得到了粮食就不会饿死，有了粮食就能够使人活下来，没有粮食人就难以生存，所以说它关系到人民的生命安全。"

16.3 越王曰："善哉。今寡人欲保谷，为之奈何？"范子曰："欲保，必亲于野，睹诸所多少为备。"越王曰："所少，可得为因其贵贱。亦有应乎？"范子曰："夫八谷贵贱之法[①]，必察天之三表，即决矣。"越王曰："请问三表。"范子曰："水之势胜金，阴气蓄积大盛，水据金而死，故金中有水。如此者，岁大败，八谷皆贵。金之势胜木，阳气蓄积大盛，金据木而死，故木中有火。如此者，岁大美，八谷皆贱。金、木、水、火更相胜[②]，此天之三表者也，不可不察。能知三表，可为邦宝。不知三表之君[③]，千里之神，万里之君[④]。故天下之君，发号施令，必顺于四时。四时不正，则阴阳不调，寒暑失常。如此，则岁恶，五谷不登。圣主施令，必审于四时，此至禁也[⑤]。"越王曰："此寡人所能行也。愿欲知图谷上下贵贱，欲与他货之内以自实[⑥]，为之奈何？"范子曰："夫八谷之贱也，如宿谷之登[7]，其明也。谛审察阴阳消息[8]，观市之反覆[9]，雌雄之相逐[10]，天道乃毕[11]。”

【注释】

①八谷：八种谷物。《小学绀珠·动植类》“八谷”引《本草》注：“黍、稷、稻、粱、禾、麻、菽、麦。”又引《天文大象赋》注：“稻、黍、大麦、小麦、大豆、小豆、粟、麻。”

②金、木、水、火更相胜：见《计倪内经》5.4注②。这里就四时顺逆而言。按照五行生克规则，如上文，若金生水，就是促进，就是顺；反之水胜金，就是排斥，就是逆。逆则岁恶。指的就是时序的倒逆，即秋行冬令。

③不知三表之君：钱培名《札记》：“‘之君’二字衍，此下错简，当接‘身死弃道’。”

④千里之神，万里之君：据钱培名《札记》为错简。当接下文“万物散”后。

⑤至禁：至要。至，极，最。

⑥内：同“纳”。

⑦宿：隔时，旧时。登：登熟，丰收。

⑧谛：注意。阴阳消息：指天时变化的情况。消息，消减与增长互为更替。古人认为，四时气候的变化就是阴阳的消长，此起彼伏，彼盛此衰，如此循环往复。

⑨反覆：即反复。指谷物价格的涨落。

⑩雌雄之相逐：比喻用法。

⑪天道：自然规律。

【译文】

越王句践说：“说得好。现在我想保证粮食的供应，该怎么做才好呢？”范蠡回答说：“要想保证粮食的供应，就必须亲自深入田间地头，去察看了解粮食生产及其丰歉情况而做出相应的准备。"越王问道:"粮食的丰歉情况,可以依据谷物在市场上的贵贱得以了解。但上天有没有预兆呢?"范蠡回答说:"要掌握粮食的丰歉贵贱的方法,就必须察看自然界的三种表象,就清楚了。"越王说:"请问有哪三种表象?"范蠡说:"如果水的势力克制了金的势力,阴气就会蓄积得太多,水于是控制了金而使金失去了作用,所以金中包含了水,这是秋行冬令,时序失常。碰到这样的情况,年成就非常差,各种粮食就会很昂贵。如果金的势力克制了木的势力,阳气就会蓄积得很多,金于是占据了木的地位而使木失去了作用,所以木中产生火,这是春夏时令顺正。碰到这种情况,年成就会非常好,各种粮食都会很便宜。金、木、水、火相生相克,形成自然界的三种表象,是不能不认真加以考察的。如果能够把握这三种表象,就可以使它成为国家的珍宝;如果不能把握这三种表象,就不能保障人民的生命安全。所以天下的君主发布号召施行政令,一定要应顺春夏秋冬四季规律。四季不顺正,就说明阴气和阳气不协调,寒冷和暑热失去了正常规律。这样的话,年成就不好,粮食就会歉收。圣明的君主施行政令,就一定要对四时顺逆的情况作详细的了解,这是最为紧要的事。"越王说:"这个我是能够做到的。我现在想要了解谷物价格的涨落和昂贵便宜情况,计划和其他货物通过交换来充实仓廪,怎么去了解呢?"范蠡回答说:"要知道谷物是否便宜不难,比如前一年谷物丰收价格就便宜,那是很明白的。一方面注意详细地观察日月星辰的运行、四时气候的变化,一方面观察市场上谷物价格的涨落,这正如动物牝牡互相追逐一样,一涨跟着涨,一落跟着落,道理尽在其中了。"

16.4 越王问范子曰:"何执而昌?何行而亡?"范子曰:"执其中则昌①,行奢侈则亡。"越王曰:"寡人欲闻其说。"范子曰:"臣闻古之贤主、圣君,执中和而原其终始②,即位安而万物定矣；不执其中和，不原其终始，即尊位倾，万物散。文武之业，桀纣之迹[③]，可知矣。古者天子及至诸侯，自灭至亡，渐渍乎滋味之费[④]，没溺于声色之类，牵孪于珍怪贵重之器[⑤]，故其邦空虚；困其士民，以为须臾之乐，百姓皆有悲心，瓦解而倍畔者[⑥]，桀纣是也。身死邦亡，为天下笑。此谓行奢侈而亡也。汤有七十里地。务执三表，可谓邦宝；不知三表，身死弃道[⑦]。”

【注释】

①执其中：即执中和。见16.2注②。

②原：推究，探究。

③文武之业，桀纣之迹：文、武，周文王、武王。桀、纣，夏桀、商纣。均见《吴内传》注。

④渐渍：浸润，逐渐受到沾染或感化。

⑤牵孪：连累，牵连。

⑥倍畔：即“背叛”。倍，通“背”。

⑦“务执”数句：钱培名曰：“‘三表’等十字衍。转写错乱，又经浅人妄增字句，遂不可读。”按，“身死弃道”四字为错简，当移至16.3“不知三表”句下。

【译文】

越王句践问范蠡说：“遵守什么样的原则国家才会昌盛？做什么样的事国家就要灭亡？”范蠡回答说：“遵守中正平和之道国家就会昌盛，做骄奢淫逸、铺张浪费的事国家就要灭亡。”越王说：“我想听一听这方面的道理。”范蠡说：“我听说古代那些贤能的君主、圣明的天子，都能遵守中正平和之道，并积极探究事物发生、发展的趋势，所以君位稳固而且生态平衡，社会安定。如果不遵守中正平和之道，行为失度，又只顾眼前而不计后果，那么，就会导致君主地位的颠覆，天下就会发生祸乱。不管是地方百里的诸侯，还是地方千里的国君；不管是地方千里的国君，还是地方万里的天子，都是同一个道理。从商汤、周文王、周武王的业绩和夏桀、殷纣的亡国轨迹就很能说明这个道理。古代亡国的天子和诸侯，其灭亡的原因是，渐渐地沾染于口福美食的享受，沉湎于歌舞美色之中，并被奇珍异宝所牵累而不能自拔，以致国库空虚；把自己片刻的享乐建筑在人民群众无尽的痛苦之上，老百姓都苦不堪言，以致民心涣散，甚至倒戈反击，夏桀和殷纣就是这样的情况。落得身死国亡，被天下人讥笑的下场。这就是骄奢淫逸、铺张浪费而亡国的例子。商汤起初是一个只有七十里地的小诸侯，但他遵循中正平和之道，选拔任用当时作为奴隶身份的伊尹，把天下英雄豪杰招集到自己身边，训练士卒，带领诸侯的军队讨伐夏桀，替天下除去了不行仁义的暴君，老百姓都唱着颂歌来归附他。这就是我说的遵守中正平和之道而兴国的例子。”越王说：“多么美好啊！遵循中正平和之道居然能够达到这样的效果。我虽然及不上贤能的君主、圣明的天子，但也想用中正平和之道来治理国家。可是现在诸侯各国的土地有多有少，强弱不平衡，如果突发战争，用什么办法应付呢？”

16.5 越王问范子曰：“春肃[①]，夏寒，秋荣，冬泄[②]，人治使然乎？将道也？”范子曰：“天道三千五百岁，一治一乱，终而复始[③]，如环之无端[④]，此天之常道也。四时易次，寒暑失常，治民然也。故天生万物之时，圣人命之曰春。春不生遂者，故天不重为春。春者，夏之父也。故春生之，夏长之，秋成而杀之，冬受而藏之。春肃而不生者，王德不究也[⑤]；夏寒而不长者，臣下不奉主命也；秋顺而复荣者[⑥]，百官刑不断也[⑦]；冬温而泄者，发府库赏无功也。此所谓四时者，邦之禁也。”越王曰：“寒暑不时，治在于人，可知也。愿闻岁之美恶，谷之贵贱，何以纪之[8]？”范子曰：“夫阴阳错缪[9]，即为恶岁；人生失治[10]，即为乱世。夫一乱一治，天道自然。八谷亦一贱一贵，极而复反[11]。言乱三千岁，必有圣王也。八谷贵贱更相胜，故死凌生者，逆，大贵[12]；生凌死者，顺，大贱。”越王曰：“善。”

【注释】

①肃：肃杀。本为秋冬时令。此指春行秋冬时令。

②泄：发泄，散发。指春阳散发，地气温暖。《吕氏春秋·孟冬纪》：“孟冬行春令则冻闭不密，地气发泄，民多流亡。”

③“天道”数句：按，《淮南子·天文训》：“天一元始，正月建寅，日月俱入营室五度。天一以始建七十六岁，日月复以正月入营室五度无余分，名曰一纪。凡二十纪，一千五百二十岁大终，日月星辰复始甲寅元。”《周易·系辞上》曰：“日月运行，一寒一暑。”又引《范子计然》曰：“日者行天，日一度，终而复始，如环无端。”“三千五百岁”当为“一千五百岁”。“一治一乱”当指“一寒一暑”以应下文“四时易次，寒暑失常”句。

④端：头，头绪。指开端和终端。

⑤春肃而不生者，王德不究也：德，道德修养。君王之道德修养，内则公而无私，外则行仁义而恩泽被于天下。究，讲究，注意。《淮南子·本经训》：“天地之合和，阴阳之陶化万物，皆乘人气者也。是故上下离心，气乃上蒸，君臣不和，五谷不为……是故春肃秋荣，冬雷夏霜，皆贼气之所生。由此观之，天地宇宙，一人之身也；六合之内，一人之制也。”这种天道人事感应的说法虽属迷信，却也是对人君的一种警告。

⑥顺：当作“生”。

⑦刑不断：刑罚无时，不间断。

⑧纪：整理，理清。此作“了解”“掌握”解。

⑨缪：错误。

⑩人生失治：钱培名曰：“‘生’，当为‘主’。”

⑪极而复反：指贵极复贱，贱极复贵。反，同“返”。

⑫“故死”数句：此指夏三月而言。死，死气（阴）。生，生气（阳）。凌，凌驾于。逆，时序不顺。

【译文】

越王句践问范蠡说：“有时春天肃杀，夏天阴寒，秋天百草繁茂，冬天春阳煦暖，这是治理国家出现问题所致呢，还是天道本来就如此反复无常呢？”范蠡回答说：“天道三千五百年为一周期，日月运行，每年一寒一暑，寒来暑往，暑至寒去，像玉环那样没有开端，也没有终端，这是自然界永远不变的规律。四季次序紊乱，寒暑失去规律，这是治理国家出现问题才会这样的。所以草木长出的时候，圣人就命名它为春天。春天草木如果不能顺利地长出，那么这一年里就不会有第二个春天了。春天是夏天的父亲。所以草木在春天孳生，夏天生长，秋天成熟而收割，冬天聚集而贮藏。春天肃杀使得草木不能孳生，是君王没有注意自身修养的缘故；夏天阴寒使得草木不能生长，是臣子不执行君主命令的缘故；秋天草木孳生再度开花，是对百官无休止地滥用刑罚的结果；冬天温暖如同春阳煦暖，是任意动用国库财物赏赐给没有功劳的人的缘故。这里所说的造成四时逆乱的情况，是治理国家的时候应该特别引起重视的。”越王说：“寒暑不按时令，是治国失误才出现的问题，这一点我懂了。我想听一听年成的好坏，粮价的贵贱，怎样才能把握它呢？”范蠡回答说：“阴阳错乱失常，就是坏年景；国君治国失误，就造成乱世。天时一寒一暑，这是自然规律。各种谷物也是如此，其价格一贵一贱，贵到了极点后就会返回到贱，贱到极点就会返回到贵。说大乱之后三千年，必然有圣明天子出来主持大局。各种谷物的价格贵贱也相生相克，循环往复，体现物极必反的原则。当盛夏之时，阴气盛于阳气，时序颠倒，八谷歉收，则粮价腾贵；阳气盛于阴气，时序顺正，八谷丰登，则粮价低贱。”越王说：“说得好。”

16.6 越王问于范子曰：“寡人闻人失其魂魄者[①]，死；得其魂魄者，生。物皆有之，将人也？”范子曰：“人有之，万物亦然。天地之间，人最为贵。物之生，谷为贵，以生人，与魂魄无异，可得豫知也[②]。”越王曰：“其善恶可得闻乎？”范子曰：“欲知八谷之贵贱、上下、衰极[③]，必察其魂魄，视其动静，观其所舍[④]，万不失一。”问曰：“何谓魂魄？”对曰：“魂者，橐也[⑤]；魄者，生气之源也。故神生者[⑥]，出入无门，上下无根，见所而功自存[⑦]，故名之曰神。神主生气之精，魂主死气之舍也[⑧]。魄者主贱，魂者主贵，故当安静而不动[⑨]。魂者，方盛夏而行，故万物得以自昌。神者，主气之精，主贵而云行[⑩]，故方盛夏之时不行，即神气槁而不成物矣。故死凌生者，岁大败；生凌死者，岁大美。故观其魂魄，即知岁之善恶矣。”

【注释】

①魂魄：旧时谓人的精神灵气。魂，能离开形体而存在的精神。魄，依附于形体而存在的精神。《左传·昭公七年》：“人生始化曰魄，既生魄，阳曰魂；用物精多，则魂魄强。”孔颖达注：“魂魄，神灵之名，本从形气而有；形气既殊，魂魄各异，附形之灵为魄，附气之神为魂也。”《人身通考·神》中说：“神者，阴阳合德之灵也。惟神之义有二，分言之，则阳神曰魂，阴神曰魄，以及意智思虑之类皆神也。”

②豫：预先，事先。

③衰极：极，达到最大限度，穷尽。按古代哲学观点，世间万物都会由盛而衰，由衰而盛，叫做“物极必反”。衰之极就是盛之来。

④所舍：指停留或运动的处所。舍，家，住处。

⑤橐：鼓风吹火器。用作比喻。《老子》：“天地之间，其犹橐籥乎，虚而不屈，动而愈出。”

⑥神：奇异莫测谓之神。《周易·系辞上》：“阴阳不测之谓神。”《史记·律书》：“神者，物受之而不能知其去来。”张守节《正义》：“言神本在太虚之中而无形也……万物受神妙之气，不能知觉，及神去来，亦不能识其往复也。”

⑦所：处所，地方。

⑧神主生气之精，魂主死气之舍：精、舍，魂与魄所居之所。生气，阳气。死气，阴气。《说文解字注》曰：“魂，阳气也。”又曰：“魄，阴神也。阳言气，阴言神者，阴中有阳也。”《内经》云：“阳在外，阴之使也。”

⑨“魄者”数句：此三句有错简和遗漏。语序应为“魄者主贱，(方盛夏之时)，故当安静而不动；魂者主贵”。下“魂者”二字为衍文。就阴阳四时而言，阳动则阴伏，阴盛则阳藏，故当动而不动，或当静而不静，就会阴阳失调，四时失序。这里“安静而不动”指的是盛夏之时当阳动而阴伏。

⑩云行：好像云气一样在天地间游行。云，名词作状语。

【译文】

越王句践向范蠡讨教说：“我听说人失去了魂魄就会死，有了魂魄就会活。是天下万物都有魂魄呢，还是只有人才有魂魄呢？”范蠡回答说：“人有魂魄，万物也有魂魄。天地之间人最高贵。生长的万物之中，谷物是最宝贵的，因为它维系人的生命，所以跟人一样有魂魄，可以通过其魂魄预知年景的好坏。”越王说：“怎么通过魂魄预知年景的好坏？可以讲给我听一听吗？”范蠡说：“想知道各种谷物价格的贵贱、涨落以及丰歉情况，一定要观察它们的魂魄，察看魂魄是处于动态还是静态，观察魂魄停留或运动的处所，这样就可以做到万无一失。”越王问道：“什么叫魂魄呢？”范蠡回答说：“魂好比鼓风器，魄好比气产生的源头。所以附于魂魄的神灵的产生，其进出没有固定的门户，上下没有固定的居所，凡能附着的地方其功能自然存在，所以称它为神灵。神掌管着阳气产生的处所，魂掌管阴气产生的源头。魄主下贱，所以在盛夏的时候应当安静而不动；魂主高贵，正当盛夏的时候运行，所以万物能够自由地生长繁茂；神掌管着阳气的产生，支配着高贵的魂如同云气一样在天地间游行，所以如果盛夏的时候它不运行，天下万物失去神气而枯槁，就不能顺利生长。所以说盛夏的时候，阴气盛于阳气，年成就非常坏；阳气盛于阴气，年成就非常好。所以只要观察魂魄的动静，就可知道年景的好坏了。”

16.7 越王问于范子曰：“寡人闻阴阳之治[①]，不同力而功成，不同气而物生，可得而知乎？愿闻其说。”范子曰：“臣闻阴阳气不同处，万物生焉。冬三月之时，草木既死，万物各异藏[②]，故阳气避之下藏，伏壮于内，使阴阳得成功于外[③]。夏三月盛暑之时，万物遂长，阴气避之下藏，伏壮于内，然而万物亲而信之[④]，是所谓也。阳者主生，万物方夏三月之时，大热不至，则万物不能成。阴气主杀，方冬三月之时，地不内藏，则根荄不成，即春无生。故一时失度，即四序为不行。”

越王曰：“善！寡人已闻阴阳之事，谷之贵贱，可得而知乎？”范子曰：“阳者主贵，阴者主贱。故当寒而不寒者，谷为之暴贵；当温而不温者[⑤]，谷为之暴贱。譬犹形影、声响相闻[⑥]，岂得不复哉[⑦]！故曰秋冬贵阳气施于阴，阴极而复贵[⑧]；

春夏贱阴气施于阳，阳极而不复⑨。”越王曰：“善哉！”以丹书帛，置之枕中，以为国宝。

【注释】

①治：治理，管理。此指统率、作用于天下万物。

②异藏：停止生长（活动），各自隐藏。异，已，退，停止。藏，隐伏，隐藏。

③使阴阳得成功于外：“阳”疑为“气”字之讹。成功，指阴气发扬而杀虫螟、涤污秽。

④万物亲而信之：指阴在内阳在外，阳得阴助，所以万物得以繁盛。说明阴阳作用于万物，是相辅相成，而不是相互排斥的。

⑤当温而不温：此句不可理解。疑“不”为衍文。指阴气内藏，阳气盛行。

⑥形影、声响相闻：当作“形影相随、声响相闻”。

⑦复：回复，反复。此指相互关系。

⑧秋冬贵阳气施于阴，阴极而复贵：贵，前“贵”，以……为贵，崇尚，看重；后“贵”，阳。阳贵而阴贱。施，加。

⑨春夏贱阴气施于阳，阳极而不复：指阴气本该藏伏，助阳成功。不然，阴气上扬，有害于阳，则会“苦雨数来，五谷不实”，甚至“草木早枯”（《吕氏春秋》）。贱，以……为贱，轻贱，轻视。不复，此指阴阳循环造成混乱。

【译文】

越王句践问范蠡说：“我听说阴阳二气作用于天下万物，不同时用力就能成就其功业，不同时运行万物就能生长，能知道这是为什么吗？我想听一听这方面的道理。”范蠡回答说：“我听说阴阳二气不同时相处在一起，万物就能顺利地孳生成长。冬天三个月的时候，草木都已枯死，万物都停止活动各自隐伏，所以阳气避开阴气而躲藏了起来，积蓄其强壮的力量，使阴气能够在外面完成它杀虫螟、去污秽的功业。夏天三个月的时候，万物顺利地生长，这时阴气避开阳气藏在地下，积蓄其强壮的力量，然而万物还是亲近它而且信任它。这就是阴阳二气不同处而能成就万物的情况。阳气主宰着万物的生长，在夏天三个月的时候，如果大热没有来临，那么万物就不能顺利成长。阴气主管肃杀，在冬天三个月的时候，如果大寒不至，阳气不能藏在地下，那么植物的根茎就不会壮实，到了春天就不能健康地孳生。所以一旦阴阳失去了规律，那么四季时序就会错乱，不能正常运行。”

越王句践说：“说得有理。阴阳二气作用于万物的道理我已经听明白了，谷物价格的贵贱，能从阴阳的关系上得到了解吗？”范蠡回答说：“阳气支配着粮食价格的上涨，阴气支配着粮食价格的下跌。所以应该寒冷的季节不寒冷，就预示着来年谷物歉收，粮价暴贵；应该炎热的季节炎热，就预示着谷物丰收，粮价暴跌。譬如形体和影子一样相互跟随，叫声和回音一样相互应和，怎么能没有关系呢！所以秋冬的时候看重阳气对阴气施加影响，使得阴到了极点就能复归于阳；春夏的时候轻视阴气对阳气施加影响，使得阳到了极点不能复归于阴。”越王说：“说得好啊！”就叫人用丹砂将范蠡的话写在绸布上，放在枕头里，把它当作国宝珍藏起来。

16.8 越五日，困于吴，请于范子曰：“寡人守国无术，负于万物，几亡邦危社稷，为旁邦所议，无定足而立。欲捐躯出死，以报吴仇，为之奈何？”范子曰：“臣闻圣主为不可为之行，不恶人之谤己；为足举之德，不德人之称己[①]。舜循之历山，而天下从风[②]。使舜释其所循，而求天下之利，则恐不全其身。昔者神农之治天下[③]，务利之而已矣[④]。不望其报，不贪天下之财，而天下共富之。所以其智能自贵于人[⑤]，而天下共尊之。故曰富贵者，天下所置，不可夺也。今王利地贪财，接兵血刃，僵尸流血⑥，欲以显于世，不亦谬乎？”

越王曰：“上不逮于神农，下不及于尧舜，今子以至圣之道以说寡人，诚非吾所及也。且吾闻之也，父辱则子死，君辱则臣死。今寡人亲已辱于吴矣。欲行一切之变，以复吴仇，愿子更为寡人图之。”范子曰：“君辱则死，固其义也，立死。下士人而求成邦者，上圣之计也。且夫广天下，尊万乘之主，使百姓安其居、乐其业者，唯兵。兵之要在于人，人之要在于谷。故民众则主安，谷多则兵强。王而备此二者，然后可以图之也。”

越王曰：“吾欲富邦强兵，地狭民少，奈何为之？”范子曰：“夫阳动于上，以成天文，阴动于下，以成地理。审察开置之要⑦，可以为富。凡欲先知天门开及地户闭，其术⑧：天高五寸，减天寸六分以成地。谨司八谷，初见出于天者⑨，是谓天门开，地户闭，阳气不得下入地户。故气转动而上下、阴阳俱绝，八谷不成，大贵必应其岁而起，此天变见符也。谨司八谷，初见入于地者，是谓地户闭。阴阳俱会，八谷大成，其岁大贱，来年大饥，此地变见瑞也。谨司八谷，初见半于人者⑩，籴平，熟，无灾害。故天倡而见符，地应而见瑞。圣人上知天，下知地，中知人，此之谓天平地平⑪，以此为天图。”

【注释】

①为足举之德，不德人之称己：《淮南子·诠言训》：“圣人……修足

誉之德，不求人之誉己也。”举，疑为“誉”之讹，赞誉。德，前“德”为“德政”，名词；后“德”为“感念”，动词。

②舜循之历山，而天下从风：《史记·五帝本纪》：“舜耕历山，历山之人皆让畔；渔雷泽，雷泽上人皆让居；陶河滨，河滨器皆不苦窳（yǔ）。一年而所居成聚，二年成邑，三年成都。”张守节《正义》：“《韩非子》‘历山之农相侵略，舜往耕，期年，耕者让畔’也。”循，当作“修”，作“修德”解释。从风，顺从礼让的风尚。舜、历山，见《吴内传》4.5 注③⑤。

③神农：见《记地传》10.1 注⑤。

④务：勉力从事。利：使……获利。

⑤所以其智能自贵于人：钱培名曰：“‘所’字误，《御览》七十八作‘不’。”按，根据语意，当以“不”为是。

⑥僵尸：尸体僵直。指陈尸荒野，不收而僵。

⑦开置：启闭，指天门地户的启闭。要：要领。按，天门、地户，为道家所指阴阳二气出入之门户。

⑧术：方法。即用模型标出天、地、人方位，种上谷物，观察始发芽的方位，以预测年成的丰歉。

⑨见：同“现”。天：指模型天的位置。

⑩半于人：天与地的中间即是人的方位。

⑪天平地平：天地循环变化规律。平，恒，常。

【译文】

过了五天，越王句践被吴国军队围困在会稽山上，向范蠡请教说：“我治理国家没有本事，辜负了天下百姓，几乎使国家灭亡、社稷倾覆，被其他诸侯讥笑，使我简直无地自容。我想拼死一战，以向吴国报仇雪恨，怎么做才好呢？”范蠡说：“我听说圣明的君主努力去做在别人看来难以成功的事，就不会去讨厌别人如何议论自己；认真地推行足以让人赞誉的德政，也不会巴望人们如何称颂感念自己。过去舜修德于历山，天下人以他为榜样，于是风气为之一变。假如舜当时放弃自己的修身，而与历山百姓争土夺利，那么他的品德恐怕就没有这么完美了。过去神农氏治理天下，也是一心一意地让天下百姓获得利益罢了。既不巴望人家的回报，也不贪占天下的财利，而使得天下的人共同富裕起来。并且没有把自己的智慧看作比别人高明，能力看作比别人强，因此天下百姓都拥戴他。所以说富裕和尊贵是天下人自己造就的，不是靠争夺获得的。现在大王争夺土地，贪求财富，于是两国兵戎相见，互相拼杀，让士兵陈尸荒野，流血牺牲，想因此扬名于世，不是太荒谬了吗？”

越王句践说：“我知道自己的德行上不及神农，下不及尧舜，现在你用最高的道德标准来劝导我，实在是我所难以企及的。而且我听说，父亲受到他人的侮辱，做儿子的就应该效死报仇；国君受到了侮辱，做臣子的就应该拼死复仇。现在我已经受到吴国的侮辱了。我想实行各方面的改革，以便能向吴国报仇，希望你改变话题替我谋划强国复仇的事。”范蠡说：“国君受到了侮辱，做臣子的就应该拼死复仇，固然是忠义的行为，可以立即赴死。但我以为就现在的情况，谦逊地交接礼遇贤士，才是最明智的策略。况且要想使国土面积扩大，使自己成为受人拥戴的大国君主，使老百姓安居乐业，只有依靠军队。而军队的关键因素在于人，人的首要问题在于粮食。所以人民众多则兵员充足，君主就有安全保障；粮食充足则民众富裕，军队才会强大有战斗力。大王具备了军队和粮食两个条件，然后才可以去考虑报仇的事。”

越王说：“我多想使国家富裕、军队强大，但是现在我国土地狭小、人民稀少，怎么办才好呢？”范蠡说：“阳气在上面活动，构成了日月星辰运行变化；阴气在下面活动，形成了江河湖海山形地势。只要详细考察了解天门开与地户闭的要领，就可以使人民国家富强起来。想预先知道天门开还是地户闭的情况，其方法是做成模型：若天的高度是五寸，那么减去一寸六分就是地的位置。种上谷物小心地观察谷物的萌芽情况，如果是在‘天’的方位先出现谷物发芽，这叫做天门开、地户闭，阳气不能下降进入地户，所以阳气和阴气各自在上下转动、相互隔绝，各种谷物都不能顺利成长，粮价的腾贵一定会应顺着这样的年景而到来，这就是天变显示出来的兆头。种上谷物小心地观察谷物的萌芽情况，如果在‘地’的方位先出现谷物发芽，这叫做地户闭。说明阳气进入地户，阴气和阳气会合、作用，各种谷物就会茁壮成长，获得大丰收，当年粮价就会暴跌，但第二年却会闹饥荒。这是地变显示出来的祥瑞。种上谷物小心地观察谷物的萌芽情况，如果在天与地的中间‘人’的方位先出现谷物发芽，说明当年谷物丰收，粮价平稳，不会有自然灾害发生。所以‘天’首倡就会显示出灾年的预兆，‘地’先应就会显示出丰年的祥瑞。圣人能上知天文，下知地理，中知人情，这其实就是天地循环变化的规律，所以造出这样的天图模型以便了解天地阴阳的变化情况。”

16.9 越王既已胜吴三日，反邦未至[1]，息，自雄[2]，问大夫种曰：“夫圣人之术，何以加于此乎？”大夫种曰：“不然。王德范子之所言，故天地之符应邦，以藏圣人之心矣[3]。然而范子豫见之策，未肯为王言者也。”越王愀然而恐，面有忧色。请于范子，称曰：“寡人用夫子之计，幸得胜吴，尽夫子之力也。寡人闻夫子明于阴阳进退，豫知未形；推往引前，后知千岁，可得闻乎？寡人虚心垂意，听于下风。”范子曰：“夫阴阳进退，前后幽冥，未见未形。此持杀生之柄，而王制于四海，此邦之重宝也。王而毋泄此事，臣请为王言之。”越王曰：“夫子幸教寡人，愿与之自藏，至死不敢忘。”范子曰：“阴阳进退者，固天道自然，不足怪也。夫阴入浅者即岁善，阳入深者则岁恶。幽幽冥冥[4]，豫知未形。故圣人见物不疑，是谓知时，固圣人所不传也。夫尧舜禹汤，皆有豫见之劳[5]，虽有凶年而民不穷。”越王曰：“善。”以丹书帛，置之枕中，以为邦宝。

范子已告越王，立志入海。此谓天地之图也。

【注释】

①反：同“返”。

②自雄：自以为了不起。

③以：通“已”。

④幽幽冥冥：即幽冥，一作窈冥。暗昧，模糊不明。《淮南子·说山训》：“视之无形，听之无声，谓之幽冥。幽冥者，所以喻道，而非道也。”这里是用“幽冥”来比喻阴阳消长变化之道。

⑤劳：本领。

【译文】

越王句践战胜吴国的第三天，率师回国还未到达，在途中休息，自以为英雄无比，问大夫文种说：“圣人设计天象图箓的方法确实非同一般，还有什么东西比这更高明的呢？”大夫文种回答说：“并不完全是天象图箓本身有什么高明，而是因为大王听从了范先生的话，所以天地的符瑞一一在我国得到了应验，其实范先生的话已经暗藏着圣人的心机了。然而范先生预见未来的方法，还不肯对大王说呢。”越王句践听后心里感到恐惧，脸上露出不安的神色。他向范蠡请教，谦虚地说：“我用了先生的计谋，幸而战胜了吴国，都是先生的功劳。我听说先生十分了解阴阳消长变化的规律，能预先知道还未形成的事物；能用过去的事来推导，知道以后一千年内发生的事情，能说给我听听吗？我一定拜您为师，虚心听取您的教诲。”范蠡说：“关于阴阳的消长变化，之前之后都是暗昧不明，无影无形。而它却掌握着万物生杀的大权，而且大王可以用来控制天下，这是国家最为贵重的宝贝。大王如果不会泄露出去，我就愿意把这些方法告诉您。”越王说：“先生能赐教我感到很荣幸，我一定把你的话藏在心里，到死也不会忘记。”范蠡说：“阴阳消长变化，这本来是自然规律，是不值得奇怪的。一般说来，阴气入地浅，来年就是好年景；阳气入地深，来年就是坏年景。只要掌握了阴阳消长变化的规律，就能预知事物于未发生之前。所以圣人一看到事物发生就知道它的发展态势，这就叫做懂得阴阳四时的规律，当然圣人一般是不会乱传授给他人的。过去的尧、舜、禹、汤，他们都有预见的功力，所以即使碰到灾荒年景，人民也不会遭受困穷。”越王说：“说得好。”于是用丹砂将范蠡的话写在绸布上，放在枕头里，把它当作国宝珍藏起来。

范蠡把预见未来的方法传授给了越王句践以后，下定决心离开越国，便泛海而去。这就是有关天地图策的故事。

第十四卷

越绝外传春申君第十七

【题解】

此篇叙说有关楚春申君黄歇的故事，与吴越之事实无关涉。要说有联系的话，也只是事情发生在吴地，或从内容看是春申君用人不当和贪心不足，使李园兄妹得以小人得计，也与吴越之事一样，以作警示。即如《外传本事》所说“或非其事，引类以托意”。

这里所记春申君与李园、李环兄妹之事，跟《史记》及《战国策》所记有较大的出入，且把楚国后期的几位君主的次序也搞错了。

17.1 昔者，楚考烈王相春申君吏李园[①]。园女弟女环谓园曰[②]：“我闻王老无嗣，可见我于春申君。我欲假于春申君。我得见于春申君，径得见于王矣。”园曰：“春申君，贵人也，千里之佐，吾何托敢言[③]？”女环曰：“即不见我，汝求谒于春申君：‘才人告[④]，远道客，请归待之。’彼必问汝：‘汝家何等远道客者？’因对曰：‘园有女弟，鲁相闻之[⑤]，使使者来求之园，才人使告园者。’彼必有问：‘汝女弟何能？’对曰：‘能鼓音，读书通一经。’故彼必见我。”园曰：“诺。”

【注释】

①楚考烈王：见《外传记吴地传》3.7 注⑧。春申君：见《外传记吴地传》3.2 注④。李园：赵国人，春申君门客。楚考烈王无子。李园先将妹妹李环献给春申君，伺其有孕，又与春申君谋，将李环转献于楚王，得楚王宠幸，生子悍（楚幽王），立环为王后。李园以王舅用事。前 238 年，楚考烈王卒，幽王立，李园遂杀春申君，并灭其家。此文所记即为李园献妹之事。

②女弟：妹妹。

③托：托词，借口。

④才人：家人。

⑤园有女弟，鲁相闻之：《史记》及《战国策》作“齐王遣使求臣女弟”。

【译文】

从前，楚考烈王的丞相春申君黄歇有个家臣叫李园。李园的妹妹李环对哥哥说：“我听说楚考烈王年纪大了却没有接班人，你可设法让我去见春申君，我想借助于春申君。我如果能够见到春申君，也就可以见到楚王了。”李园说：“春申君是大贵之人，是纵横千里的大国的辅佐大臣，我能用什么理由跟他去说呢？”李环说：“也不是说让他立即见我。你可以去求见春申君，对他说：‘家里来人告知，有远方客人要来，让我回去等他。’他一定会问你：‘你家来了什么样的远方客人呢？’你就对他说：‘我有个妹妹，鲁国的丞相听说她漂亮，派使者来向我提亲，所以家里来人告知让我去等待。’他一定又会问你：‘你妹妹有什么特长吗？’你就说：‘会弹琴，已通读了一部经书。’所以他一定会见我。”李园说：“我试一试。”

17.2 明日，辞春申君[①]：“才人有远道客[②]，请归待之。”春申君果问：“汝家何等远道客？”对曰：“园有女弟，鲁相闻之，使使求之。”春申君曰：“何能？”对曰：“能鼓音，读书通一经。”春申君曰：“可得见乎？明日，使待于离亭[3]。”园曰：“诺。”既归，告女环曰：“吾辞于春申君，许我明日夕待于离亭。”女环曰：“园宜先供待之。”

春申君到，园驰人呼女环[4]。到黄昏，女环至，大纵酒。女环鼓琴，曲未终，春申君大悦，留宿。明日，女环谓春申君曰：“妾闻王老无嗣，属邦于君[5]。君外淫[6]，不顾政事，使王闻之，君上负于王，使妾兄下负于夫人，为之奈何？无泄此口[7]，君召而戒之。”春申君以告官属：“莫有闻淫女也。”皆曰：“诺。”

【注释】

①辞：告假。

②才人有远道客：按，疑“才人”下脱一“告”字。

③离亭：城郊的驿馆。

④驰人：急派人。

⑤属：托付。

⑥外淫：在外面淫乱。

⑦无泄此口：莫把此事从口中泄漏出去。

【译文】

第二天，李园去向春申君请假，说：“家里人来告知，说有一位远方的客人要来，叫我请假回家去等他。”春申君果然问李园说：“你家有什么样的远方客人要来？”李园回答说：“我有一个妹妹，鲁国的丞相听说她美貌，派了使者来求婚。”春申君问道：“你妹妹有何种特长？”李园回答说：“会弹琴，已通读了一部经书。”春申君说：“可以让我见见她吗？明天叫她在郊外驿馆等我。”李园说：“是！”李园回到家，告诉他妹妹说：“我去向春申君告假，他已答应我们明天晚上在郊外驿馆等待约见。”李环说：

“哥哥你应该先去安排等待，等他到了你就来通知我。”

次日傍晚，春申君来到宾馆，李园就急忙派人去叫李环。黄昏时分，李环来到驿馆与春申君纵情畅饮。李环弹琴，一曲还没有弹完，春申君高兴得忘乎所以，便留下李环在驿馆过夜。第二天早晨起床，李环对春申君说：“我听说楚王年老没有接班人，把国家大事托付给您。现在您在外淫乱，不顾国家大事，如果让楚王知道了这件事，那么您对上辜负了楚王对您的宠信，也会使我的兄长对不起您夫人，怎么办好呢？千万不要把这件事泄露出去，请您召集属下告诫他们别乱说。”春申君便把属下召集起来告诫他们说：“你们就说从来也没有听说过我有在外面淫乱的事。”属下齐声说：“是。”

17.3 与女环通未终月，女环谓春申君曰：“妾闻王老无嗣，今怀君子一月矣，可见妾于王，幸产子男，君即王公也，而何为佐乎？君戒念之[①]。”春申君曰：“诺[②]。”

五日而道之：“邦中有好女，中相，可属嗣者。”烈王曰：“诺。”即召之。烈王悦，取之。十月产子男。

十年，烈王死，幽王嗣立。女环使园相春申君[③]。相之三年，然后告园：“以吴封春申君，使备东边。”园曰：“诺。”即封春申君于吴[④]。幽王后怀王[⑤]，使张仪诈杀之[⑥]。怀王子顷襄王，秦始皇帝使王翦灭之[⑦]。

【注释】

①戒念：谨慎地考虑。

②春申君曰：“诺”：李步嘉曰：“‘春申君曰诺’五字，乐校本及他本皆无。《战国策》卷一七《楚策》四姚宏引《越绝书》有此数字。按今本‘君戒念之’下接‘五日而道之’，文义不属，必有脱文，且

‘君戒念之’为女环谓春申君之言，春申君亦应有应答之辞，故今据姚宏引《越绝书》补。”按，李说是，今据补。

③女环使园相春申君：按《史记·春申君列传》，在烈王死、幽王立的当时，李园即伏死士将春申君杀害。

④封春申君于吴：按《史记·春申君列传》，春申君封于吴在考烈王十五年（前248）。

⑤幽王后怀王：与史实不符。幽王是怀王的曾孙。其排列为：楚怀王→楚顷襄王→楚考烈王→楚幽王→楚哀王（幽王弟犹，一说名郝。立两个月）→楚王负刍（幽王庶兄）。

⑥使张仪诈杀之：张仪（？—前310，一说死于前309年），战国时魏国人。为战国纵横家连横派的主要代表。史无张仪诈杀楚怀王事。楚怀王入秦在前299年，前296年死于秦，时离张仪死已15年。

⑦怀王子顷襄王，秦始皇帝使王翦灭之：秦将王翦、蒙武于前224年破楚军，虏楚王负刍，前223年又破楚军，楚昌平君死，项燕自杀，楚亡。非灭顷襄王也。

【译文】

春申君与李环私通不到一个月，李环对春申君说：“我听说楚王年老没有接班人，我现在怀着您的孩子已经一个月了，您可以把我介绍给楚王，有幸生下一个男孩，将来您就是楚王的父亲了，还做什么相国呢？您还是慎重考虑一下吧。”春申君说：“让我考虑考虑。”

过了五天，春申君对楚王说：“国中有个年轻美貌的女子，有宜男之相，可以为您生个儿子。”楚考烈王说：“好的。”叫春申君立即召来相见。考烈王一见到李环就十分中意，便娶进后宫。过了十个月生下一个男孩。

十年后，考烈王死了，楚幽王即位。李环让李园去辅佐春申君。辅佐了三年，然后告诉李园说：“把吴地封给春申君，让他去镇守东边。”李园说：“好的。”就把春申君封到吴地。楚幽王之后是楚怀王，秦王派张仪把他骗到秦国后杀害了。楚怀王的儿子为楚顷襄王，秦始皇派大将王翦把楚国灭掉了。

越绝德序外传记第十八

【题解】

本篇亦与《外传本事》一样，属于序跋一类。内容可分为两个部分，前部分从“德”的角度，阐述吴越君臣的性格行为所产生的结果；后部分简要说明编辑此书的目的和简括上列主要篇章的思想内涵。

德序，就是“叙德”，即叙述吴、越两国君臣的德性。君有贤愚，臣有忠奸。吴王夫差愚昧，听信奸佞伯嚭、逢同之言，贼杀忠臣伍子胥，导致国亡身死；越王句践贤明，能任贤使能，虚心纳谏，君臣同心，终能成就霸业。吴、越的兴衰，是一个值得汲取的经验和教训。句践的贤德还表现在他的“伯道”：“致贡周室”，扼强扶弱。至于灭吴称霸之后，他听信谗言，杀了文种，有人就会怀疑他任贤使能的动机：为了复仇雪耻，能“臣主同心”，一旦灭吴功成，就猜忌、擅杀功臣。这是句践“德性”的另一面。

这里的“德”，又是道，即知始知终、能进能退之道。吴和越的三个忠臣伍子胥、文种、范蠡，其结局就是因为“德性”不同：伍子胥知道进退但为“恩情”所累，文种不知进退又为名利所累，均不得善终；独范蠡本为一介布衣，无所欲也无所累，能审终始，知进退之道，全身而终。文中对伍子胥的忠谏而死则是叹赏备至，为后世立了一个知恩图报、犯颜直谏的忠臣榜样。

文章最后一段简要地说明了编辑《越绝书》的目的——“陈其本末，

抽其统纪”，就是想以《春秋》为检式，“垂意于越，以观枉直”，起到镜子的作用。

18.1 昔者，越王句践困于会稽，叹曰：“我其不伯乎！”欲杀妻子，角战以死①。蠡对曰：“殆哉！王失计也，爱其所恶②。且吴王贤不离，不肖不去，若卑辞以地让之，天若弃彼，彼必许。”句践晓焉，曰：“岂然哉！”遂听能以胜。越王句践即得平吴，春祭三江③，秋祭五湖④。因以其时，为之立祠，垂之来世，传之万载。邻邦乐德，以来取足。

范蠡内视若盲，反听若聋⑤，度天关⑥，涉天机⑦，后衽天人，前带神光⑧。当是时，言之者□其去甚微甚密，王已失之矣，然终难复见得。于是度兵徐州⑨，致贡周室。元王以之中兴，号为州伯⑩，以为专句践之功，非王室之力。是时越行伯道，沛归于宋；浮陵以付楚；临沂、开阳，复之于鲁⑪。中邦侵伐，因斯衰止。以其诚行于内，威发于外，越专其功，故曰“越绝”是也。故《传》曰：“桓公迫于外子⑫，能以觉悟；句践执于会稽，能因以伯。”尧舜虽圣，不能任狼致治⑬。管仲能知人，桓公能任贤；蠡善虑患，句践能行焉。臣主若斯，其不伯，得乎？《易》曰：“君臣同心，其利断金⑭。”此之谓也。

【注释】

①角战：决战。角，比试，竞争。

②爱其所恶：喜欢做大家所厌恶的事(指赴死)。

③三江：见《请籴内传》6.2 注②。

④五湖：太湖。见《请籴内传》6.7 注①。

⑤内视若盲，反听若聋：参见《外传纪策考》7.6 注③④。

⑥天关：星官名。据《晋书·天文志》："东方。角二星为天关，其间天门也，其内天庭也。故黄道经其中，七曜之所行也。"即角宿。

⑦天机：星官名。《晋书·天文志》："北方。南斗六星，天庙也……一曰天机。南二星魁，天梁也。中央二星，天相也。北二星，天府庭也，亦为寿命之期也。"即斗宿。《吴越春秋》为"涉天梁"。

⑧后袵天人，前带神光：袵，衣襟，与"带"义同。"襟""带"连用，是环绕的意思。

⑨度兵徐州：进兵徐州。度，通"渡"。《史记·越王句践世家》："句践已平吴，乃以兵北渡淮，与齐、晋诸侯会于徐州，致贡于周。"徐州，一作舒州，春秋战国齐邑，即薛（今山东滕州南）。

⑩州伯：方伯（诸侯领袖）。《史记·越王句践世家》："周元王使人赐句践胙，命为伯。"

⑪临沂：原文为"临期"。据《外传本事篇》，当作"临沂"。

⑫外子：出亡于外的人。

⑬任狼致治：任命凶狠昏乱之人来治理天下。狼，狼戾，凶狠。指凶狠残暴的人。

⑭君臣同心，其利断金：语出《周易·系辞上》。

【译文】

从前，越王句践被吴军围困在会稽山上的时候，叹息说："我难道不能称霸了吗？"想杀了妻子儿女，与吴国一决高下，力战到死。范蠡劝他说："可怕啊！大王您大大失算了。您怎么偏偏喜欢去做别人厌恶做的事呢。况且现在吴王夫差的身边虽然有贤臣，但宵小之辈不离左右，您如果不怕受辱低声下气地用土地去向吴王谢罪求和，上天如果抛弃了吴国，吴王就一定会答应。"越王句践听懂了范蠡的话，说："这难道可行吗？"于是听从了范蠡的建议，因此取得了胜利。越王句践攻灭吴国后，范蠡就泛五湖出三江离开越国，句践便每年春天到三江、秋天到五湖去祭祀范蠡，并在当时为范蠡建立祠堂，让他的事迹千古流传，万代颂扬。邻近各国以越国为榜样，也乐于施行德教，于是来越国取经，以弥补自己的不足。

范蠡为人，对自己的行为当作看不见，对别人的讥议当作听不见。他离开越国的时候越过天关，渡过天机，后有天神护送，前有神光领路。当时有人对越王句践谈到范蠡，说他离开的时候相当微妙、相当隐秘，大王已经失去范蠡了，并且再也不能见到他了。于是越王句践带兵来到徐州，会诸侯，向周王室献上贡物。周元王因此得以复兴王室，便封越王句践为一方霸主，认为这是句践应该享有的功勋，并非王室本身的力量。这时越王句践推行霸王之道，把沛归还给宋国，浮陵交付给楚国，临沂、开阳交还给鲁国。中原各国之间的相互攻伐，因此停息。因为越王句践内心有着诚信仁义，因此在对外行动上能够显示出他的威严，使越国能够独享率领诸侯、尊事周室、安定天下的功劳，所以称这部书为“越绝”。所以《传》上说：“齐桓公是被迫避祸于外的公子，因此当政之后能够以清醒的头脑治理国政，最终成就霸业；越王句践被围困在会稽山上，又到吴国为臣仆多年，受尽屈辱，因此返国后身体力行，任用贤臣，灭吴称霸。”尧和舜即使非常圣明，也不能任命残暴凶狠的人来治理天下。管仲能知道某人的贤愚，齐桓公能任用贤臣；范蠡善于在忧患中计划长远，越王句践能把范蠡的意图切实推行。有像这样配合默契的大臣、君主，能不称霸天下吗？《周易》上说：“臣子与君主同心同德，就如同锋利的剑能斩断金属之类的物件一样。”说的就是这个道理。

18.2 吴越之事烦而文不喻[①]，圣人略焉。贤者垂意，深省厥辞，观斯智愚。夫差狂惑，贼杀子胥；句践至贤，种曷为诛？范蠡恐惧，逃于五湖。盖有说乎？夫吴知子胥贤，犹昏然诛之。《传》曰：“人之将死，恶闻酒肉之味；邦之将亡，恶闻忠臣之气。身死不为医，邦亡不为谋，还自遗灾，盖木土水火，不同气居[2]。”此之谓也。

种立休功[3]，其后厥过自伐[4]。句践知其仁也，不知其信。见种为吴通越[5]，称：“君子不危穷，不灭服。”以忠告，句践非之，见乎颜色。范蠡因心知意，策问其事，卜省其辞，吉耶凶耶？兆言其灾。夫子见利与害，去于五湖[6]。盖谓知其道贵微而贱获[7]。《易》曰：“知几其神乎？道以不害为左[8]。”《传》曰：“知始无终，厥道必穷。”此之谓也。

【注释】

①文不喻：《春秋》文中没有写明白。指孔子在《春秋》里有关吴越两国的事记得很简略。

②“人之将死”数句：《文子·微明》：“人之将疾也，必先厌鱼肉之味；国之将亡也，必先恶忠臣之语。故疾之将死者，不可为良医；国之将亡者，不可为忠谋。”可参读。木土水火，不同气居，五行相克，不能同时存在。

③休：美善。

④厥：乃。自伐：自我夸耀。指居功自傲。

⑤通：通报，传达。文种为吴通越事，他书未见，或在轶篇中。

⑥去于五湖：《国语·越语下》：“（范蠡）遂乘轻舟以浮于五湖，莫知其所终极。”

⑦道：阴阳进退存亡之道。微：贫贱。指贫贱而能保住性命。获：得到富贵。

⑧“《易》曰”数句：《周易》原文无此句，与下“《传》曰”均为作者训诂之辞。几，端倪，苗头，征兆。其，岂，难道。左，犹“尚”。古礼主居右而宾居左，因以左为尊位。此可释为“前提”。

【译文】

吴国和越国的事情纷繁复杂而且《春秋》中没有记述清楚，是因为孔子把它简略了。后来的贤人对此却十分关心，深入考察了吴、越之事的有关记载和传说，觉得能从中看出谁智谁愚。如果说吴王夫差本性狂妄又受人蒙蔽而把伍子胥杀了，那么，越王句践是一个贤明的君主，文种为什么也被他杀了呢？范蠡害怕句践加害自己，连忙逃入五湖，有这种说法吗？吴王夫差明知伍子胥是个贤臣，还是昏愦地把他杀害了。正如《传》上所说："人到将死的时候，就讨厌闻到酒肉的气味；国家将要灭亡的时候，也就讨厌听到忠臣的话语。所以人注定要死了就不必再替他找良医，国家注定要灭亡了就不必再替它出谋划策，否则，反过来只会自己招来灾殃。这是因为金、木、土、水、火相克，不能同时存在。"这里说的就是这个道理。

文种曾经为越国立下大功，但他后来过于居功自傲。越王句践只知道他是个仁德的人，却不知道他的忠诚。文种曾经替吴王传话给越王，说："作为君子不会再去危害已经是穷途末路的人，不会再去灭亡已经降服了的国家。"对句践忠言相告，但句践责怪他多事，并在脸上显露出不满的神色。范蠡因此明白了越王句践的心思，他拿来蓍草和龟甲进行占卜，来探问考察句践的行为和言论，自己的前途命运到底是吉还是凶。征兆说明将有灾祸发生。范蠡于是权衡利弊，便从太湖离开了越国。这是说范蠡懂得进退存亡之道，看重生命而轻视富贵。《周易》上说："对于事物发展变化具有先见之明，难道是有神灵相助吗？进退之道其实就是以趋利避害为准则。"《传》上说："只知道开始而不能预知结果，就必定走向穷途末路。"说的就是这个道理。

18.3 子胥赐剑将自杀，叹曰："嗟乎！众曲矫直[①]，一人固不能独立[②]。吾挟弓矢以逸郑楚之间[③]，自以为可复吾见凌之仇[④]，乃先王之功，想得报焉，自致于此。吾先得荣，后僇者[5]，非智衰也，先遇明，后遭险，君之易移也已矣。坐不遇时，复何言哉。此吾命也，亡将安之？莫如早死，从吾先王于地下，盖吾之志也。”吴王将杀子胥，使冯同征之[6]。胥见冯同，知为吴王来也。泄言曰[7]：“王不亲辅弼之臣而亲众豕之言，是吾命短也[8]。高置吾头[9]，必见越人入吴也，我王亲为禽哉！捐我深江[10]，则亦已矣！”胥死之后，吴王闻，以为妖言，甚咎子胥。王使人捐于大江口。勇士执之，乃有遗响，发愤驰腾，气若奔马，威凌万物，归神大海。仿佛之间，音兆常在。后世称述，盖子胥水仙也[11]。

【注释】

①曲：弯曲，这里指不正直的人和不公正的社会风气。矫：正曲使直，匡正，纠正。

②固：本来。立：完成，成功。

③挟弓矢以逸郑楚之间：事见《荆平王内传》。挟，带着。逸，逃跑。

④见凌：被凌辱。指伍子胥父兄被楚平王所杀、他本人又被追杀的事。

⑤僇：通“戮”。

⑥冯同：《请籴内传》作“逄同”。见6.4注①。征：问，征询。此为探听动静。

⑦泄言：发牢骚。泄，发泄。

⑧是吾命短也：《国语·吴语》作“是吴命之短也”。观文义，“吾”当是“吴”之讹。

⑨高置吾头：《请籴内传》：“愿廓目于邦门，以观吴邦之大败也。越人之入，我王亲所禽哉！”按，“高置吾头”，“头”《国语·吴语》《史记·吴太伯世家》《越王句践世家》《吴越春秋》皆作“目”。见《请籴内传》6.3注⑧。

⑩捐：丢弃。

⑪水仙：传说伍子胥死后变为水神，随潮往来。

【译文】

伍子胥拿起吴王所赐的宝剑将要自杀时，叹息说："哎！这么多的奸邪小人，这么盛的歪风邪气，要想纠正，仅凭一个人力量本来就无法完成。我身背弓箭奔走在郑国和楚国之间，自己以为可以找到帮助，能报我父兄被杀的冤仇却不成功，是先王替我报了仇，我想报答先王的恩德，自己才落到现在的地步。我先前获得荣耀，现在却遭到杀害，并不是我的智力衰竭了，而是因为先前遇到了明君，后来碰到了险恶小人，国君不同了啊。生不逢时，还有什么可说的呢？这就是我的命运，逃走的话又能逃到哪里去呢？不如早一点死了算了，可以到地下去跟随先王，这就是我的心愿。"吴王夫差在杀害伍子胥之前，派了逢同去探听伍子胥的动静。伍子胥见到逢同，就知道他是替吴王来探消息的，便特意发牢骚说："君王不把忠臣作亲信却听从你们这些猪狗们的话，看来吴国命运不会长久了。我死后，把我的头颅高挂在城门上，我一定会看到越国军队进入吴国的那一天，那时我们的君王就要成为越国的俘虏了。把我的尸身丢到江里就可以了。"伍子胥死后，吴王听到伍子胥说的话，认为是妖言惑众，相当憎恨伍子胥。吴王夫差派人将伍子胥的尸身抛入大江口。当勇士抬起伍子胥的遗体抛入江中的时候，只听得一阵阵奇特的声音从江中响起，只见江水带着伍子胥的遗体汹涌奔腾，那气势像有万匹骏马在狂奔乱驰，其威势简直可以压倒一切，渐渐向茫茫大海奔涌而去。从此之后，那声音和景象好像永远留在了人间。后来人们往往会用赞叹的口吻述说此事，都说大概伍子胥已经成为水神了。

18.4 子胥挟弓去楚，唯夫子独知其道①。事□世□有退②，至今实之，实秘文之事③。深述厥兆，征为其戒④。齐人归女，其后亦重⑤。各受一篇，文辞不既，经、传、外章，辅发其类。故圣人见微知著，睹始知终。由此观之，夫子不王可知也[⑥]。恭承嘉惠[⑦]，述畅往事。夫子作经[⑧]，揽史记[⑨]，愤懑不泄，兼道事后，览承传说[⑩]。厥意以为周道不敝，《春秋》不作。盖夫子作《春秋》，记元于鲁[⑪]，大义立[⑫]，微言属[⑬]。五经六艺[⑭]，为之检式[⑮]。垂意于越，以观枉直。陈其本末，抽其统纪[⑯]，章决句断，各有终始。吴越之际，夫差弊矣，是之谓也。

【注释】

①夫子：孔子。按，根据文意和押韵，此节当有错简。调整后句序宜为：子胥挟弓去楚，唯夫子独知其道。故圣人见微知著，睹始知终。由此观之，夫子不王可知也。夫子作经，揽史记，愤懑不泄，厥意以为周道不敝，《春秋》不作。盖夫子作《春秋》，记元于鲁，大义立，微言属。恭承嘉惠，述畅往事。兼道事后，览承传说。事□世□有退，至今实之，实秘文之事。深述厥兆，征为其戒。齐人归女，其后亦重。各受一篇，文辞不既，经、传、外章，辅发其类。五经六艺，为之检式。陈其本末，抽其统纪。章决句断，各有终始。垂意于越，以观枉直。然亦有脱文。译文即据调整后句序。

②事□世□：疑为事易世移。退：逐渐消失。

③秘文：未公开的文籍。班固《两都赋》："启发篇章，校理秘文。"

④戒：警戒，鉴戒。

⑤齐人归女，其后亦重：见《外传记吴地传》3.7注⑪。归，古时女子出嫁。

⑥不王：指王道不能推行。

⑦恭承嘉惠：恭敬地继承孔子所给予的恩惠。指作文的传统。嘉惠，对别人所施与的恩惠的美称。

⑧经：指《春秋》。

⑨揽史记：揽，当为“览”。阅览。《外传本事》有“览史记而述其事”，可参释。史记：史书。

⑩览：通“揽”，搜集。

⑪记元于鲁：记事用鲁国国君的年号来纪年。元，一国或一君的纪年。

⑫大义：要义。即今天所说书或文章的主旨。

⑬微言：精微的言辞。属：缀辑。作“贯穿”讲。

⑭五经：指《诗》《书》《礼》《乐》《易》五部经书。六艺：亦称“六经”，即“五经”加上《春秋》。

⑮检式：法式。指作文的规范。

⑯统纪：本指茧丝的头绪。《淮南子·泰族训》：“茧之性为丝，然非得工女煮以热汤而抽其统纪，则不能成丝。”此指史事的头绪脉络。

【译文】

伍子胥带着弓箭离开楚国，只有孔子知道他的意图。所以圣人只要看到事物的一点迹象，就能推知其发展的趋势；只要见到事情的开端就会知道它的结局。由此看来，孔子的王道思想不能推行就可想而知了。孔子写作《春秋》，遍阅各种历史典籍，心中愤懑世风日下、王道不兴。我个人认为，如果成周的王道没有衰落，孔子也就不会写作《春秋》了。孔子写作《春秋》，记事用鲁国国君的年号来纪元，表明《春秋》是要确立推行王道的要义，他把这种思想贯穿于这些精微的言辞之中。我恭敬地秉承孔子作文的传统，畅述吴越历史的往事。于是把过去史籍没有记录及之后发生的事，广采异闻传说，都写了进去。吴、越争霸已成为往事，时代也已经不同了，那些史事也将逐渐消失，现在将其补充起来，是为了弥补秘阁藏文对于吴、越史事记载的不足。认真记述吴、越兴亡的始末，目的是拿它作为历史教训以警诫后人。齐景公把女儿嫁给吴国的太子，后来也成为重要事件而流传。于是根据事件的来龙去脉各形成一篇文章，不去讲究文辞的华丽，“内经”“内传”“外传”分目编排，是用相类似的事件来阐发同一个道理。以“五经”“六艺”作为作文的法式规范。陈述事情的始末，理清史实的脉络，安排篇章，确定句子，使每一件事都有始有终。关注吴、越的史事，目的是通过考察是非曲直，来说明存亡兴衰的道理。从中可以看出吴、越两国争霸的时候，吴王夫差失败的原因，就是这个意思。

18.5 故观乎《太伯》①，能知圣贤之分；观乎《荆平》，能知信勇之变；观乎《吴越》②，能知阴谋之虑；观乎《计倪》，能知阴阳消息之度；观乎《请籴》，能知□人之使敌邦贤不肖；观乎《九术》，能知取人之真③，转祸之福；观乎《兵法》，能知却敌之路；观乎《陈恒》，能知古今相取之术；观乎《德叙》，能知忠直所死，狂懵通拙④。《经》百八章⑤，上下相明。齐桓兴盛，执操以同。管仲达于霸纪⑥，范蠡审乎吉凶终始。夫差不能□邦之治。察乎冯同、宰嚭⑦，能知谄臣之所移⑧。哀彼离德信不用，内痛子胥忠谏邪君⑨，反受其咎。夫差诛子胥，自此始亡之谓也。

【注释】

①《太伯》：即《太伯篇》。已佚。

②《吴越》：钱培名曰：“‘观于吴越’，‘越’，当依《篇叙》篇作‘人’。”

③真：真谛。引申为道理、方法。

④狂懵（méng）通拙：狂妄愚昧。懵，昏昧，心迷乱。

⑤《经》百八章：李步嘉曰：“‘百’疑为‘凡’字之讹。”

⑥达：通晓。霸纪：霸道。

⑦冯同：乐祖谋校：“陈本作‘逢同’。”

⑧移：指动摇君心。

⑨邪：不正。

【译文】

所以当你看了《太伯内传》，就会知道圣人和贤者的职责名分；看了《荆平王内传》，就能知道忠信到智勇的变化过程；看了《吴越内传》，就能知道诡秘计谋如何策划实施；看了《计倪内经》，就能知道阴阳消长的变化规律；看了《请籴内传》，就能知道□人如何使敌国内部贤臣与佞臣之间产生矛盾；看了《内经九术》，就能知道如何算计敌人，使自己转祸为福的道理；看了《内传兵法》，就能知道战胜敌人的基本方法；看了《内传陈成恒》，就能知道古今如何谋取敌国的手段；看了《德序外传》，就能知道忠直之士被杀的原因，是国君的狂妄不仁而又愚昧。"内经""内传"共八章，上下呼应，阐明道理。齐桓公之所以使齐国兴盛，是因为任用贤臣，越王句践与齐桓公所奉行的策略基本相同。管仲通晓称霸诸侯的道理，范蠡明察吉凶转化的过程和规律。夫差则不能把国家治理好。审察逢同和伯嚭的言行，就知道那些逢迎拍马之徒确实能够动摇君主的意志，甚至毁灭国家。可叹夫差背离为君之道，没有采用忠臣的话；痛心伍子胥忠心劝谏，希望能匡正君主的行为，反而招来杀身之祸。夫差杀害伍子胥，就是人们所说的吴国从此走上了灭亡的道路。

第十五卷

越绝篇叙外传记第十九

【题解】

本篇内容比较庞杂，从题目看，跟前篇《德序》一样，篇叙，就是叙篇，是阐述《越绝》篇章安排。其实它所涉及的内容有书名、作者、写作目的、编次特点，又从编次引出对几个人物和事件及其思想行为的评价。估计是“外传”诸篇的作者的一篇跋文。

文章开篇从孔子作《春秋》“获麟绝笔”引出，因“圣人没而微言绝”，子贡于是根据《春秋》笔法，“发愤记吴越”，目的是“以喻后贤”“垂象后王”，并题名为《越绝》。此与《外传本事》篇解释的“绝”有所区别。作者问题是一个比较复杂的问题，《外传本事》篇中有“或以为子贡所作”、“一说盖是子胥所作”和“外者，非一人所作”等语，说明《越绝书》的作者是谁本无法肯定。这里肯定为子贡，可能也是臆说。正因为将作者定为子贡，所以编次所及也仅仅涉及“内经”“内传”，以便让读者信以为真。对编次的解释也没有《德序》篇实际，有些牵强附会。

文中对几个人物和事件及其思想行为的评价，是比较切合实际的。把人物的思想行为放在特定的历史条件下来分析，具有独到的见解。比如句践的“权变”，在当时“强者为右”的时代，假使“句践无权，灭邦久矣”；如果当时“天下太平”，“句践何当属莝养马”？句践的“权变”，其实就是“因时顺宜”。又比如伍子胥、范蠡的一留一去，从“事君以道”的角度，均是贤者所为，“皆贤人”。对子胥伐楚中存在的义与不义行为，认为对子胥这样有父兄之仇的人，不能求全责备。

最后一段又回到作者问题。前面说子贡“记吴越”，后又说子胥“述吴越”，或许是前后照应不周。继而用“隐语”形式，说明“记陈厥说”者和“文属辞定”者。对此，自从明代学者杨慎作了破解，认为是东汉会稽人袁康、吴平之后，似乎成为定论。但历来异议颇多。本人认为，此段文字可能是宋代以后文人所加，未可尽信。

19.1 维先古九头之世①，蒙水之际②，兴败有数，承三继五③。故曰众者传目④，多者信德⑤。自此之时，天下大服。三皇以后，以一治人⑥。至于三王⑦，争心生，兵革越⑧，作肉刑。五胥因悉挟方气⑨，历天汉⑩。孔子感精，知后有强秦丧其世，而汉兴也。赐权齐、晋、越⑪，入吴。孔子推类，知后有苏秦也⑫。权衡相动⑬，衡五相发⑭。道获麟，周尽证也⑮，故作《春秋》以继周也。此时天地暴清，日月一明，弟子欣然，相与太平。孔子怀圣承弊⑯，无尺土所有，一民所子，睹麟垂涕，伤民不得其所，非圣人孰能痛世若此！万代不灭，无能复述，故圣人没而微言绝⑰。赐见《春秋》改文尚质，讥二名⑱，兴素王⑲，亦发愤记吴越，章句其篇，以喻后贤。赐之说也，鲁安，吴败，晋强，越霸，世春秋二百余年，垂象后王。赐传吴越，□指于秦。圣人发一隅，辩士宣其辞；圣文绝于彼，辩士绝于此。故题其文，谓之《越绝》。

【注释】

①九头之世：张宗祥曰：“《春秋元命苞》有‘九头纪’，即纪人皇氏，

兄弟九人治世也。”

②蒙水之际：洪水泛滥的时候。《史记·夏本纪》云：“当帝尧之时，鸿水滔天，浩浩怀山襄陵，下民其忧。”

③承三继五：三，三皇。五，五帝。见《外传记范伯》8.1注②③。

④传目：将看到的相互转告传颂。

⑤信德：将仁德发扬光大。信，通“伸”，伸张。

⑥一：指万物的本原“道”。《老子》：“圣人抱一为天下式。”《淮南子·诠言训》：“一也者，万物之本也，无敌之道也。”

⑦三王：夏禹、商汤、周文王。

⑧兵革越：越，当为“起”。《晋书·天文志》：“占曰：‘兵革起。’”《文子·上礼》：“……则兵革起而忿争生，虐杀不辜，诛罚无罪，于是兴矣。”

⑨五胥：伍子胥。挟方气：带着方伯（霸）之术。

⑩天汉：天津星官的别名。《晋书·天文志》：“天津九星，横河中，一曰天汉。”按二十八宿分野概念，在吴（斗、牛宿）。历天汉，即来到吴国。

⑪赐：子贡，名赐。权：权衡……力量。

⑫苏秦：东周洛阳（今河南洛阳东）人，字季子。战国时纵横家合纵派著名代表人物。

⑬权衡：古星座名。《史记·天官书》：“南宫朱鸟，权、衡。”裴骃《集解》引孟康曰：“轩辕为权，太微为衡。”轩辕星座，二十八宿属柳、星、张，为周分野。

⑭衡五：太微星座有太微左垣和太微右垣，各有五星，二十八宿属翼、轸，为楚分野。当时诸侯唯楚、吴、越称王，而楚为大国。预示改朝换代。

⑮道获麟，周尽证也：《春秋》：“（哀公）十有四年春，西狩获麟。”杜预《春秋左氏传序》说：“麟凤五灵，王者之嘉瑞也。今麟出非其时，

虚其应而失其归，此圣人所以为感也。绝笔于获麟之一句者，所感而起，固所以为终也。”

⑯孔子怀圣承弊：《隋书·经籍志》：“孔丘以大圣之才，当倾颓之运，叹凤鸟之不至，惜将坠于斯文，乃述《易》道而删《诗》《书》，修《春秋》而正《雅》《颂》。坏礼崩乐，咸得其所。”

⑰圣人没而微言绝：《隋书·经籍志》：“自哲人萎而微言绝，七十子散而大义乖。”绝，断绝。

⑱讥二名：讥，讥议。二名，两个字的名。《春秋》：“季孙斯、仲孙忌帅师围运。”《春秋公羊传·定公六年》：“此仲孙何忌也。何为谓之仲孙忌？讥二名。二名，非礼也。”古人有名有字，名往往是单个字，如果是两个字的名，按照公羊家言，就是不合礼数。

⑲素王：有王者之道，而无王者之位。特指孔子。王充《论衡·超奇》：“孔子之春秋，素王之业也；诸子之传书，素相之事也。”汉代儒者以为孔子修《春秋》是代王者立法，有王者之道，而无王者之位，故称其为“素王”。素，虚位。

【译文】

从上古人皇氏治理天下，到遭遇洪水泛滥的时候，朝代的更替屈指可数，大致经历了伏羲、神农、燧人和黄帝、颛顼、帝喾、尧、舜等三皇五帝的时代。所以说大多数人能将看到的相互转告传颂，将三皇五帝的仁德发扬光大。在那个时候，天下诸侯都心悦诚服地听从天子的号令。三皇以后，五帝都用仁道来治理天下万民。到了夏禹、商汤、周文王的时代，争权夺利的心思产生了，于是发生了战争，设置了残酷的刑典。后来伍子胥带着方伯之术，经历天汉来到吴国。孔子感悟天意，知道后世有强大的秦国灭亡周朝，之后汉朝兴起。子贡权衡了齐国、晋国和越国的力量，来到吴国。孔子经过类推，知道后世将有游说之士苏秦出现。轩辕星座与太微星座在相互旋转，太微星座的左垣五星和右垣五星也在交换位子；又鲁哀公打猎获得一只麒麟，这是周室将要亡了的证明，所以写作

《春秋》以继承成周的王统。此时天地突然十分清朗，日月一下子非常光明，众弟子高高兴兴地享受着这太平的时光。孔子胸怀圣贤之道，却遭逢末世衰运，没有一尺土地和一个百姓是属于他的，但当他看到捕获的麒麟，却为成周王道的衰落伤心落泪，哀叹天下苍生将得不到安享太平的处所。如果不是圣人还有谁能够对社会现状如此痛心疾首呢！他包含在《春秋》里的这种思想感情即使经历一万代也不会消失，但无法用语言再加以表述，所以大圣人孔子死了，他的那种微言大义的文字谁也写不出来了。子贡看到老师孔子写作《春秋》一改文采华丽的风气而崇尚质朴，于是崇尚礼仪，发扬孔子的思想，也发愤把吴国和越国之间发生的事记述下来，写成文章，以便使后来的贤人志士明白吴越的史实及其中蕴涵的道理。子贡当年的游说活动，使鲁国安定，吴国败亡，晋国强大，越国称霸，使春秋二百余年的霸业得以延续，也为后世做出了榜样。子贡记述吴、越两国的史实，对于秦国已经透露出了他的担忧。孔子说一句精微的话，子贡能将其中的要义阐发出来；《春秋》记事在“获麟”那年已经结束，子贡所记吴、越之事也就到句践称霸为止。所以把这本书题名为《越绝》。

19.2 问曰：“《越绝》始于《太伯》，终于《陈恒》，何？”“《论语》曰：‘虽小道，必有可观者焉[①]。’乃太伯审于始，知去上贤[②]；太伯特不恨，让之至也。始于《太伯》，仁贤，明大吴也[③]。仁能生勇，故次以《荆平》也，勇子胥忠、正、信、智以明也。智能生诈，故次以《吴人》也[④]，善其务救蔡[⑤]，勇其伐荆。其范蠡行为，持危救倾也，莫如循道顺天，富邦安民，故次《计倪》。富邦安民，故于自守易以取[⑥]，故次《请籴》也。一其愚[⑦]，故乖其政也[⑧]。请粟者求其福禄，必可获，故次以《九术》。顺天心，终和亲，即知其情；策于廊庙[⑨]，以知强弱；时至，伐必可克，故次《兵法》。兵，凶器也。动作不当，天与其殃。知此上事⑩，乃可用兵。《易》之卜将，春秋无将⑪，子谋父，臣杀主，天地所不容载。恶之甚深，故终于《陈恒》也。”

【注释】

①虽小道，必有可观者焉：出自《论语·子张》。这里有以小见大的意思。

②知：同“智”，明智。上贤：指道德高尚的人。

③明大吴：说明吴国立国的渊源。

④《吴人》：或即《吴内传》。《德序》篇作《吴越》。

⑤救蔡：事见《吴内传》4.1 原文。

⑥故于自守：钱培名曰：“‘故’字误，疑当作‘固’。”

⑦一：专一，专门。

⑧乖：不和谐。使动用法。政：指政治、经济、社会各个方面。

⑨策于廊庙：即《外传记军气》的“算于庙堂”。见 15.3 注②。

⑩上事：即谋划、时机等用兵之事。

⑪《易》之卜将，春秋无将：卜，选拔。《孙子兵法》：“将者，智、信、仁、勇、严也。”曹操注曰：“将宜五德备也。”

【译文】

有人会问：“《越绝》的篇章安排从《内传太伯》篇开始，到《内传陈成恒》篇结束，这是为什么呢？”回答说：“《论语》中说过：‘就是小技艺，一定有可取的地方。’就如太伯他察觉到父亲的心意，于是明智地离开，把继承权让给贤能的弟弟季历；虽然父亲要传位给小弟季历，太伯却一点也没有恨意，真是礼让到了极点。从《内传太伯》篇开始，是为了推重太伯的仁德和贤明，说明吴国立国的渊源。仁贤能够产生勇气，所以接着是《荆平王内传》篇，用以说明作者是十分赞颂伍子胥忠诚、正直、信义、智慧所产生的勇武精神。智慧往往能够产生欺诈，所以接下来为《吴人内传》篇，赞许吴国所从事的救蔡国伐楚国的行动。范蠡的行为在于主持危局挽救覆亡，但不如遵循天道、顺从天意，使国家富强、人民安定来得重要，所以接着是《计倪内经》篇。国家富强了，人民安定了，这样既便于自卫，也容易攻敌取胜，所以接着是《请籴内传》篇。是说越国君臣专门利用吴王夫差的愚昧，趁机扰乱吴国的政治。越王句践向吴国借贷粮食是为了求得天意的昭示，如果上天保佑的话，就一定可以得到粮食，所以接着就是《内经九术》篇。对内顺从天意，富国强兵，对外卑辞厚礼，取得吴王的亲信，从中就可以看出胜负的态势。在庙堂上策划，以便了解敌我双方的强弱。一旦时机成熟，出兵讨伐，就一定可以取得胜利，所以接着是《兵法》篇。战争是十分凶险的事情，如果计划不周全、时机不成熟而轻举妄动，上天就会给他降下灾祸。只有懂得周密策划、审时度势、把握时机，才可以出兵攻敌。如果用《易》的标准来选拔将帅，春秋时期简直没有称得上将帅的人，做儿子的谋害父亲，做臣子的杀害君主，这是上天所不能容忍、大地所不能承受的罪恶行径。因为作者对这类事情相当憎恶，所以把《内传陈成恒》篇放在最后。”

19.3 问曰：“《易》之卜将，春秋无将。今荆平何善乎？君无道，臣仇主，以次太伯，何？”曰：“非善荆平也，乃勇子胥也，臣不讨贼，子不复仇，非臣子也。故贤其冤于无道之楚[①]，困不死也[②]；善其以匹夫得一邦之众，并义复仇，倾诸侯也；非义不为，非义不死也。”

问曰：“子胥妻楚王母[③]，无罪而死于吴。其行如是，何义乎？”曰：“孔子固贬之矣。贤其复仇，恶其妻楚王母也。然《春秋》之义，量功掩过也[④]。贤之，亲亲也[⑤]。”“子胥与吴何亲乎？”曰：“子胥以困干阖庐，阖庐勇之甚，将为复仇，名誉甚著。《诗》云：'投我以桃，报之以李[6]。'夫差下愚不移[7]，终不可奈何。言不用，策不从，昭然知吴将亡也。受阖庐厚恩，不忍去而自存，欲著其谏之功也[8]。故先吴败而杀也。死人且不负[9]，而况面在乎[10]？昔者管仲生，伯业兴；子胥死，伯名成；周公贵一概，不求备于一人[11]。及外篇各有差叙，师不说[12]。"

问曰："子胥未贤耳！贤者所过化。子胥赐剑，欲无死，得乎？""盲者不可示以文绣，聋者不可语以调声。瞽瞍不移[13]，商均不化[14]；汤系夏台[15]，文王拘于殷[16]。时人谓舜不孝，尧不慈[17]，圣人不悦下愚[18]，而况乎子胥？当困于楚，剧于吴，信不去耳[19]，何拘之有？""孔子贬之奈何？""其报楚也，称子胥妻楚王母，及乎夷狄[20]。贬之，言吴人也。"

【注释】

①冤：遭受冤屈。

②困：困厄。指处于困迫的境地。

③子胥妻楚王母：参见《吴内传》。伍子胥救蔡伐楚，"君舍君室，大夫舍大夫室，盖有妻楚王母者"。

④量功掩过：肯定功绩而忽略过错。量，衡量，计量。这里有褒扬、肯定的意思。掩，遮盖，掩盖。这里有忽略的意思。

⑤亲亲：爱家人。前"亲"为动词，爱，亲近；后"亲"为名词，父母或血缘关系最近的人，这里指伍子胥的父兄。

⑥投我以桃，报之以李：出自《诗经·大雅·抑》。投，投赠，赠送。

⑦下愚不移：愚昧而不可改变。移，改变。《论语·阳货》："唯上智与下愚不移。"

⑧著:成。

⑨死人:指已故的先王阖庐。

⑩面在:面前在的人。指在位的夫差。

⑪周公贵一概,不求备于一人:周公,见《吴内传》4.11 注⑧。一概,一端。备,完备。不求备于一人,语出《论语·微子》。

⑫及外篇各有差叙,师不说:外篇,指本书"外传"各篇。差叙,简略的叙述。师不说,此不一一叙说。"师"当作"斯"。此句疑为错简,当在 19.2 原文末。

⑬瞽瞍:见《吴内传》4.5 注⑦。移:改变。

⑭商均:舜的儿子。《史记·五帝本纪》:"舜子商均亦不肖。"化:变。

⑮汤:商汤,见《吴内传》4.7 注②。系:拘禁。夏台:又名钧台,在今河南禹县南。

⑯文王:周文王,见《吴内传》4.10 注⑧。《史记集解》:"《地理志》曰'河内汤阴有羑里城,西伯所拘处'。"

⑰舜不孝,尧不慈:参见《吴内传》。

⑱悦:使……心悦诚服,感化。钱培名曰:"'悦',疑当作'移'。"

⑲"当困于楚"数句:即当子胥困于楚而去之,剧于吴而不去。剧,指处境艰难、危险。信,信义,此指报恩。

⑳夷狄:见《外传本事》1.3 注③。

【译文】

有人问:"按《易》的标准选拔将领,春秋时期没有真正称得上将领的人。那么楚平王好在哪里?做君主的昏庸无道,使得做臣子的仇恨君主,却把他的事放在吴太伯的后面来叙述,为什么呢?"回答说:"这并不是称赞楚平王,而是钦佩伍子胥的勇武精神。作为臣子不去讨伐无道昏君,作为儿子不去替父亲报仇,这是没有尽到做臣、子的责任。所以作者是赞赏伍子胥在昏暗的楚国蒙冤受屈,处于困迫的情况下还能够不被杀害;赞扬他以一个普通人而得到吴国上下的爱戴,一同仗义为他复仇,打败强大的楚国；赞扬他不合乎道义的事情不做，在不合乎道义的情况下不会轻易地去死。”

有人问：“伍子胥伐楚的时候奸宿了楚昭王的母亲，后来他无罪而死在了吴国。他这样的行为，怎么能说是合乎道义呢？”回答说：“这件事孔子早就贬斥过他了。称赞他为父兄报仇，厌恶他奸宿楚昭王的母亲。不过孔子著《春秋》有个原则，即肯定功绩而忽略过错。称赞伍子胥，是因为他对父兄奉行孝道。”又问：“伍子胥跟吴国有什么亲密关系呢？”回答说：“伍子胥因为在楚国遭到迫害而来投奔吴王阖庐，吴王阖庐十分赞赏他的机智和勇敢，将要替他报仇，伍子胥当时在吴国已获得了很高的声誉。《诗经》上说：‘人家送给我桃子，我就还报给人家李子。’吴王夫差本性愚昧而不可改变，伍子胥最终也拿他没有办法。忠言不被采用，良谋不肯听从，他很清楚地知道吴国快要灭亡了。因为深受吴王阖庐的厚恩，所以不忍心离开吴国而留了下来，他是想成就劝谏吴王夫差、挽救吴国的功业。因此在吴国还没有败亡之前就被杀害了。他对已故的先王阖庐尚且不辜负，何况是眼前在位的君王夫差呢？从前管仲不死，齐国的霸业因此兴起；伍子胥被害，他辅佐吴王称霸诸侯的名声也因此传扬。周公用人重在某一方面的才能，而不是要求每一个人都完美无缺。伍子胥的事在本书“外传”各篇中都有简略的叙述，这里就不用一一叙说。”

有人问：“伍子胥不能算是贤人吧！凡是贤人接触过的人都会被感化，吴王夫差不仅没有被他感化，反而听信谗言赐他宝剑，逼他自杀，这时候他想不死，能够吗？”回答说：“眼睛瞎的人你就不必拿华丽绣品给他看，耳朵聋的人你就不必奏优美乐曲给他听。不管舜如何贤能孝顺，父亲瞽瞍也不会改变对他的态度；不管舜如何圣明，儿子商均也不会接受他的开导。有圣德的商汤曾经被荒淫的夏桀关押在夏台，圣明的周文王也曾经被残暴的商纣关进羑里城。当时有人说舜对父亲不孝顺，尧对儿子不慈爱，圣人对那些愚昧的人都感化不了，何况伍子胥呢？伍子胥当年在楚国遭受迫害的时候能够顺利出逃，而在吴国处境危险的情况下却不离开，他是因为忠诚信义才不逃走，有谁把他关押起来了吗？”有人又问：“孔子为什么要贬斥他呢？”回答说：“这是伍子胥伐楚时候的事情。说伍子胥曾经奸宿了楚昭王的母亲，简直跟野蛮人一样。孔子贬斥他，其实是说吴国人的野蛮不文明。”

19.4 问曰：“句践何德也？”曰：“伯德，贤君也。”“《传》曰：‘危人自安，君子弗为；夺人自与，伯夷不多①。’行伪以胜，灭人以伯，其贤奈何？”曰：“是固伯道也。祺道厌驳②，一善一恶③。当时无天子，强者为右④，使句践无权⑤，灭邦久矣。子胥信而得众道，范蠡善伪以胜。当明王天下太平，诸侯和亲，四夷乐德⑥，款塞贡珍⑦，屈膝请臣，子胥何由乃困于楚？范蠡不久乃为狂者？句践何当属莝养马⑧？遭逢变乱，权以自存，不亦贤乎？行伯非贤，晋文之能因时顺宜⑨，随而可之！故空社易为福⑩，危民易为德，是之谓也。”

【注释】

①伯夷：墨胎氏，名允，字公信。商末孤竹国君长子。孤竹君欲传位给次子叔齐，孤竹君死后，叔齐让位，伯夷不接受，于是叔齐也不即位。两人闻周文王善养老而入周。武王伐纣，他们二人以君臣、父子之礼相劝谏。武王灭商后，他们隐居首阳山，不食周粟而死。多：赞美。

②祺：幸福，吉祥。厌（yā）：抑制。驳：纷乱。

③一善一恶：或善或恶，是指达到目的所采取的不同手段。

④右：尊。

⑤权：权谋，权变。

⑥四夷：亦作“四裔”，指周边少数民族。

⑦款塞贡珍：与中国通好进献珍宝。款塞，叩塞门，是说外族前来中国通好。款，叩。

⑧属堥：参见《外传本事》1.4 注⑤。属，《外传本事》篇作“刍”。

⑨晋文：晋文公，见《吴内传》4.4 注①②。

⑩空社：无人祭祀的社庙。

【译文】

有人问：“越王句践是什么样的品德呢？”回答说：“是霸主的品德，是一个贤明的君主。”又问道：“《传》上说：‘危害别人来使自己得到安逸，君子是不会这样去做的；夺取人家的东西而据为己有，伯夷就不赞成这种行为。’越王句践用欺诈手段取得胜利，消灭别国来称霸诸侯，怎么还能称得上贤德之君呢？”回答说：“这就是霸王之道啊。求得天下安定祥和，抑制纷乱灾殃，可以采取不同的甚至是非常的手段。在当时，周天子没有权威，诸侯谁强大谁就是大王，假使越王句践没有权变，他的国家早就灭亡了。伍子胥坚守信义得到了吴国上下的爱戴，范蠡善于采取诈伪的手段取得胜利。如果当时有圣明的天子使得天下太平，诸侯之间和睦相处，周边少数民族乐意归化，前来中国通好进献珍宝，叩头称臣，那么还有什么理由使伍子胥在楚国被逼得走投无路？范蠡年纪轻轻便装作疯子？句践凭什么替人家割草养马做奴仆呢？遭逢乱世，能用权谋来保全自己，不也是很贤明吗？如果推行霸道不算贤明，那么晋文公怎能顺应时代、民意，成就一番为人称颂的功业呢？所以一向无人祭祀的社庙你去祭祀就容易求得福祉，处于危难中的百姓你去扶助就容易感念恩德，说的就是这个道理。”

19.5 问曰：“子胥、范蠡何人也？”“子胥勇而智，正而信；范蠡智而明，皆贤人。”问曰：“子胥死，范蠡去，二人行违，皆称贤，何？”“《论语》曰：‘陈力就列，不能者止①。’事君以道言耳。范蠡单身入越，主于伯，有所不合，故去也。”问曰：“不合何不死？”曰：“去止，事君之义也，义无死。胥死者，受恩深也。今蠡犹重也，不明甚矣。”问曰：“受恩死，死之善也。臣事君，犹妻事夫，何以去？”“《论语》曰：‘三日不朝，孔子行②。’行者，去也。《传》曰：‘孔子去鲁，燔俎无肉③；曾子去妻④，藜蒸不熟⑤。’微子去，比干死⑥，孔子并称仁。行虽有异，其义同。”“死与生，败与成，其同奈何？”“《论语》曰：‘有杀身以成仁。’子胥重其信，范蠡贵其义。信从中出，义从外出⑦。微子去者，痛殷道也；比干死者，忠于纣也；箕子亡者⑧，正其纪也⑨。皆忠信之至，相为表里耳。”问曰：“二子孰愈乎？”曰：“以为同耳。然子胥无为能自免于无道之楚⑩，不忘旧功，灭身为主。合，即能以霸；不合，可去则去，可死则死。范蠡遭世不明，被发佯狂；无正不行，无主不止；色斯而举⑪，不害于道；亿则屡中⑫，货财殖聚⑬；作诈成伯，不合乃去；三迁避位⑭，名闻海内；去越入齐，老身西陶⑮；仲子由楚，伤中而死⑯。二子行有始终，子胥可谓兼人乎！”

【注释】

①陈力就列，不能者止：语出《论语·季氏》篇。陈力，贡献才力。就，进入。列，行列，位次。就列即就位。

②三日不朝，孔子行：语出《论语·微子》：“齐人归女乐，季桓子受之，三日不朝，孔子行。”

③孔子去鲁，燔俎（fán zǔ）无肉：祭天地后没有分肉给大夫。燔，古代祭祀用的烤肉。亦作“膰”。俎，古代祭祀礼器，往往俎豆连用，

有"祭祀"的意思。《史记·孔子世家》:"桓子卒受齐女乐,三日不听政;郊,又不致膰俎于大夫。孔子遂行。"

④曾子(前505—前435):名参,字子舆,鲁国南武城(今山东嘉祥)人,孔子弟子。

⑤藜:野菜。

⑥微子去,比干死:微子、比干,见《吴内传》4.11注③。

⑦信从中出,义从外出:中,内心的情感。外,外在的行为。

⑧箕子:见《吴内传》4.11注③。亡:当是"狂"字音讹。

⑨纪:纲常法纪。

⑩子胥无为能自免于无道之楚:即子胥无为于无道之楚,能自免于无道之楚。无为,无所作为。自免,自免于难。

⑪色斯而举:《论语·乡党》:"色斯举矣,翔而后集。"《朱子集注》:"言鸟见人之颜色不善则飞去,回翔审视而后下止。人之见几而作,审择所处,亦当如此。"这里"色"指句践的脸色。斯,这样,如此。举,飞。此指离开。

⑫亿:预料,揣度。

⑬货财殖聚:指囤积投机,积累财富。

⑭三迁:《史记·越王句践世家》:"故范蠡三徙,成名于天下。"司马迁所谓范蠡三徙,一是从楚徙越,二是从越徙齐,三是从齐徙陶。

⑮西陶:陶之西,今山东定陶西北。春秋宋地。一说今山东肥城西北。

⑯仲子由楚,伤中而死:指范蠡次子经过楚国时杀了人被处死。事见《史记·越王句践世家》。"伤中而死"则未见记载。仲子,次子。由楚,经过楚国。伤中,伤心。

【译文】

有人问:"伍子胥、范蠡是什么样的人呢?"回答说:"伍子胥勇敢而机智,正直而忠诚,范蠡聪明而有远见,都是贤明的人。"又问道:"伍子胥慷慨就死,范蠡怕死出逃,两个人的行为正好相反,为什么都能称为贤人呢？”回答说：“《论语》里说过：‘能够贡献自己的力量就去任职，如果不能那就该辞职。’这说的是用正确的原则侍奉君主。范蠡只身进入越国，主要在于助句践称霸，后来觉得不能相处，所以离开了。”又问：“不能相处为什么不去死呢？”回答说：“离开或者留下来，都是侍奉君主的道理，道理上并没有一定要去死的说法。伍子胥选择死，是因为他深受吴王阖庐的大恩。如果范蠡也像伍子胥去死，就太不明智了。”又问道：“为了报恩去死，这样是很值得的。但臣子侍奉君主，就像妻子侍奉丈夫，凭什么能随便离开呢？”回答说：“《论语》说：‘齐国送给鲁国一些舞女歌姬，季桓子接受了，一连三日不上朝处理政务，孔子便离职而去。’‘行’就是离开的意思。《传》上也说：‘孔子离开鲁国，是因为季桓子祭天地后没有分肉给大夫们；曾参休掉妻子，是因为他妻子没有把野菜蒸熟。’再说商纣王时，微子见纣王不听劝告就离开朝歌远走他乡，比干苦苦劝谏则被纣王剖腹挖心而死，孔子把他们两人都称为仁德之人。他们两人的行事虽然不同，但忠心为国的臣子之道是一样的。”又问道：“死和生，失败和成功，性质不一样，怎么会是相同的呢？”回答说：“《论语》中说过：‘只有勇于牺牲生命来成全仁德。’伍子胥看重的是忠诚，范蠡崇尚的是道义。忠诚出自内心，道义表现在行动。微子选择远离朝廷，是痛心纣王的无道；比干选择以死相谏，是出于对纣王的忠心；箕子选择佯狂为奴，是为了匡正殷朝的纲常法纪。他们都是十分忠心耿耿的人物，虽然行为各异，但可以互为表里、相互补充。”又问道：“伍子胥和范蠡两位谁更胜一筹呢？”回答说：“我认为他们俩是相同的。然而伍子胥在黑暗的楚国无所作为，又能自免于难，在吴国他不忘报答先王阖庐的恩德，为君王为国家不惜生命。君王与他投合，他就能帮助君王成就霸业；君王与他不投合，他认为应该离开的时候就离开，应该献身的时候就献身。范蠡在楚国遭遇世道的黑暗，就披头散发装疯卖傻；国无正道就不出来做事，不遇明主就不留下来；看到君主的脸色不善就远走高飞，免得损害君臣之间的道义；他猜测市场行情每每能够猜中，通过买卖积累起财富；他用诈伪的手段成就了越国霸业，看到君臣已经离心就见机离开；他三次迁徙抛弃高官厚禄，名声传扬于天下；他离开越国到了齐国，最后定居西陶；次子路过楚国时杀了人被处死，他伤心过度而死。伍子胥和范蠡处世行事都有始有终，而伍子胥可以说更胜人一筹啊！”

19.6 问曰：“子胥伐楚宫，射其子，不杀，何也？”“弗及耳。楚世子奔逃云梦之山[1]。子胥兵笞卒主之墓[2]，昭王遣大夫申包胥入秦请救[3]。于斧渔子进谏子胥[4]，子胥适会秦救至，因引兵还。越见其荣于无道之楚，兴兵伐吴[5]。子胥以不得已，迎之就李[6]。”问曰：“笞墓何名乎？”“子之复仇，臣之讨贼，至诚感天，矫枉过直。乳狗哺虎，不计祸福[7]。大道不诛[8]，诛首恶[9]。子胥笞墓不究也。”

【注释】

①楚世子奔逃云梦之山：楚世子，楚昭王已即位，此言“世子”不当。云梦，简称云或梦，亦称云中。《尔雅·释地》和《吕氏春秋·有始览》将其列为十薮之一。《左传·定公四年》，吴伐楚，入郢，楚昭王出走，“涉睢，济江，入于云中”，其地在今湖北松滋、云梦一带。

②卒主：楚平王。按，《外传纪策考》作“笞平王墓”，《荆平王内传》作“笞平王之墓”。

③申包胥：春秋时楚国贵族。又称王孙包胥。和伍子胥为知交。前506年，吴破楚，他到秦求救，在秦宫廷痛哭七日七夜，终使秦发兵救楚。

④于斧渔子：于斧渔者的儿子。见《荆平王内传》。

⑤越见其荣于无道之楚，兴兵伐吴：钱培名《札记》：“‘荣’疑‘劳’。”事在周敬王十五年（前505）。《左传·定公五年》：“（夏）越入吴，

吴在楚也。”

⑥子胥以不得已，迎之就李：事在周敬王二十四年（前496），离前“越入吴”已有九年，且史实不符。就李，见《记吴地传》3.5注②。

⑦乳狗哺虎，不计祸福：乳狗，母狗。此句比喻“子之复仇，臣之讨贼”为天性使然。

⑧大道：忠孝大义。诛：谴责。

⑨首恶：指制造祸端的楚平王。

【译文】

有人问：“当年伍子胥率兵攻入楚国的王宫，弯弓射楚平王的儿子，没有把他杀死，为什么呢？”回答说：“没有射中啊。楚昭王逃奔到云梦泽大山之中。伍子胥便带兵挖开楚平王的坟墓，鞭打楚平王的尸体，楚昭王派大夫申包胥到秦国请救兵。于斧那位曾经救过伍子胥的渔夫的儿子来请求伍子胥退兵，也正好碰上秦国的救兵到来，伍子胥便带兵回国。越国看到吴国的军队在楚国已经疲惫，就兴兵讨伐吴国。伍子胥在军队疲顿万不得已的情况下，在就李与越国军队开战。”问道：“伍子胥挖开楚平王坟墓，鞭打楚平王尸体有什么说法吗？”回答说：“儿子为父亲报仇，臣子为国讨伐逆贼，孝义和忠诚感动天地，难免会做些矫枉过正的事。比如母狗用自己的乳汁喂养小老虎，根本就不去想日后是祸是福。忠孝大义的举动是不应该受到谴责的，要谴责的是制造祸端的楚平王。所以伍子胥的掘坟鞭尸就不必过分去追究。”

19.7 维子胥之述吴越也[①]，因事类[②]，以晓后世。著善为诫[③]，讥恶为诫[④]。句践以来，至乎更始之元，五百余年，吴越相复见于今[⑤]。百岁一贤，犹为比肩。记陈厥说，略其有人：以去为姓，得衣乃成；厥名有米，覆之以庚；禹来东征，死葬其疆[⑥]。不直自斥，托类自明；写精露愚，略以事类，俟告后人。文属辞定[7]，自于邦贤。邦贤以口为姓，丞之以天；楚相屈原，与之同名[8]。明于古今，德配颜渊[9]。时莫能与，伏窜自容。年加申酉[10]，怀道而终。友臣不施[11]，犹夫子得麟。览睹厥意，嗟叹其文，於乎哀哉！温故知新。述畅子胥，以喻来今。经世历览，论者不得，莫能达焉。犹《春秋》锐精尧舜，垂意周文；配之天地，著于五经；齐德日月，比智阴阳。《诗》之《伐柯》，以己喻人[12]。后生可畏，盖不在年。以口为姓，万事道也；丞之以天，德高明也；屈原同名，意相应也；百岁一贤，贤复生也；明于古今，知识宏也；德比颜渊，不可量也。时莫能用，钥口键精[13]，深自诫也[14]。犹子得麟，丘道穷也。姓有去，不能容也；得衣乃成，贤人衣之能章也[15]。名有米，八政宝也[16]；覆以庚[17]，兵绝之也。於乎哀哉，莫肯与也。屈原隔界[18]，放于南楚，自沉湘水，蠡所有也[19]。

【注释】

①维子胥之述吴越：前说“赐传吴越”，此说“子胥之述吴越”，前后矛盾。疑“子胥”为“子贡”之误。

②因事类：通过相类事物阐述某种道理。

③著善为诚：《礼记·中庸》：“诚则形，形则著，著则明。”《孟子·离娄上》：“诚者，天之道也；思诚者，人之道也。”儒家认为，诚，是自然界和人类社会的最高道德规范。

④讥恶为诫：乐祖谋校本：“‘诫’汉魏本作‘诫’。”按，以“诫”为是。

⑤吴越相复见于今：“相”下疑漏一“攻”字。

⑥“以去为姓”数句：明代杨慎认为是隐语姓名：“去其衣乃袁字也，米覆庚乃康字也。禹葬之乡则会稽也。是乃会稽人袁康也。”

⑦属:缀辑,撰著。定:删定。

⑧“邦贤以口”数句:“邦贤”二字衍。明代杨慎认为是隐语姓名:“以口承天,吴字也。屈原同名,平字也。与康同著此书者,乃吴平也。”丞,通“承”。屈原(约前340—约前278),名平,字原,战国晚期楚国人。楚怀王时任左徒、三闾大夫。顷襄王时被放逐,流浪于沅湘流域。后楚国政治更加腐败,又秦破楚郢都,他感到无能为力,理想破灭,遂投汨罗江而死。

⑨颜渊(前521—前490):名回,字子渊。春秋末鲁国人。孔子弟子。孔子十分赞赏颜渊的德行,说:“贤哉,回也,一箪食,一瓢饮,在陋巷,人不堪其忧,回也不改其乐。”是贫而不移其志的典范。

⑩年加申酉:参见《外传记地传》10.1 注⑲。加,超过。

⑪友臣:一些布衣朋友。不施:不弃。有伤感怀念的意思。

⑫《诗》之《伐柯》,以己喻人:《诗经·豳风·伐柯》:“伐柯如何?匪斧不克。取妻如何?匪媒不得。”说的是嫁娶必须通过媒人,如伐柯需要斧头一样。这里用来说明尧、舜、文、武之德虽配天地、齐日月,但也要通过口授文传才能流传下去,发扬光大。

⑬钥口键精:钥,锁钥。键,钥。这里都用作动词,锁住。精,神灵。此指智慧发生之所大脑,古人指心。

⑭深:深藏。

⑮章:显著。

⑯八政:古代八种政事。有几种说法:第一,《尚书·洪范》:“八政:一曰食,二曰货,三曰祀,四曰司空,五曰司徒,六曰司寇,七曰宾,八曰师。”第二,《礼记·王制》孔颖达疏:“八政:一曰饮食,二曰衣服,三曰事为,四曰异别,五曰度,六曰量,七曰数,八曰制。”第三,《逸周书·常训解》:“八政:夫妻、父子、兄弟、君臣。”

⑰庚:天干的第七位。庚有“西方”“秋”“主谷”“主杀(兵)”的说法。

⑱隔界:屈原为楚国人,与吴越隔着疆界,所以称“隔界”。

⑲蠡:彭蠡泽。《尚书·禹贡》:"彭蠡既渚。"本在今湖北黄梅、安徽宿州以南、望西境长江北岸尤感湖、大官湖和泊湖一带。西汉中叶以后渐向南移,为今之鄱阳湖。

【译文】

伍子胥记述吴、越两国争霸的史实,是想通过相类事物阐述某种道理,来明白地告诉后人,即彰明善行作为人们行事的道德规范,讥刺恶行作为劝诫后人的典型教材。从句践时代到更始年间,历经五百多年,当年吴、越那样相互攻伐的情景又出现在眼前。如今又有两位贤人出现,虽相隔百年,犹如同时并肩而立。记述吴、越两国的故事传说,大概有以下两人。其中一个贤人的姓是"去"字加上"衣"字,其名是"米"字上面加一个"庚"字。大禹在东征的时候死了,就葬在他的家乡。虽然没有把自己的姓名、籍贯直接指出来,但类推一下自然就明白了。他通过描写贤明和诚信,揭露昏庸和奸邪,以大致类似的事件来阐说深刻的道理,等待机会告诉后人。文章词语的编辑删定,则是出自同乡贤人之手。这个同乡贤人的姓是上面一个"口"字,下面用"天"字来承接,他的名跟楚国的丞相屈原相同。他通晓古往今来之事,道德品质可与颜渊相比。他的思想行为跟时代不合拍,只好隐匿于山野林间自得其乐。一直活到九十多岁,怀抱着天下太平的理想寂寞地死去。朋友们都在为他感念悲伤,好像孔子看到麒麟时候哀伤王道不兴一样。当我们遍览文章的深邃意蕴,叹赏文章的精美文辞的时候,就会由衷地赞叹和哀伤。这些文章能从过去的故事中给人以新的启示,通过畅述伍子胥的事迹和精神,来开导当今的人们。这些文章曾经经过长期的流传阅览过程,但论述它的人往往得不到其中的奥秘,更不能领会其中的精神实质。就好像孔子著《春秋》专注于尧舜德政的阐述,重视周文王功绩的显扬,其实是为了表现他们的神灵可以与天地配享,他们的事功著于"五经"永远流传;让他们的道德风范与日月齐光,让他们的智慧才能与阴阳同化。《诗经》中的《伐柯》篇就是用自己来比喻别人。后生可畏,不在于年纪的大小。贤人以“口”为姓，说明他任何事情都能说清楚；下面承接一个“天”字，说明他道德十分高尚纯洁；跟屈原同名，说明他们向往天下清平的心意相通；相隔百年出现一位贤人，说明贤人会不断再生；通晓古往今来之事，说明他的知识十分广博；道德可以与颜渊相比，说明他的人品不可估量。他的思想不能为时代所用，便不去说也不去想，把自己的诚心深深地藏在心底。好像孔子看到不适时宜出现的麒麟，就感叹自己的政治主张不能实现了一样。姓中有一个“去”字，是说明时代不能容他；加上“衣”字才成为完整的姓，是说明贤人穿上它显示出他的文明高洁。他的名有“米”字，米是治国八种政事的首要条件；米上盖着一个“庚”字，说明是因为战乱断绝了粮食。啊，可叹啊！不肯同流合污而媚俗。正如隔着疆界的屈原一样，被流放到楚国的南方，理想破灭，只好纵身跳进汨罗江，江水带着忠魂归向彭蠡泽。

中华经典名著
全本全注全译丛书
（已出书目）

周易
尚书
诗经
周礼
仪礼
礼记
左传
韩诗外传
春秋公羊传
春秋穀梁传
孝经·忠经
论语·大学·中庸
尔雅
孟子
春秋繁露
说文解字
释名
国语
晏子春秋
穆天子传
战国策
史记
吴越春秋
越绝书
华阳国志
水经注
洛阳伽蓝记
大唐西域记
史通
贞观政要
营造法式
东京梦华录
唐才子传
大明律
廉吏传
徐霞客游记

读通鉴论
宋论
文史通义
鬻子·计倪子·於陵子
老子
道德经
帛书老子
鹖冠子
黄帝四经·关尹子·尸子
孙子兵法
墨子
管子
孔子家语
曾子·子思子·孔丛子
吴子·司马法
商君书
慎子·太白阴经
列子
鬼谷子
庄子
公孙龙子(外三种)
荀子
六韬
吕氏春秋
韩非子
山海经
黄帝内经
素书
新书
淮南子
九章算术(附海岛算经)
新序
说苑
列仙传
盐铁论
法言
方言
白虎通义
论衡
潜夫论
政论·昌言
风俗通义
申鉴·中论
太平经
伤寒论
周易参同契
人物志
博物志
抱朴子内篇
抱朴子外篇
西京杂记
神仙传

搜神记
拾遗记
世说新语
弘明集
齐民要术
刘子
颜氏家训
中说
群书治要
帝范·臣轨·庭训格言
坛经
大慈恩寺三藏法师传
长短经
蒙求·童蒙须知
茶经·续茶经
玄怪录·续玄怪录
酉阳杂俎
历代名画记
唐摭言
化书·无能子
梦溪笔谈
东坡志林
唐语林
北山酒经（外二种）
折狱龟鉴
容斋随笔
近思录
洗冤集录
传习录
焚书
菜根谭
增广贤文
呻吟语
了凡四训
龙文鞭影
长物志
智囊全集
天工开物
溪山琴况·琴声十六法
温疫论
明夷待访录·破邪论
潜书
陶庵梦忆
西湖梦寻
虞初新志
幼学琼林
笠翁对韵
声律启蒙
老老恒言
随园食单
阅微草堂笔记
格言联璧

曾国藩家书

曾国藩家训

劝学篇

楚辞

文心雕龙

文选

玉台新咏

二十四诗品·续诗品

词品

闲情偶寄

古文观止

聊斋志异

唐宋八大家文钞

浮生六记

三字经·百家姓·千字文·弟子规·千家诗

经史百家杂钞